MIGUEL ÁNGEL POZO

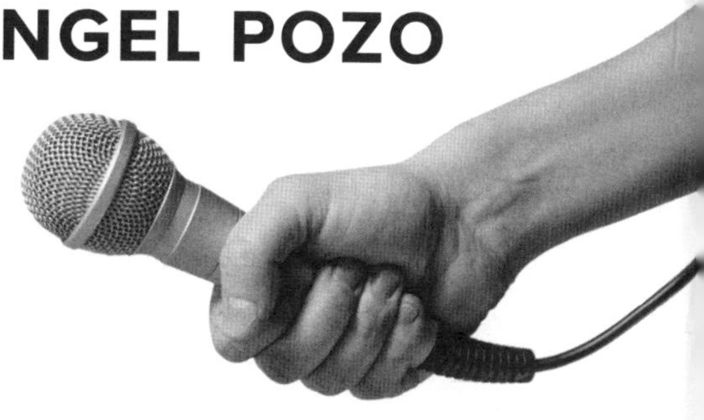

LA BATALLA POR LA VERDAD

PATMOS

La batalla por la verdad:
El desafío cristiano de pensar, creer y vivir con sabiduría

Publicado por Editorial Patmos,
Miramar, FL 33027.

Revisado por Regina Romano.
Diseño de portada e interior por Adrián Romano.

ISBN: 978-1-64691-353-4
ISBN: 978-1-64691-354-1 (eBook)

Categoría: Teología

Impreso en Brasil | *Printed in Brazil*

ELOGIOS

«En su obra, Miguel Ángel nos brinda una exploración apasionada y esclarecedora de las verdades eternas, utilizando un lenguaje claro y accesible. A través de páginas llenas de sabiduría, desmonta mitos contemporáneos con argumentos bíblicos sólidos, ofreciéndonos una guía imprescindible en tiempos de confusión y relativismo moral».

Manuel Fernández, DMin (c)
Presidente de World Link Ministries

«Miguel Ángel desenmascara algunas de las mentiras más dañinas aceptadas en la iglesia actual. Desde la cultura de la victimización hasta el uso de métodos anticonceptivos y más allá, evalúa la cultura de la iglesia a la luz de las Escrituras y demuestra que la Palabra de Dios nos da noticias mucho mejores que cualquier paparrucha que el mundo tenga para ofrecer».

Andy Messmer, PhD
Decano académico del Seminario Teológico de Sevilla

«Tengo el gusto de recomendar este libro salido del perceptivo ministerio de Miguel Ángel Pozo, un español con experiencia pastoral y académica en los dos lados del Atlántico. En su escrito, Pozo nos presenta lo que él llama la realidad indiscutible de diez «paparruchas». ¡Palabra llamativa y sugerente, que muy pocos en América habríamos utilizado! «Mentiras culturales» que las personas, incluso dentro de las iglesias, viven como si fueran la realidad. Pozo nos ofrece una interesante explicación y sólida reflexión sobre lo dañino de esas mentiras, además de la manera en la que deberíamos responder a ellas. Muy buen libro pastoral y útil en el que su autor nos anima a contender correctamente por la verdad del Señor Jesús».

Gerardo A. Alfaro, PhD
Profesor de Estudios Teológicos en el Seminario Teológico de Dallas.

«La verdad está siendo asediada en nuestros días, Miguel nos desafía, a través de este libro, a evaluar las propuestas que el mundo postmoderno nos quiere imponer. Preguntas como: ¿Qué es verdad? ¿Por qué Jesús y no otros dioses? ¿Somos los cristianos intolerantes? Estas y otras preguntas relevantes encuentran respuesta en este revelador escrito».

Marcos Céspedes
Escritor y pastor de la Iglesia Esperanza para el Corazón, Sevilla.

«Decía mi madre, citando al refranero, que no hay más ciego que el que no quiere ver, y a veces, como cristianos, nos pasa exactamente lo mismo. Sabemos qué es la verdad, o mejor dicho, Quién es la verdad; tenemos la verdad en nuestras manos y en nuestro corazón, pero seguimos creyendo las mentiras que el mundo y Satanás nos dicen al oído cada mañana. El pastor Miguel Ángel Pozo, apasionado maestro, predicador y defensor de la verdad bíblica, nos hace reflexionar en este libro sobre la necesidad de filtrar, a través de la Palabra, todas las mentiras que recibimos a diario y a desecharlas de nuestras vidas».

Alfredo Caravaca
Presidente del Seminario Bíblico Bautista Español

«Miguel Ángel realiza un trabajo excepcional al desmantelar las falacias que están ganando terreno en nuestra sociedad, respaldándose firmemente en la Biblia. Estas falsedades, que Miguel expone en este libro, carecen de fundamentos sólidos que aporten valor a nuestra vida. La iglesia ha estado necesitando una obra como esta, que le permita defender con argumentos bien fundamentados los valores y las enseñanzas bíblicas mediante bases firmes. Indudablemente, este libro expone las mentiras que han llegado a ser aceptadas como normas en nuestra sociedad occidental, y alguien tenía que alzar la voz. ¡Gracias!».

David de Lago
Director Asociación Evangelística Decisión

«Con mucha sabiduría, gracia y verdad, Miguel Ángel se encarga de mostrarnos en este libro qué dice la Biblia acerca de lo que no dice la Biblia. Es un deleite leer una prosa bien escrita, mucho más cuando esa prosa nos lleva de manera puntual a la Verdad del evangelio. ¡Qué deleite ha sido leer *La batalla por la verdad*! Lo recomiendo con entusiasmo».

Karla de Fernández
Autora *Hogar bajo su gracia* y *El temor y nuestra sed de aprobación*

«Conocí a Miguel Ángel en SEFOVAN, el seminario en el que estudiamos juntos, y para mí es un placer poder recomendar esta obra tan necesaria para los tiempos que corren. Querido lector, el libro que tienes en tus manos, te ayudará, si eres cristiano, a volver sobre tus pasos y recordar una vez más quién eres y cuáles son tus principios, sobre todo porque está bien fundamentado bíblicamente. Y si no eres cristiano, te ayudará a darte cuenta de que el cristianismo es una religión basada en evidencias y no en una fe ciega. Ruego a Dios que este libro pueda ayudarte a reafirmarte en tu fe y a tomar la decisión de seguir a Cristo de manera intencional».

Luis Mbomío Nká Nchama
Director General de la Escuela Superior de Teología Evangélica de Guinea Ecuatorial (ESTEGE)

«Un libro genial. Apologética y teología pastoral se unen para definir lo que es la esencia de la Fe. El autor desenmascara distorsiones y ofrece soluciones bíblicas, ¡a veces sorprendentes! Además, lo hace en un lenguaje claro, sencillo y entendible. Vale la pena reflexionar sobre cada capítulo. También es muy recomendable para grupos de estudio bíblico».

José Hutter, DDiv
Profesor de la Facultad Teológica Cristiana Reformada de Madrid, presidente del Departamento de Teología del Instituto Bíblico Online, miembro de la Comisión de Teología de la Alianza Evangélica Europea y autor.

«Vivimos en un mundo difícil, en donde la verdad a menudo se oculta —o al menos se disfraza de algo muy parecido, pero que dista mucho de la verdad objetiva—. Por eso, es importante como Iglesia acudir a la Escritura constantemente como fuente objetiva e inextinguible de la verdad bajo la cual podamos examinar todo lo que se ve y se escucha. Debemos tener cuidado de no empañar nuestra lente bíblica y ser fieles en enseñar la verdad a la siguiente generación. Por eso, recomiendo que leas *La batalla por la verdad*, en donde el autor hace un gran trabajo para explicar y desmentir de manera interactiva, inteligente y cautivadora —pero, sobre todo, bíblica— lo que la sociedad hoy día promulga a diario».

Josué Pineda Dale (MDiv, ThM)
Pastor de alcance y ministerio español en Grace Bible Church en Hutchinson, KS, director de «Hombre Renovado» de Soldados de Jesucristo.

«Pocos libros retan las falacias de nuestra cultura con tanta claridad como esta excelente obra. El lector encontrará no sólo la refutación de muchos de los planteamientos falaces de nuestra cultura, sino que encontrará también un libro de texto sobre la aplicación del pensamiento crítico. Esta es una herramienta súper valiosa para todo creyente».

Dr. Juan Valdés
Doctor en Apologética de Southern Evangelical Seminary y autor de *Como Pensar: Destrezas y Habilidades del Pensamiento Crítico.*

Contenido

A Miriam, Alicia y Álvaro, mis niños,
para que el mundo no los engañe con la
mentira y siempre crean en la Verdad.

Prólogo

¡El diablo es un excelente vendedor! El producto que vende es la mentira, y los compradores abundan. Pero para entender bien este concepto, consideremos algo interesante del mundo de las ventas y el mercadeo hoy día.

Yo también fui vendedor una vez. Uno de mis primeros empleos, cuando era un joven universitario, fue como vendedor de aspiradoras. Eran unas aspiradoras muy modernas, pero costaban más de mil dólares, un precio exorbitante en esa época. Las estadísticas decían que, de cada cinco presentaciones que yo hacía del producto, vendía una aspiradora. Es decir, el veinte por ciento de los que veían el producto lo compraban. Para sacar una buena semana, tenía que vender unas 10 aspiradoras, lo cual requería presentarles mi producto a 100 personas. Esto era prácticamente imposible, ya que había que ir de una dirección a otra, hacer una presentación de 30 minutos y luego insistir por otros 20 o 30 minutos para convencer al posible comprador de comprar algo que era demasiado caro y que realmente no necesitaba. Era imposible hacer más de 6 o 7 presentaciones al día. No es difícil ver que el mercadeo uno a uno suele ser poco efectivo en generar grandes números de venta.

Consideremos los siguientes datos: Coca-Cola pagó 50 millones de dólares a la FIFA por el derecho a promover su producto durante el Mundial en Qatar 2022. La cerveza Budweiser paga unos 75 millones de dólares por asociarse al Mundial de fútbol cada cuatro años. Un anuncio de 30 segundos durante el Super Bowl estadounidense en 2024 costó 7 millones de dólares, y para el 2025, los mismos

30 segundos costaron 8 millones de dólares. Estos costos no incluyen el gasto de filmar y editar los anuncios, ni el costo de contratar a los actores y actrices famosas que aparecen en ellos. La producción de un anuncio de 30 segundos puede costar más de 20 millones de dólares.

La pregunta obvia es: ¿por qué? ¿Por qué invierten tanto dinero estas empresas en anunciarse durante estos eventos? La respuesta es bastante simple: estos eventos ofrecen la oportunidad de anunciar sus productos ante millones de personas. El mundial de Qatar 2022 fue visto por más de 5.000 millones de personas en más de 200 países. Ese Mundial fue el evento más visto en la historia. El Super Bowl del fútbol americano, aunque tiene una audiencia menor, es el evento de más audiencia en los Estados Unidos. El Super Bowl de 2024 tuvo una audiencia de 123 millones de espectadores en los Estados Unidos y muchísimos millones más a nivel mundial. Las empresas invierten tantos millones porque logran, en cuestión de segundos, poner sus productos delante de miles de millones de consumidores. Además, los estudios de mercadeo demuestran que la gente tiende a consumir más los productos que se anuncian durante esos eventos.

El diablo también comenzó vendiendo de uno a uno, aunque no eran aspiradoras lo que vendía. Él le vendió a un gran número de ángeles la mentira de que servirle a él era mejor que servir al Dios que los había creado. Continuó vendiendo mentiras en el Jardín del Edén en el formato de uno a uno. Le vendió a Adán y Eva la mentira de que desobedeciendo a Dios ellos pasarían a ser como Dios y serían más felices. Le vendió a Caín la mentira de que la causa de su problema era Abel y la solución a su problema era matarlo. Aunque sus mentiras no han cambiado, sus métodos sí han ido cambiando con el tiempo. Hoy en día, el diablo puede engañar a miles de millones de personas atrayéndolas a estilos de vida destructivos, motivándolas a rechazar a Dios, inspirándolas a vivir conforme a los deseos pecaminosos de la carne, convenciéndolas de que no hay consecuencias para el pecado, entre otras cosas. Esto lo hace empleando métodos de comunicación masiva, como los comerciales de 30 segundos, los programas de televisión, las películas, las redes sociales, el sistema educativo, la música, el arte y otros medios para vender sus mentiras destructivas. Lamentablemente, los compradores abundan.

Por lo tanto, hoy más que nunca, el creyente debe saber evaluar las ideas con las que es bombardeado continuamente para evitar caer en el engaño. La habilidad de evaluar ideas en busca de su verdad es, precisamente, la esencia de lo que hoy llamamos «pensamiento crítico».

En esta obra, el autor aborda diez de las mentiras más comunes que el enemigo vende en nuestros tiempos. Al estudiar cada una de ellas y cómo refutarlas, el lector adquirirá, de forma muy práctica, las herramientas fundamentales del pensamiento crítico.

Esta obra es un llamado a luchar contra la mentira, un llamado al que todo creyente debe responder.

Juan Valdés
Autor de *Cómo pensar: Destrezas y habilidades del pensamiento crítico*

Introducción

Vivimos tiempos en los que la verdad está en juego. La televisión nos miente, los periodistas tuercen la información y las redes sociales censuran a quienes no dicen lo que se supone que deben. Vivimos en una época en la que intentan engañarnos por tierra, mar y aire. Ante esta situación, ¿a quién vamos a creer? ¿Quién está diciendo la verdad entre tanta desinformación?

Quizá nunca has escuchado la palabra «paparrucha», pero es una traducción muy española de un concepto que está de moda: las *fake news*, es decir, noticias falsas. En esencia, una paparrucha es una idea tonta que el común de los mortales suele creer.[1] Durante toda mi niñez, mis padres se negaron a tener un horno microondas en casa porque, según ellos, nos provocaría cáncer, afectaría nuestra fertilidad y, como mínimo, nos dejaría ciegos. No sé de dónde sacaron esa información, pero parece que no era cierta. Estábamos dejando de usar un instrumento tremendamente útil en base a una mentira, a una paparrucha. Si hablamos de desfalcos millonarios de políticos o burócratas, tenemos cientos de ejemplos de cómo se difunden falsas noticias para desviar la atención y salir indemnes. Conforme entramos en temas más importantes, mayor es la desinformación que recibimos. Si hablamos de temas de fraude en el gobierno, de noticias relacionadas con masacres en la guerra o con desastres sanitarios, es prácticamente imposible para el común de los mortales llegar a conocer la verdad. La razón es que todo está tan anegado de mentira que la realidad es indescifrable.

[1] Real Academia Española. (2023). *Paparrucha*. En *Diccionario de la lengua española* (23.ª ed.), acceso el 8 de mayo de 2023, de https://dle.rae.es/paparrucha.

Esa es la razón por la que se han creado las agencias de verificación (*fact checkers*, en inglés). Se supone que estas agencias velan para que se desenmascaren las noticias falsas y para que solo la verdad confirmada sea creída como tal. Son los látigos de la mentira. Otra cosa es la credibilidad que cada uno le dé a estas agencias en su supuesta lucha contra la desinformación (personalmente, ninguna en absoluto).

Querido lector, quiero informarte que hay una epidemia de mentira mucho más peligrosa que la de las *fake news* de los informativos. Hay temas mucho más importantes para nosotros que, sencillamente, pensar si este o el otro político son los responsables de este desfalco de dinero. La realidad es que vivimos en un mundo tenebroso a nivel espiritual, en el que la mentira se mueve a sus anchas, y lo peor de todo es que en esta batalla entre la mentira y la verdad, lo que está en juego es nuestra alma. Para que veas que no estoy exagerando un ápice, Pablo habla de estas mentiras como algo que nos puede hacer «cautivos por medio de *su* filosofía (del mundo) y vanas sutilezas, según la tradición de los hombres, conforme a los principios elementales del mundo, y no según Cristo» (Col 2:8). Si queremos vivir en la libertad a la que nos ha llamado Cristo (Gá 5:13), debemos dar pasos para dejar de ser engañados.

Un pez nunca podrá saber lo que es el agua, ni que está mojado, porque ese es el medio donde vive, porque esa es su realidad constante y absoluta. De la misma manera, nuestra sociedad está inundada de paparruchas, de maneras equivocadas de ver el mundo y de afirmaciones claramente estúpidas que nosotros llegamos a creer. A veces, lo creemos porque lo escuchamos en una tertulia televisiva; en ocasiones, nuestro mejor amigo nos da un consejo cargado de buenas intenciones y mucha insensatez. En otras ocasiones, incluso, escucharemos esas mentiras desde el púlpito de una iglesia de nuestra confianza. La verdad es que somos como peces que viven en un charco de falsedad. Pablo ya advirtió a Timoteo de que por el mundo corrían diferentes «fábulas profanas propias de viejas» (1 Ti 4:7), con las cuales no deberíamos tener nada que ver. Ante esto, ¿qué hacer?

¿Cómo vamos a saber distinguir la verdad de la mentira, cuando hay tanto en juego?

Jesús dijo que Su discípulo está en el mundo, pero no forma parte del mundo (Jn 17:11-16). En otras palabras, nosotros convivimos con una cultura cargada de mentiras; no debemos huir de ella, ni recluirnos en guetos cristianos, sino afrontarlas con pie firme y la mente de Cristo (1 Co 2:16). Debemos afrontar las mentiras con la verdad.

Lo que necesitamos, y esa es la meta de este libro, es desenmascarar estas paparruchas y poner negro sobre blanco la verdad, tal y como la Palabra de Dios la expone (Jn 17:17). Para conseguirlo, me gustaría que acudamos constantemente a nuestra agencia de verificación máxima, es decir, la Biblia.

He escrito este libro porque creo, sinceramente, que es algo necesario. Necesitamos regresar a la Biblia para obtener una guía cierta y firme en medio de tanta confusión. Te animo a que me acompañes a desenmascarar diez mentiras que creemos y nos roban la paz, la verdad, la identidad y el alma. Vamos a hacerlo contrastando esas mentiras que creemos con la verdad que ignoramos, una verdad proveniente de la Palabra de Dios como nuestra *fact checker*.

Esa será nuestra meta en las próximas páginas. Vamos a tomar, una por una, diferentes paparruchas especialmente peligrosas en las que muchas veces no paramos a pensar y vamos a dejar sus turbias vergüenzas al descubierto con la ayuda indispensable de la Biblia. Después, hablaremos de la gran verdad que encontramos, aplicada a todas las mentiras desenmascaradas, para nuestro bien, el beneficio de Su iglesia y la gloria de nuestro Dios.

Así pues, comenzaremos cada capítulo con una exposición de la paparrucha (la mentira que creemos) como si saliera de los labios de su más ardiente defensor. Por favor, no cierres el libro ni le prendas fuego al leer el comienzo de ningún capítulo: no está expresando mi opinión, sino precisamente la mentira que intento desenmascarar. Lo digo en los términos más cercanos a los que puedes escuchar de labios de un amigo o un familiar, para que entiendas que esta mentira está más cerca de ti de lo que piensas. A continuación, analizaremos, a la luz de la Palabra de Dios, por qué esa es una mentira y cuál es la realidad bíblica al respecto, para que demos pasos prácticos para vivir esa verdad en nuestras vidas.

Me gustaría leer acerca de lo que opinas del libro y permanecer accesible para cualquier duda que surja en cualquier momento. Si hay algo que te gustaría comentarme, puedes contactarte conmigo en pozomangel@gmail.com y en mi página web, pozomangel.es. Estaré encantado de responder a tus preguntas o leer tus observaciones.

Mi oración y mi deseo es que el Dios de la verdad te ayude a enfocarte en Su Palabra de verdad (Jn 1:17) en medio de tanta mentira y falsedad. Mi oración y mi deseo también es que Él también te ayude a guiar a otros a Su verdad.

Miguel Ángel Pozo Plumed

CAPÍTULO 1

ERES UN INTRANSIGENTE

El evangelio de la tolerancia

Me parece estupendo que tengas una religión y que tengas fe, en serio. Creo que es algo loable y muy bonito, estoy seguro de que te ayuda en las complicaciones de la vida y te permite dormir mejor por las noches. Entiendo que la fe ennoblece el alma y que algunos, gracias a ella, logran llegar mucho más lejos y soportar lo que de otra manera no podrían.

Pero hay algo que me parece fatal de tu religión, y es la intolerancia que exudan. El cristianismo, a lo largo de la historia, se ha caracterizado por su fanatismo y su intransigencia con el disidente. Más aún, en la actualidad, en pleno siglo XXI, me parece vergonzoso y terrible que sigan con esa obcecación propia de los tiempos de la Inquisición.

Fíjate, hay literalmente millones de dioses en el mundo en los que la gente cree, sigue y adora. Eso me parece sensacional, multicultural e integrador. ¿Qué te hace pensar que tienes razón al adorar a Jesús, pero todos los demás están equivocados al adorar a los suyos? ¿Cómo puedes ser tan arrogante al creer que, estando rodeado de millones de posibilidades, has escogido la única verdadera?[1] ¡No se puede ser tan soberbio!

[1] Lee Strobel cita al rabino Schmuley Boteach diciendo: «Estoy por completo en contra de cualquier religión que diga que una fe es superior a otra. No veo cómo

La religión debería hacernos mejores ciudadanos, debería ayudar a la humanidad. La fe está ahí para que seamos mejores personas, para que nos ayudemos unos a otros, nos abracemos y nos aceptemos sin condiciones. Eso es lo que debería hacer. En cambio, ustedes, los cristianos, se dedican a dividir, perseguir y señalar. Creen que son mejores que los demás y menosprecian a quienes piensan diferente, negándoles la razón. Así no debería ser.

Juzgan a los demás y los sentencian al infierno porque no están de acuerdo con ustedes y con su dios intolerante y brutal. Rechazan y menosprecian a sus semejantes porque no comparten sus gustos sexuales o porque toman decisiones que consideran «abominación». Al hacer esto, están rechazando la esencia de la religión y lo que Jesús mismo quería.

Me gusta la religión, de verdad que sí. Lo que no me gusta es eso que pasa cuando la religión se convierte en una excusa para decirse los unos a los otros lo que deberían y no deberían hacer. No me gusta cuando se convierte en una razón para meterse en las vidas de los demás. No me gusta cuando se convierte en un motivo para odiar al diferente.

Jesús no vino a crear el cristianismo. Jesús no quería esta religión intolerante y bárbara. Jesús vino a predicar el evangelio de la tolerancia.

¡¡Paparruchas!!

El evangelio de la tolerancia es el que dice que nosotros podemos creer lo que queramos, pero que jamás debemos discrepar de las opiniones, creencias y acciones de cualquier otra persona. Es decir, que nuestra fe no puede salir de nuestra cabeza, el cristianismo no debe negar ninguna otra. La fe solo sirve para darnos calor en las frías noches de invierno y para enjugar nuestras lágrimas cuando todo va mal. Pero no puede interferir, para nada, en lo que otras personas

---

eso es en alguna forma diferente al racismo espiritual. Es una manera de decir que estamos más cerca de Dios que usted y eso es lo que conduce al odio». Lee Strobel, *El caso de la fe: Un periodista investiga las objeciones más difíciles contra el cristianismo* (Miami, FL: Vida, 2001), 167.

piensen o hagan. Dicho de otra manera, nuestra religión no puede incurrir en el principal pecado de nuestro tiempo: la tolerancia. Esta es, en fin, la mentira que creemos; ahora vamos a ver la verdad que ignoramos.

LA VERDAD

Es cierto que en el mundo hay millones de dioses en los que creen diferentes personas. En ese sentido, es verdad que lo que los cristianos afirmamos es que nosotros tenemos razón, mientras el resto no la tiene. Puedo comprender que esa afirmación podría sonar, en un principio, presuntuosa, teniendo en cuenta que vivimos en una sociedad postmoderna.[2] Ahora, lo que deberíamos preguntarnos no es si estamos incurriendo en arrogancia al pensar eso. La pregunta auténtica que deberíamos hacernos es si esa afirmación es verdad o es mentira.

La base del discurso de la paparrucha que desenmascaramos en este capítulo es una concepción errónea de la verdad que tiene su base en una cosmovisión[3] equivocada: el postmodernismo. La idea

---

[2] El posmodernismo es una mentalidad que explica la realidad como una «construcción social» y al individuo en relación con el grupo social, cultural, racial o religioso al que pertenece. Es decir, la verdad en sí no existe, solo podemos hablar de que algo es real en relación con una mentalidad específica de una cultura específica de un grupo en específico. En otras palabras, la realidad es subjetiva, lo que es verdad para ti, puede no serlo para mí, porque yo pertenezco a otra cultura diferente. Este movimiento surgió como respuesta al modernismo, que exaltaba la individualidad, el materialismo y la objetividad de la verdad absoluta. Nancy Pearcey, *Finding Truth: 5 Principles for Unmasking Atheism, Secularism, and Other God Substitutes* (Colorado Springs, CO: David C Cook, 2015), 111-12. Este libro está disponible en su traducción al español con el título *El hallazgo de la verdad: 5 principios para desenmascarar el ateísmo, el laicismo y otros sustitutos de Dios* (Seattle, WA: YWAM PUB, 2017).

[3] Una cosmovisión es, según la Real Academia Española, una «visión o concepción global del universo». En otras palabras, una cosmovisión es el filtro a través del cual vemos y entendemos la realidad. Por ejemplo, ante un mismo hecho, como un eclipse de sol, una cosmovisión mítica interpretará que el dios sol está luchando contra la diosa luna, mientras que alguien con una cosmovisión naturalista dirá que la luna se ha interpuesto entre el sol y la tierra, ocultando su luz. Real Academia

que se tiene, y que subyace en esta mentira que creemos, es que la verdad es un asunto de perspectiva o de opinión. Eso es especialmente cierto si hablamos de la verdad espiritual o de la verdad moral.

Me explico: cuando digo que el cristianismo es verdad, nuestra sociedad lo interpreta de la misma manera que si dijera que las alcachofas son horribles. Entiendo que a mucha gente le encantan las alcachofas. Mi esposa es catalana, y allí esta verdura es considerada una exquisitez. Lo siento mucho, pero yo no puedo con ellas; *para mí*, son sencillamente asquerosas. De la misma manera que yo considero que las alcachofas son horribles, también considero que el cristianismo es cierto.

¿Ves? El concepto de verdad que vemos es totalmente relativo, es una cuestión de pura opinión. Es, como se diría, *mi verdad*, de la misma forma que la verdad para ti puede ser otra. Por esa razón, no debemos pontificar sobre lo que consideramos que es verdad, porque hay otras personas que, con la misma razón que yo, tienen *otra verdad*, simplemente porque su mentalidad es diferente.

Esto es cierto en términos morales. Cuando decimos que el aborto es malo, un defensor de esta práctica puede alegar que esa es una opinión válida que yo puedo tener, así que está bien si yo no aborto, pero debería respetar su opinión y su derecho. De hecho, esa es una respuesta muy típica. Después de todo, la moral es subjetiva. «Esta es básicamente la forma en que nuestra sociedad trata la moralidad en estos días», dice Hillary Morgan: «en lugar de ver la moralidad como un reflejo de verdades más profundas, se trata a los asuntos morales como normas culturales que pueden ser revisadas sin consecuencia».[4] El asunto de la moral no tiene conexión con absolutamente nada que no sea la subjetividad de cada persona. Cada uno puede escoger qué es bueno y qué es malo para él.

Si esto es normal en cuanto a temas morales, es especialmente común cuando entramos en asuntos religiosos. Para la mayoría de las

---

Española, Diccionario de la lengua española, 23.ª ed., acceso el 5 de julio de 2023, https://dle.rae.es/cosmovisón.

[4] Hillary Morgan Ferrer, En defensa de la fe de nuestros hijos: Enseñando a sus hijos a desafiar las mentiras de la cultura (Bogotá: Editorial Unilit, 2023), 149.

personas, el tema de la verdad pasa a ser relativo en el mismo instante en que la religión entra en la sala. Es decir, la religión no tiene nada que ver con el mundo real. La religión tiene que ver únicamente con el tema de los valores, de las intenciones y de los propósitos, no de los hechos. De hecho, según palabras de Richard Dawkins, «la creencia no tiene nada que ver con la evidencia».[5] El mundo religioso pertenece enteramente a la esfera de la realidad que tiene que ver con la opinión, no de los hechos, por lo tanto, no es verificable, solo hay que creerlo por fe. En este sentido, Nancy Pearcey dice que esta diferenciación entre los hechos y las opiniones «disuelve instantáneamente el contenido objetivo de todo lo que decimos, y no tendremos éxito en introducir el contenido de nuestra creencia en la discusión pública a menos que primero encontremos formas de superar este guardián».[6] Jamás lograremos que nadie tome en serio la verdad del cristianismo mientras piense que la «verdad» religiosa es puramente subjetiva y no tiene nada que ver con los hechos reales.

El filtro por el cual se tamiza la verdad de forma natural para la mayoría de la gente en nuestra sociedad, que considera la religión como un asunto meramente opinable, hace que se rechace *a priori*[7] que cualquier afirmación relacionada con la religión pueda pertenecer al campo de la verdad objetiva. La religión no puede ser verdad de la misma forma que el agua hierve a los 100 ºC; sencillamente pertenecen a distintos campos de la realidad. Hablaremos más en otra paparrucha acerca de esta ficticia división de la realidad entre el mundo físico y el espiritual, pero ahora quiero que centremos nuestra atención en algunos aspectos acerca de la realidad que nos van a ayudar a desenmascarar esta paparrucha.

---

[5] Richard Dawkins, *Buenas y malas razones para creer*, Universidad de Murcia, acceso el 15 de mayo de 2023, https://www.um.es/docencia/barzana/DIVULGACION/CIENCIA/Malas_razones_creer.html.

[6] Nancy Pearcey, *Total Truth: Liberating Christianity from its Cultural Captivity* (Wheaton, IL: Crossway, 2005), 22. (Traducción del autor). Este libro está disponible en español como *Verdad Total: Libera el cristianismo de su cautiverio cultural* (Seattle, WA: YWAM PUB, 2014).

[7] De entrada, o sin considerar siquiera las pruebas.

CÓMO ES LA VERDAD

Para comenzar, la verdad no tiene nada que ver con lo que nosotros pensemos o deseemos. Es decir, la verdad *es verdad*, aunque nos disguste y deseáramos cambiarla. Esto se aplica también cuando hablamos de la verdad religiosa. Nosotros no decidimos qué es verdad. En cuanto a ella, solo podemos aceptarla o negarla y, en consecuencia, tendremos razón en lo que decimos o no la tendremos. Podemos aprender de ella, o podemos tratar de que lo que era verdad ayer no lo sea mañana. Por ejemplo, ayer pude herir a alguien con mis palabras, así que acepto esa realidad e intento aprender de ella. Como consecuencia, hoy no querré repetirlo y tendré más cuidado con lo que digo. Lo que no podemos hacer, aunque nos empeñemos, es torcerla.

Otra afirmación sobre la verdad es que, por naturaleza, es excluyente. Eso quiere decir que necesariamente destruye a la mentira. Si la verdad no elimina la mentira, no es verdad, sino sencillamente una opinión más. Me explico: si yo afirmo que una casa en cuestión tiene tres habitaciones y mide 100 m^2, con la misma afirmación, estoy negando que esa casa tenga cinco habitaciones y mida 250 m^2. Es decir, la afirmación «esa casa tiene tres habitaciones y mide 100 m^2», en sí misma, lleva el veneno de cualquier otra afirmación que la contradiga. No es una cuestión de perspectiva ni de opinión. El número de habitaciones no está sujeto a debate, ni si es de un tamaño u otro. Si tienes una casa de 100 m^2 y yo la interpreto como una casa de 250 m^2, quiere decir que tengo un problema con mi percepción, no que sea más grande o más pequeña cuando yo la miro, ni que *mi verdad* sea que casa mide más del doble. Así, la verdad es la que es, aunque no la creamos, y esa verdad expulsa, necesariamente, a la mentira.

Ahora, cuando llegamos al tema de la religión, se nos echa en cara que el cristianismo es excluyente, arrogante e intransigente por negar la veracidad del resto de las religiones. La realidad, sin embargo, es que cualquier religión exige exclusividad. Es más, ¡cualquier creencia la exige! Por ejemplo, la máxima de los musulmanes, que llaman la *shahada* («testimonio» en árabe) dice: «No hay más dios que Allah y Mahoma es su profeta». El recitar esa afirmación es todo lo que alguien debe hacer para convertirse al islam. Teniendo en cuenta que el Corán presenta una figura de Jesús diferente a la de los Evangelios, como un profeta más, en lugar de como Dios encarnado,[8] el afirmar que Mahoma es *el* profeta de Allah equivale a negar la verdad del cristianismo. Es decir, no se puede ser musulmán sin negar categóricamente la validez de cualquier religión que no acepte la *shahada,* incluido el cristianismo. En cuanto a los hindúes, es verdad que ellos creen en multitud de dioses, entre los cuales no tienen problema en incluir a Jesús, pero ellos mismos niegan que *solo* haya un dios, por lo que niegan el monoteísmo y, en consecuencia, el cristianismo. Esto ocurre igualmente incluso con los ateos, pues su cosmovisión niega la existencia de Dios, con lo que rechazan el cristianismo y cualquier otra religión; o los agnósticos, que niegan la posibilidad de que se pueda conocer la existencia de Dios, o de un dios en particular, rechazando igualmente cualquier religión. A lo que voy es a que no existe ningún sistema de creencias que no sea excluyente y, por lo tanto, arrogante, si se quiere. Cualquier creencia exige exclusividad, por la sencilla razón de que, al afirmar algo, natural y lógicamente, se está negando lo contrario.

¿Qué ocurre con alguien que niega que la verdad misma exista, y afirma que solo es un constructo cultural y social que llamamos «realidad»? Bueno, esa persona también está haciendo lo mismo, pero con una dosis acumulada de inconsistencia y negación de la lógica más elemental.[9] Por una parte, afirmar que la verdad no existe también exige exclusividad. Es decir, al decir que no hay tal cosa como la verdad, estás negando, al menos, con la misma arrogancia con la que se acusa a un cristiano, que el que opine lo contrario tenga razón. Si digo que la verdad no existe, estoy diciendo que el que cree

---

[8] El Corán, 3:3; 5:46-47.

[9] Nancy Pearcey demuestra que el postmodernismo, aunque pretenda luchar contra las tiranías, se convierte en una, al negar el derecho a tener convicciones firmes, mientras que denigra al ser humano y, como colofón, ni siquiera puede ser vivido en la vida real. Pearcey, *Finding Truth*, 202-06.

en la verdad está equivocado. Por otra parte, más grave aún, el decir que la verdad no existe es una afirmación que se niega a sí misma. Pregúntate, ¿es verdad que la verdad no existe? Si dices que sí, que es verdad, estás negando tu respuesta, porque la verdad no existe, así que acabas de decir una tontería. Si es mentira, estás diciendo: «es mentira que la verdad no existe», así que estás diciendo de otra manera que la verdad sí existe, negando tu propia afirmación. Es decir, la próxima vez que alguien te diga que la verdad no existe, pregúntale: ¿es verdad esa afirmación? No existe respuesta posible a esa pregunta, porque la idea de que la verdad no existe es una tontería, una paparrucha.

Así pues, cuando hablamos de religiones, lo que debemos preguntarnos no es qué religión me hace sentir mejor, cuál profesaban mis padres, cuál me va a traer más beneficios o cuál es más inclusiva. Lo que debemos preguntarnos es, sencillamente, cuál es verdad y cuál no lo es. Todo el resto de las preguntas, por muy interesantes o actuales que puedan ser, son completamente secundarias.

LA VERDAD EN LA BIBLIA

La Biblia habla bastante acerca de la verdad, porque afirma que existe, que esta niega la mentira y que puede ser conocida por nosotros. Cuando la Biblia habla de la verdad, habla de lo que está de acuerdo con los hechos, no de un concepto subjetivo y cultural de *mi* verdad. De hecho, la verdad forma parte intrínseca de quién es el Dios soberano y absoluto. Dios no va a mentir, porque Él mismo *es* verdad (He 6:18). Por lo tanto, lo que Él dice —Su Palabra, la Biblia—, es verdad (Jn 14:17; 15:26; 16:13; 17:17). Podemos fiarnos de las Escrituras, porque son *la verdad* expresada por alguien en cuya misma naturaleza está excluida la mentira.

Esta revelación divina, que es verdad, habla de Jesús, el Hijo de Dios, de quien se dice que es «lleno de gracia y de verdad» (Jn 1:14). Él es quien afirmó categóricamente ser «el camino, *la verdad* y la vida» y que «nadie viene al Padre sino por Él» (Jn 14:6, énfasis añadido). Si te fijas, la afirmación de Jesús despeja toda duda sobre la naturaleza de esta verdad. De ninguna manera se puede afirmar que el cristianismo es cierto y que el islam, al mismo tiempo, también lo sea. No es admisible, porque Jesús niega esa posibilidad, afirmando que nadie va a llegar a ser salvo en ningún lugar, tiempo o condición, si no es por medio de Él. Según Jesús, pues, Mahoma no tiene nada que decir en cuanto a la salvación del alma. Caso cerrado.

La Biblia no solo afirma la existencia de la verdad y la vincula directamente con el Dios que la ha revelado, su carácter y Su hijo Jesucristo, sino que también advierte en contra de aquellos que traten de torcer esta verdad. El profeta Jeremías, inspirado por el Espíritu de Dios, denunció a los que han cambiado «la ley del SEÑOR»… «en mentira» (Jer 8:8). Jesús mismo afirma que, en los últimos tiempos, vendrían «falsos Cristos y falsos profetas, y mostrarán grandes señales y prodigios, para engañar, de ser posible, aun a los escogidos» (Mt 24:24). Tanto en el Antiguo como en el Nuevo Testamento, la realidad es que es labor de los siervos de Dios el desenmascarar y luchar contra la mentira. No en vano Pablo dice que la iglesia es «columna y sostén de la verdad» (1 Tm 3:15). La razón por la que Dios se toma tan en serio la naturaleza de la verdad no puede ser más importante, es deseo del mismo Dios de los cielos que «todos los hombres sean salvos y vengan al pleno conocimiento de la verdad» (1 Ti 2:3-4). Lo que está en juego en esta batalla es, ni más ni menos, el alma de los hombres. No hablamos de discusiones o de quién tiene la razón, hablamos de la eternidad.

En medio de este asunto, hay algo que el cristianismo tiene a diferencia del resto de las religiones, y es que la Biblia no es sencillamente un libro religioso vago o difuso. No es un compendio de opiniones místicas ni de espiritualidad difusa que se queda en lo elevado. No se limita al «haz el bien y no mires a quién» ni nos da, únicamente, la razón para dormir bien por las noches. La Biblia es un libro de verdades geográficas, históricas y absolutas.[10] Por su

[10] Josh y Sean McDowell, *Evidence that Demands a Verdict:Life-Changing Truth for a Sceptical World* (Nashville, TN: HarperCollins, 2017), XXXVI-XXXVIII.

misma esencia, el cristianismo está anclado en el tiempo y el espacio. Esto es algo que lo aleja por completo de cualquier otra religión o de cualquier mito que haya existido. La visión mítica se ancla en algo que ocurrió en un pasado indeterminado, sin ninguna conexión con la realidad presente.[11] En cuanto a las religiones más conocidas, de las que tenemos alguna noticia sobre su comienzo, podemos ver que no es posible verificar la veracidad de sus afirmaciones. Por ejemplo, Mahoma recibió sus revelaciones, sobre las que se basa el Corán y, por lo tanto, el islam, estando en la cima de un monte, en una cueva o en algún otro lugar, en solitario.[12] Es decir, no existe forma de verificar históricamente si realmente ocurrieron tales revelaciones y de qué naturaleza fueron.

El cristianismo no es así. Su misma existencia depende de eventos históricos verificables o falsables.[13] Pedro mismo, recapacitando sobre su experiencia personal como testigo de primera mano, decía: «cuando os dimos a conocer el poder y la venida de nuestro Señor Jesucristo, no seguimos fábulas ingeniosamente inventadas, sino que fuimos testigos oculares de su majestad» (2 P 1:16). Es decir, lo que afirma el apóstol no es que su religión se basa en afirmaciones religiosas que él cree, sino en evidencias fehacientes, en hechos comprobables de los que él mismo fue testigo. Es decir, el cristianismo no es, sencillamente, la creencia en alguien ahí arriba que, si le das tu corazón, te va a salvar y bendecir. El cristianismo es toda una cosmovisión que comienza con la realidad de un Dios creador y soberano que ha intervenido poderosamente en la historia del hombre, de lo cual hay pruebas.

Existe la posibilidad de buscar la información, hacer la investigación pertinente y llegar a la conclusión de que el cristianismo es

---

[11] Según los diferentes mitos, las acciones de los dioses, que afectan a la realidad presente de los hombres, no tienen lugar en un momento concreto, sino en un tiempo primigenio que no es posible fechar. John N. Oswalt, *The Bible among the Myths* (Grand Rapids, MI: Zondervan, 2009), 50.

[12] César Vidal, *Mahoma, el guía* (Barcelona: Debolsillo, 2015), 37-39.

[13] Entre todos estos hechos, ninguno es más importante que la muerte y la resurrección corporal de Jesús de Nazaret.

verdadero. Pero, ¿qué ocurre si nuestra investigación nos lleva a la conclusión opuesta? ¿Qué pasa si, finalmente, las pruebas no avalan al cristianismo como verdad? Pablo responde a esa pregunta de manera categórica:

> Y si Cristo no ha resucitado, vana es entonces nuestra predicación, y vana también vuestra fe. Aún más, somos hallados testigos falsos de Dios, porque hemos testificado contra Dios que Él resucitó a Cristo, a quien no resucitó, si en verdad los muertos no resucitan. Pues si los muertos no resucitan, *entonces* ni siquiera Cristo ha resucitado; y si Cristo no ha resucitado, vuestra fe es falsa; todavía estáis en vuestros pecados. Entonces también los que han dormido en Cristo han perecido. Si hemos esperado en Cristo para esta vida solamente, somos, de todos los hombres, los más dignos de lástima. (1 Co 15:14-19)

Si te fijas, Pablo aplica al cristianismo las dos afirmaciones que hemos hecho sobre la verdad. Decíamos que la verdad no es algo que nosotros podamos hacer que coincida con nuestros deseos, y que necesariamente elimina a la mentira. Así pues, si la búsqueda de la verdad nos lleva a la conclusión de que la Biblia miente, de que Jesús realmente no resucitó de entre los muertos, entonces el cristianismo es falso, es una mentira, y como tal debe ser desechada. Es decir, si el cristianismo es falso, da igual que creamos que es verdad, debemos repudiarlo y deshacernos de él. O el cristianismo se basa en evidencias reales o no merece ser creído. Es más, quien crea en una religión así, sin ninguna evidencia real, se convierte en alguien más digno de lástima que de honra (1 Co 15:19). Ahora, si Jesús realmente ha resucitado, ese hecho calla de una vez todas las voces que están en contra. Si Jesús murió en la cruz y resucitó al tercer día, entonces el resto de las religiones son falsas, Jesús es quien decía ser y no hay otro camino a la salvación del alma y el bien del hombre.[14]

[14] Un gran libro para aprender más acerca de las pruebas de la veracidad del cristianismo es Lee Strobel, *El caso de Cristo: Una investigación exhaustiva* (Miami, FL: Editorial Vida, 2000).

Por tanto, lo que deberíamos plantearnos no es la arrogancia de decir que lo que yo creo es cierto, mientras lo que tú crees no, eso es algo que todos hacemos. Deberíamos preguntarnos más bien si el cristianismo es cierto, si es verdad, es decir, si está de acuerdo con los hechos, aparte de la opinión subjetiva de quien sea. Si lo es, debemos rendirnos completamente y servir al que ha demostrado que es Dios encarnado, entregado voluntariamente para nuestra salvación. Si no lo es, debemos rechazarlo de pleno, como una mentira diabólica que nada tiene que ver con la verdad.

DOS OBJECIONES

Ante esta realidad de que el cristianismo es verificable, quizá surjan algunas cuestiones en tu mente. Es normal, no es lo que solemos escuchar habitualmente, y puede ser que, al chocar con nuestra manera de entender la realidad, nos cueste deshacernos de esta paparrucha. A continuación, voy a tratar de resolver dos interrogantes en este sentido.

Para comenzar, ¿no afirma la Biblia que debemos creer sin evidencias? Cuando Tomás dudó de la resurrección de Jesús y pidió pruebas para creerlo, parece que Jesús le reprocha esta actitud (Jn 20:24-29). La realidad es que no se ve un reproche, y si lo hay, es un muy suave.[15] El hecho es que Jesús satisface su necesidad de pruebas y le permite poner su dedo en las heridas de Sus manos y su mano en el costado para que lo comprobara personalmente. Jesús no exige una fe sin pruebas, sino que le da las pruebas necesarias para que crea en Su resurrección. Hemos adoptado la definición de que «la fe es creer en las cosas que no conocemos». Ese no es el concepto bíblico de la fe. La fe y el conocimiento no son cosas opuestas en las Escrituras;

[15] Si hay un reproche, en todo caso, la razón sería porque Tomás no tomó en consideración la evidencia pasada, cuando Jesús dijo que resucitaría y lo demostró con numerosos milagros. Leon Morris, *The Gospel according to John*, The New International Commentary on the New Testament (Grand Rapids, MI: Wm. B. Eerdmans Publishing Co., 1995), 753–754.

son compañeras. Lo contrario a la fe no son los hechos, sino la incredulidad. Lo opuesto al conocimiento es la ignorancia, que no se considera virtud en el cristianismo.[16]

Debemos tener cuidado con adquirir ideas erróneas del mundo que contradicen la Biblia. MacArthur advierte de que, en medio del mundo postmoderno en que vivimos, «la incertidumbre es la nueva verdad» y «la duda y el escepticismo han sido canonizados como una forma de humildad».[17]

Cuando Juan el Bautista envía a sus discípulos a preguntar a Jesús: «¿Eres tú el que ha de venir, o esperamos a otro?» (Lc 7:20), la respuesta de Jesús no fue que debían creer que lo era, sino aportar las pruebas correspondientes para que ellos sacaran las conclusiones oportunas. «Y respondiendo Él, les dijo: Id y contad a Juan lo que habéis visto y oído: los CIEGOS RECIBEN LA VISTA, los cojos andan, los leprosos quedan limpios y los sordos oyen, los muertos son resucitados y *a* los POBRES SE LES ANUNCIA EL EVANGELIO» (Lc 7:22). Las pruebas aportadas por Jesús eran especialmente útiles, porque constituyen el cumplimiento de la profecía de Isaías que apuntaba precisamente al Mesías (Is 35:5; 61:1). En otras palabras, Jesús no les dijo que tuvieran fe en lugar de tener evidencias, ni que la fe sin evidencias es mejor que la fe ciega. Lo que hizo fue señalar a las evidencias y les dijo que las examinaran para tener fe *por las evidencias*. La fe es, en esencia, y desde el punto de vista humano, una decisión informada. Dios nos da evidencias para que tomemos la decisión de confiar en Él, y nos pide que, en base a esa decisión, que es la fe, vivamos descansando en el Salvador en quien hemos confiado.

El autor de Hebreos define la fe como «la certeza de lo que se espera, la convicción de lo que no se ve». Es decir, se trata de una convicción firme e inamovible en la fidelidad de Dios.[18] La espera es

---

[16] Gregory Koukl, *Tácticas: Un plan de acción para debatir tus convicciones cristianas* (Nashville TN, Vida, 2018), 162.

[17] John MacArthur, *The Truth War: Fighting for Certainty in an Age of Deception* (Nashville, TN: Thomas Nelson, 2007), 16. (Traducción del autor).

[18] David L. Allen, *Hebrews*. The New American Commentary (Nashville, TN: B & H Publishing Group, 2010), 541.

cierta; no hay ninguna duda de que el objeto de esa espera se logrará. Se espera por algo que, en un principio, no se ve, pero eso no quiere decir que no se pueda tener convicción al respecto. ¿Cómo lograr una espera sin dudas y una seguridad absoluta en algo que no se ve? La respuesta bíblica no es una «fe *contra* las evidencias», sino una fe *basada en* las evidencias. Es decir, la certeza y seguridad no vienen de nuestra capacidad de confiar, sino de la seguridad que nos da el hecho de que el cristianismo es, sin lugar a dudas, verdadero.

Entiendo que esto puede chocar con la afirmación bíblica de que Jesús es «el autor y consumador de la fe» (He 12:2). ¿Es la fe una decisión humana o un regalo divino? La realidad es que es ambas cosas. Desde el punto de vista humano, es una decisión que se toma y para la que tenemos evidencias suficientes. Desde el punto de vista divino, es un regalo, fruto de la gracia y la soberanía divina. Esta tensión entre una cosa y la otra está presente en la Biblia y no es nuestro papel el intentar deshacerla.

¿Por qué creemos en Cristo? Tal vez alguno responderá que la razón es que ha tenido una experiencia tan emocionalmente conmovedora que creyó en Jesús. Es posible que alguno piense que el cristianismo debe creerse porque consuela el corazón cuando las tinieblas de la vida asaltan nuestra paz. Yo sé que la confianza en Cristo da esperanza para el futuro, aun en medio de las más atroces circunstancias. Sé que hay experiencias espirituales que hablan más que muchas palabras. Sé que el Espíritu Santo transforma vidas, como veremos más adelante en otro capítulo. Pero, en última instancia, esa no es la razón por la que debemos creer en Cristo. Debemos creer en la Biblia porque *es verdad*. La razón para creer en Jesús es que Él dijo la verdad, es decir, que es, en efecto, el Hijo de Dios que murió por nosotros y resucitó, corporal y ciertamente, al tercer día. Con esa confianza, no debemos tener miedo de buscar la verdad y seguirla.

No tengas miedo de preguntar al pastor de tu iglesia lo que no entiendes. El tener dudas, el buscar comprender mejor o el plantearnos si algo es verdad o no, no es un acto de rebelión contra el pastor. No hay nada negativo en tener dudas, siempre que las expreses y busques respuestas. Tal vez el pastor no tenga las respuestas que buscas, pero eso no significa que la respuesta no exista, sino que debes seguir buscándola. Si el cristianismo es verdad, la búsqueda sincera de la verdad siempre llevará a él. De todos modos, si buscando la verdad, nos alejamos del cristianismo, es porque Cristo no es digno de nuestra confianza. Sin embargo, por experiencia personal y por el estudio del tema, te garantizo que esta búsqueda de la verdad solo te llevará cada vez más cerca de Cristo.

La segunda objeción tiene que ver con la mentalidad de que la religión existe única y exclusivamente para hacernos mejores personas. ¿Jesús vino para que nuestra moralidad creciera, para que seamos más benévolos y hagamos obras de caridad? Pues, desde luego, el mensaje de Jesús estaba impregnado de moralidad porque a Dios le interesa mucho lo que hagamos (Mt 5:48; 22:36-40).[19] De hecho, son nuestros actos que revelan si seguimos a Jesús o no, mucho más de lo que podrían hacerlo las palabras (Stg 2:14-17). Pero, ¿no es también cierto que hay algunos testigos de Jehová, musulmanes e incluso ateos que llevan una vida mucho más moral que nosotros? Me duele en el alma, por ejemplo, ver la catástrofe en muchos matrimonios «cristianos», algunos, desgraciadamente, muy cercanos a mí, mientras veo otros matrimonios, aparentemente saludables, formados por personas que no creen en Jesús. En ocasiones, si usáramos solo el baremo de la moralidad para decidir si alguien ha confiado en Cristo o no, llegaríamos a toda clase de conclusiones equivocadas. La razón, como decíamos anteriormente, es que no estamos viviendo nuestra identidad, por lo que debemos recordarla y regresar a nuestro Dios, arrepentidos, para ser transformados desde adentro.

---

[19] De hecho, como Oswald demuestra, la Biblia es pionera en establecer la ética como una parte central en el culto al Dios de los judíos en contraposición a la visión mítica de las naciones que rodeaban a Israel, en cuya religión la ética no jugaba papel alguno. En efecto, «como cada dios tiene diferentes deseos y aspiraciones, a menudo entran en conflicto unos con otros. Un intento exclusivo de agradar a un (dios) produciría una reacción casi segura el enfado y la ofensa de otro dios. Así que la mejor política es no ser demasiado radical en la obediencia a ningún cuerpo de principios». John N. Oswald, *The Bible Among the Miths*, 85-90. (Traducción del autor).

No, Jesús no vino a que las personas simplemente se portaran bien, aunque esa sea, desde luego, una consecuencia de su obra. Jesús vino a que los muertos vivieran (Ef 2:1-10). Su meta no era crear una religión de personas con una sonrisa en el rostro, que se dan los buenos días y ayudan a las ancianas a cruzar la calle, mientras le deshonran, se rebelan contra Él y acumulan ira, avanzando hacia su propia destrucción. Jesús vino a rescatar de la esclavitud del pecado a quienes no lo merecían. Vino a pagar por la maldad y a aplacar la ira de Su Padre contra los rebeldes conjurados contra el Señor de los Ejércitos.

De nada sirve que consigamos portarnos bien unos con otros en la tierra, que todas las guerras terminasen y que se perdonase toda la deuda soberana, mientras todos caminamos por la vida dándonos la mano, cantando *We are the world, we are the children,*[20] mientras vivimos en plena rebeldía contra el Señor de la vida y rumbo a nuestra muerte eterna. De nada sirve, porque nuestro principal problema no es la desigualdad, aunque ese sea un problema, no cabe duda. Nuestro principal problema es la justa condena en nuestra contra, condena que nos sentencia a la pena capital. En nuestra situación, pensar que lo único que necesitamos es ayudar a los pobres es como dar una pastilla de ibuprofeno a alguien que padece cáncer de páncreas: quizá alivie un poco los síntomas, pero no hace absolutamente nada contra el principal problema. En definitiva, la Biblia es verdad y, por lo tanto, Cristo es la principal necesidad de nuestro mundo.

Antes de pasar a otro tema, me gustaría dejar algo bien claro, el asunto del que estamos hablando es, ante todo, un asunto espiritual. El pastor MacArthur dice que «la aversión contemporánea a la verdad es sencillamente una expresión natural de la hostilidad innata

[20] Canción compuesta por Michael Jackson y Lionel Richie en 1985, que fue interpretada por algunos de los cantantes más famosos de EE. UU. de la época con fines humanitarios y que se convirtió en un himno a favor de campañas solidarias por los más desfavorecidos. «We Are the World», *Wikipedia*, acceso el 17 de mayo de 2023, https://es.wikipedia.org/wiki/We_Are_the_World.

hacia Dios de la humanidad caída (Ro 8:7)».[21] Este es un aspecto del significado de la verdad que deberíamos tener en cuenta en todo momento. Hablamos de un tema que es, en última instancia, espiritual. Dios quiere que se conozca la verdad, y hay fuerzas oscuras que desean oscurecer la verdad usando la mentira.

LA TOLERANCIA

Ya hemos visto que el concepto de verdad es sumamente importante para abordar esta paparrucha. A fin de cuentas, debemos tratar de comprender correctamente lo que significa la verdad y si el cristianismo es verdad o no. Pero hay más.

Hoy en día, la virtud máxima es la tolerancia. Específicamente, se ha popularizado un concepto singular de tolerancia, según el cual la tolerancia consiste en aceptar absolutamente todo de una persona, sea lo que sea, haga lo que haga y crea lo que crea. Así, el mayor amor de un padre siempre será el que acepta cualquier idea o proyecto en el que se embarque su hijo. El mejor amigo siempre será el que te apoya en todo, absolutamente todo. Por lo tanto, el peor pecado —el único pecado, dirían algunos— es el de la intolerancia, según este concepto de tolerancia.

En este sentido, recuerdo algo que decía mi profesor de filosofía en el instituto: «todas las personas son respetables, pero no todas las ideas lo son. Hay algunas ideas que son buenas, otras que son aceptables, otras que son una atrocidad y otras que, sencillamente, son una tontería». Dudo que ser pueda decir mejor. Yo puedo amar con todo mi corazón a mi hija, pero no pienso tolerar si ella viene un día a casa y me dice que ha decidido comenzar el proceso médico de transición para «transicionar» y convertirse en un niño.[22] Aunque se me tache

---

[21] MacArthur, *The Truth War*, pos 147, Kindle. (Traducción del autor).

[22] En realidad, ninguna mujer jamás podrá «transicionar» a hombre, por mucho que se hormone, se vacíe por dentro, se corte el pelo y se vista con traje y corbata. No lo hará porque cada célula de su cuerpo tiene la información en ADN que afirma quién es en realidad, y eso no se puede operar.

como de alguien que no ama a su hija, yo no voy a tolerar eso. De hecho, la principal razón por la que no voy a tolerarlo es que la amo, y por ello, voy a oponerme a lo que la daña con todo lo que tengo.

Se nos ha vendido como máxima virtud una interpretación distorsionada de la tolerancia que no tiene nada que ver con la verdadera tolerancia. De hecho, esta interpretación es la idea opuesta a lo que realmente es la tolerancia. La tolerancia es el respeto hacia la persona, aunque no estemos de acuerdo con sus ideas o sus creencias. El recientemente fallecido Timothy Keller, la definía diciendo: «La tolerancia no se trata de no tener creencias. Se trata de cómo tus creencias te llevan a tratar a las personas que no están de acuerdo contigo».[23] Es decir, la tolerancia no consiste en que todo nos parezca bien o tolerable, sino en respetar personalmente a los demás, aunque no pensemos lo mismo que ellos, aunque entendamos que lo que piensan o lo que hacen sea una necedad o una perversidad. Sin embargo, «la tolerancia del mundo ya no significa el vivir en paz con los que tienen unas creencias diferentes. Ahora significa que todas las creencias, sin importar lo estúpidas que sean, deben ser tratadas como igualmente legítimas».[24]

Pueden parecer dos interpretaciones parecidas de la palabra tolerancia, pero la verdad es que no pueden ser más diferentes. Cuando hablamos de la tolerancia como la aceptación de todo lo que alguien piensa o hace, estamos hablando de que todos debemos pensar lo mismo, que no debemos considerar que lo que esa persona hace o piensa es incorrecto. Al hacer esto, no estamos tolerando al diferente, sino que estamos obligando a que todos seamos iguales, que todos pensemos igual y que todos aceptemos como bueno lo mismo. En cambio, estamos tildando de intolerantes a los que opinan de forma diferente y, de esa manera, acusando al disidente y arrojándole a la cara la acusación de ser «intolerante». Así, eliminamos de un plumazo el derecho de los demás a tener opiniones propias. Es por eso que

[23] Timothy Keller, 28 junio 2018 (8:39 p. m.), tweet. Acceso el 14 de julio de 2023. https://twitter.com/timkellernyc/status/1012405022016069633?s=20.

[24] Hillary Morgan Ferrer, *En defensa de la fe de nuestros hijos: Enseñando a sus hijos a desafiar las mentiras de la cultura* (Bogotá: Editorial Unilit, 2023), 70.

tal interpretación de tolerancia es, paradójicamente, absolutamente intolerante en su esencia.[25]

Hace un tiempo, había una campaña en la televisión muy reveladora en cuanto a la situación real. Esta campaña decía así: «frente a la violencia de género, *tolerancia cero*».[26] Espera un momento, ¿no teníamos que tolerar todo lo que piense cualquier persona, porque esta es la máxima expresión del amor? ¡Por supuesto que no! ¡Es que esa interpretación de «tolerancia» es una tontería! Es evidente que hay ciertas cosas que son intolerables. Es absolutamente cierto que no se puede tolerar que un señor maltrate a su esposa o que una nación lleve a cabo un exterminio de personas por pertenecer a cierta raza. Esas ideas son una aberración desde todos los puntos de vista y no debe, bajo ningún concepto, ser tolerada. Hay ciertas cosas que no se pueden permitir, por nada del mundo. De la misma forma, es intolerable que alguien esté dando charlas a los más pequeños en el colegio animándolos a cambiar de sexo, empujándolos a que se mutilen o se vacíen por dentro, destruyendo sus cuerpos y condenándolos a medicarse el resto de sus vidas. Tal es la situación en la que se encuentran esos pobres niños, que casi la mitad de los jóvenes que atraviesan por ella, terminan quitándose la vida.[27] Es igualmente intolerable que, desde las instituciones que pagan nuestros impuestos, se fomente la destrucción de la ingenuidad o se atente contra el derecho de los padres a educar a sus hijos conforme a sus propios valores y creencias.[28]

---

[25] Por no hablar del fanatismo y la arrogancia de enorgullecerse por tener alguna clase de moralidad superior al condenar a otros de ser fanáticos y arrogantes por no compartir su mentalidad cerrada de intolerante «tolerancia». Pearcey, *Finding Truth*, 221.

[26] Acceso el 17 de mayo de 2023, https://compromiso.atresmedia.com/tolerancia-cero/.

[27] El periodista Luis del Val afirma que la tasa de suicidio en personas trans de entre 18 y 44 años ronda el 42 %. «Luis del Val: "Las tasas de suicidio entre personas trans, ronda el 42 % entre los 18 y los 44 años"», *Noticias Cope*, acceso el 6 de julio de 2023, https://www.cope.es/programas/herrera-en-cope/la-fotografia-de-luis-del-val/noticias/luis-del-val-tasas-suicidio-personas-trans-ronda-entre-anos-20221103_2377009.

[28] La Constitución Española, en el artículo 27.3, dice que existe un «derecho que asiste a los padres para que sus hijos reciban la formación religiosa y moral que esté de acuerdo con sus propias convicciones».

Así pues, esa falsa idea de tolerancia es algo que ni ellos mismos creen, a fin de cuentas. Es sencillamente, una forma de silenciarnos y hacernos sentir vergüenza de expresar nuestra opinión en público, pero no es así como debemos actuar.

Si tienes miedo de que te tachen de intolerante por afirmar que ciertas cosas no están bien, deberías recordar algo: según esa definición de tolerancia —la aceptación total, tanto de la persona como de sus ideas y acciones—, *servimos a un Dios profundamente intolerante*. ¿Cómo que Dios es intolerante? Bueno, vamos a repasar sus credenciales: ¿qué hizo Dios cuando el hombre lo desobedeció por primera vez en el Edén (Gn 3)? Desde luego, no fue muy tolerante con lo que habían hecho. No les dijo: «no te preocupes, Adán. Yo siempre te voy a apoyar en todo lo que hagas y siempre me vas a tener detrás ayudándote, tomes la decisión que tomes. Tolero todo lo que hagas porque te amo». No, ¿verdad? Lo que hizo Dios fue algo totalmente diferente. Le dejó bien claro que había obrado mal y que eso tendría consecuencias graves (Gn 3:14-19). Más aún, le dio la esperanza de que, a pesar de su desobediencia y su necia decisión, Él comenzaba a trabajar en una manera de remediar la situación (Gn 3:15), apuntando desde este instante a la redención por medio de la muerte de Cristo.

Dios no es tolerante en el falso sentido de la palabra, pero sí que lo es en el buen sentido. Él no aceptó lo que hicieron, pero hizo todo lo posible por aceptarlos a ellos, a pesar de su maldad y necedad.

Lo mismo podemos decir en cuanto al Diluvio (Gn 7-9). ¿Aceptó a la humanidad, con su maldad y su rebelión? Por supuesto que no lo hizo. De hecho, ¡los mató a casi todos! ¿Qué hizo Dios con la perversidad de Sodoma y Gomorra (Gn 19)? La juzgó severamente, hasta el punto de hacer llover fuego del cielo para arrasarlos de una vez. Cuando Coré encabezó una rebelión contra el liderazgo divinamente impuesto sobre Israel, Dios no tuvo contemplaciones y lo eliminó (Nm 16). Cuando Acán desobedeció, tomando parte del botín en Jericó destinado a la destrucción, Dios ordenó que fuera sentenciado a muerte por esa razón (Jos 7:10-26). Jesús manda a Sus discípulos que vayan por las aldeas a predicar el Evangelio y les dice que «Y cualquiera que no os reciba ni oiga vuestras palabras, al salir de esa casa o de esa ciudad, sacudid el polvo de vuestros pies. En verdad os digo que en el día del juicio será más tolerable *el castigo* para la tierra de Sodoma y Gomorra que para esa ciudad» (Mt 10:14-15). Si Dios es amor, y esta es la actitud de Dios ante la maldad, está claro que nosotros no debemos tolerar el pecado ni la maldad. El Evangelio es intolerante al pecado, porque si Dios tolerase el mal, estaría legitimando la injusticia. Es decir, Dios es intolerante al mal porque es Santo. Dios es intolerante al mal porque es bueno.

Nosotros, como siervos del Señor e hijos de nuestro Padre, tampoco debemos tolerar el mal. Si consideramos la interpretación falsa de la tolerancia, Dios nos llama a ser intolerantes. En este sentido, nosotros, «como cristianos, somos parte del club intolerante y exclusivo; el cristianismo es intolerante al pecado, y las pretensiones de Jesús a ser el Señor son exclusivas».[29] De hecho, como decía Thomas Mann, «la tolerancia es un crimen cuando lo que se tolera es la maldad».[30] Pablo te anima a no ser «vencido por el mal, sino vence con el bien el mal» (Ro 12:21). Lo último que debemos hacer es caer en esta trampa de la tolerancia y ser vencidos por el mal. De la misma manera, Proverbios 17:15 dice: «El que justifica al impío, y el que condena al justo, ambos son igualmente abominación al Señor». No te dejes engañar, esta tolerancia que consiste en justificar al impío es una abominación ante el Dios del cielo.

En este sentido, hay otra cosa que también debemos tener en cuenta. Dios nos manda a odiar el mal y seguir el bien, pero no nos dice que seamos agentes de la ira de Dios. Nosotros debemos ser agentes del amor, de la aceptación y de la misericordia de Dios, pero no de Su ira. La Biblia no nos manda a ser los martillos de la justicia. Pablo dice, «Bendecid a los que os persiguen; bendecid, y no maldigáis… Nunca paguéis a nadie mal por mal» (Ro 12:14, 17). Jesús

---

[29] Ferrer, *En defensa de la fe de nuestros hijos*, 155.

[30] María V. C. *Frases inspiradoras: Lo único imposible es aquello que no intentas* (Costa Rica: Editorial Grupo Fénix CR, 2017), 83.

encomendó a sus discípulos que amasen a sus enemigos y que orasen por los que los perseguían (Mt 5:44). Nosotros tenemos la tarea de amar, no de juzgar ni rechazar. Es verdad que ese amor incluye el decir la verdad acerca del pecado y sus consecuencias, pero siempre con compasión. Debemos recordar siempre que, si tenemos a Cristo y si somos hijos de nuestro Padre, es por Su misericordia, pues no tenemos nada que no hayamos recibido gratuitamente (1 Co 4:7). Si el hablar del pecado ajeno y de su destino eterno no nos conmueve las entrañas, si no lo hacemos llorando, no lo estamos haciendo bien.

Ahora, hablando de la intolerancia hacia el pecado, hay algo que no puedo pasar por alto, y es que nuestra intolerancia a la maldad no debe comenzar por los pecados de los demás, sino por los propios. La intolerancia en cuanto al pecado que debemos tener es, sobre todo, hacia nuestro propio pecado. David escribió: «Ten piedad *de mí*, oh Dios, conforme a tu misericordia, conforme a lo inmenso de tu compasión, borra *mis* transgresiones. Lávame por completo de *mi* maldad, y límpiame de *mi* pecado. Porque yo reconozco *mis* transgresiones, y mi pecado está siempre delante de *mí*... Crea en *mí*, oh Dios, un corazón limpio, y renueva un espíritu recto *dentro de mí*» (Sal 51:1-3, 10, énfasis añadido). El salmista tuvo bien claro el enfoque de su oración. Cuando Natán le declaró la perversidad que había hecho al asesinar a Urías y acostarse con Betsabé (2 S 11-12), David no se puso a buscar culpables más allá de sí mismo. Cuando se vio frente a frente con las consecuencias de su maldad, hizo lo que tenía que hacer: ser intolerante con su propia maldad, arrepentirse y clamar a Dios acerca de ella.

Dios nos llama, ante todo, a tratar con nuestro propio pecado. No tiene ningún sentido que estemos buscando el mal en nuestro cónyuge, en nuestros compañeros de trabajo o en el gobierno de la nación, si estamos siendo tolerantes con nuestra propia maldad. Jesús lo comparó con alguien que pretende hacerse pasar por oculista y trata de sacar una mota del ojo ajeno, ¡mientras tiene una viga hincada en el suyo! (Mt 7:3). Según la enseñanza de Jesús, no debemos ser tan hipócritas como para ocuparnos de los asuntos de los demás cuando aún no hemos tratado los nuestros. Para ello, como hizo David, debemos implorar la ayuda divina para que nos revele de qué debemos arrepentirnos y qué debemos cambiar. Hemos de ser intolerantes con nuestra propia maldad, aferrarnos a Dios y dar los pasos necesarios para cambiar. Nuestra lucha contra el pecado debe comenzar en nosotros mismos, debe ser más dura en nosotros y debe enfocarse en nosotros.

Ahora bien, una vez que estemos tratando con nuestro pecado y luchando contra nuestra maldad, es el momento de enfocarnos en la situación de los demás. Jesús no solo enseña que podamos sacar la mota del ojo ajeno, sino que también dice: «*entonces* verás con claridad *para sacar* la mota del ojo de tu hermano» (Mt 7:5, énfasis añadido). Es decir, el ocuparnos de nuestro propio pecado nos capacita para ayudar a otros con el suyo. Así pues, cuando Jesús dice: «no juzguéis para que no seáis juzgados» (Mt 7:1), no se refiere a este concepto erróneo de la tolerancia, según el cual no debemos mencionar el hecho de que alguien está haciendo algo mal, sino que no debemos ponernos a tratar con el pecado de los demás, mientras estamos siendo tolerantes con el nuestro.

En este capítulo hemos aprendido que el cristianismo es verdad, y como tal, podemos creerlo sin miedo a que nos llamen arrogantes. Después de todo, todo el mundo tiene creencias, y algunas de ellas son bastante estúpidas. Además, creemos en un Dios que es intolerante al pecado, así que nosotros también debemos serlo, comenzando con nuestro propio pecado.

CAPÍTULO 2

SIGUE TU CORAZÓN

◆ *La felicidad como brújula*

Amigo, tienes derecho a ser feliz; ese es un derecho inalienable que nadie puede quitarte y que no debes soltar bajo ningún concepto. El más alto ideal al que puedes aspirar es tu felicidad. Tu dicha es lo más importante en toda tu vida, y la base de todas y cada una de las decisiones que tomes. Haz lo que sea necesario, pero sé feliz.

Eso significa que debes deshacerte de cualquier cosa, relación o situación que no te haga feliz. Por amor a ti mismo, ¡tira por la borda todo lo que se interponga entre tú y la tan ansiada felicidad que mereces! Sea lo que sea.

¿Estás casado con una mujer que te amarga la vida, por no hablar de los ronquidos, y tu corazón te dice que serías mucho más feliz sin ella? No lo pienses dos veces. Es mucho más importante lo que te dicta el corazón que cualquier relación. Además, sabes que tu matrimonio es una relación tóxica que te lastra e impide que te sientas realizado, respetado y amado. Tira por la borda ese peso muerto y busca una relación que te haga sentir bien, que llene de felicidad tu corazón.

¿Eres seguidor de Cristo, pero estás completamente enamorado de una señorita que no lo es? Escucha lo que te dice tu corazón y corre detrás de tu felicidad a su lado. Después de todo, el Señor tiene como máxima meta tu felicidad, igual que tú. Si tu corazón te dice que esa chica es tu media naranja, no deberías escuchar a nada ni a nadie que se interponga entre ella y tú. Corre tras esa chica, sigue tu felicidad.

¿Te has quedado embarazada? ¿Ese bebé que se gesta dentro de ti va a estropear tu proyecto de vida? Ni te lo pienses. Corre a tu médico o a una clínica especializada para que se deshagan del problema. Sabes que, si en este momento de tu vida naciera un niño, todo se vendría abajo. Tu juventud se desmoronaría, tus estudios se irían al pique, tus amistades te abandonarían y tu reputación se vería afectada. En definitiva, tu felicidad se alejaría más y más. Dentro de ti, hay a un conjunto de células cuyo único propósito es destruir tu felicidad y dejar atrás un saco de responsabilidad, esclavitud y pañales manchados. No lo pienses más. Ese saco de células no tiene ningún derecho a ensombrecer ni un ápice la felicidad a la que tienes derecho. Así que corre a abortar.

En cada paso que des, en cada decisión que tomes, busca tu felicidad. Persigue tu realización. Eso es lo más importante. Esa es la meta a la que apuntar. Todo lo demás debe estar supeditado a esa máxima, todo.

Y, por supuesto, para llegar a esa noble meta de la felicidad, sigue a tu corazón. Síguelo adondequiera que te lleve. Él es la brújula que guiará tu barco hacia la meta mayor. Tu corazón es la guía de tu existencia. Aprende a escucharlo y sigue lo que te pida. Así, y solo así, podrás alcanzar el objetivo y cumplir el mayor propósito de tu vida: tu felicidad.

¡¡Paparruchas!!

Esta es una arenga que perfectamente podrías haber escuchado en una charla motivacional en cualquier centro cultural. Este podría ser el consejo que recibirías mientras tomas un café con un amigo. Esta es la clase de basura en la que, tristemente, nadamos y chapoteamos a diario en nuestro mundo. Esta es, en definitiva, la mentira que creemos. Ahora, vamos a buscar en la Biblia para aprender la vedad que ignoramos.

FELICIDAD

Hay algo a lo que, antes de nada, deberíamos prestar atención. Es cierto que el mundo nos apremia a correr tras nuestra felicidad y a perseguirla a toda costa. Pero detente un momento y piensa: ¿qué es la felicidad?

El diccionario de la Real Academia Española define la felicidad como un «estado de grata satisfacción espiritual y física» o la «ausencia de inconvenientes o tropiezos».[1] Es decir, la felicidad es aquello que sentimos cuando nada va mal. Muchos lo asocian con tener mucho dinero, disfrutar de fama mundial o estar cómodamente recostado en una hamaca, tomando un daiquiri mientras alguien te hace un masaje en los pies (no es mal plan, ¿eh?). Es decir, son las circunstancias exteriores las que nos proporcionarán felicidad. Si yo tengo los suficientes ceros en la cuenta bancaria, la dosis adecuada de atención y placer, y no me duelen las muelas, entonces seré feliz.

Pero, ¿es eso verdad? ¿Mi felicidad depende de que yo tenga la sensación de tener todo lo que puedo desear? Vamos a ver qué dice la Biblia sobre nuestra particular búsqueda.

En el Salmo 4:6, David se hace una pregunta: «¿Quién nos mostrará el bien?». La palabra hebrea que traducimos como «bien» es una de esas que pueden tener múltiples significados, lo que hace difícil su traducción. En general, esta palabra transmite la idea de algo placentero, deseable, bello o bueno.[2] En resumen, David plantea la gran pregunta a la que todos nos enfrentamos. Podríamos, legítimamente, traducir su interrogante como: «¿quién nos mostrará la felicidad?».

Para comenzar, debemos poner énfasis en que el salmo niega categóricamente la visión que normalmente tenemos sobre la felicidad. El versículo 7 dice que Dios puso en David una alegría mayor que la de aquellos que tienen todo lo que pueden desear. Eso quiere decir que la clave para obtener este bien mayor no tiene absolutamente

[1] «Felicidad», *Diccionario de la Real Academia Española*, acceso el 22 de julio de 2023, https://dle.rae.es/felicidad.

[2] Ludwig Koehler et al., *The Hebrew and Aramaic lexicon of the Old Testament* (Leiden: E. J. Brill, 1994-2000), «טוֹב».

nada que ver con nuestra cuenta bancaria, por mucho que haya «predicadores» que se ganen la vida y se llenen los bolsillos transmitiendo el mensaje opuesto.

La respuesta a la gran pregunta que plantea David —es decir, la gran pregunta que acompaña a cada ser humano— está en este mismo salmo. El secreto para ser feliz no consiste en el placer, el dinero, ni en tener cubiertas ciertas necesidades u ocurrencias personales, sino en que el Señor alce su rostro sobre nosotros (Sal 4:6). No tiene que ver con mirar o desear algo, sino con ser mirado desde el cielo por el Dios amoroso. La felicidad no vendrá al buscar desesperadamente nuestro beneficio personal, sino al acostarnos y dormir confiados, porque nuestra fe está en el Señor que nos hace habitar seguros (Sal 4:8).

Este es precisamente el énfasis de otro de los textos célebres que hablan de la felicidad. En el mensaje más famoso de Jesús, el Sermón del Monte, el Maestro hace una serie de especificaciones acerca de cómo son aquellas personas que se consideran «bienaventuradas» (Mt 5:3-12). Esta palabra puede traducirse, y se traduce en las diferentes versiones, con un abanico de términos como «dichosos» (NVI)[3] o aquellos a los que «Dios bendice» (NTV).[4] En esencia, se refiere a una persona que goza de un favor especial por parte de Dios y que, por lo tanto, puede considerarse «favorecido, bendecido, afortunado, privilegiado» o «feliz».[5]

Pues bien, ¿cuál es el secreto para encontrar esta felicidad? Vamos a ver quiénes son los que se consideran bienaventurados. Jesús afirma que son felices «los pobres en espíritu» (Mt 5:3), «los que lloran» (Mt 5:4), «los humildes (Mt 5:5), «los que han sido perseguidos» injustamente (Mt 5:10), los que son insultados, perseguidos e injuriados por causa de Él (Mt 5:11).

---

[3] Nueva Versión Internacional (NVI).

[4] Nueva Traducción Viviente (NTV).

[5] William Arndt et al., *A Greek-English lexicon of the New Testament and other early Christian literature* (Chicago, IL: University of Chicago Press, 2000), «μακάριος, ία, ιον». (Traducción del autor).

¿Qué está queriendo decir Jesús? ¿Debemos ser perseguidos para ser felices? ¿Está el Señor abogando por alguna clase de masoquismo espiritual mesiánico? ¿Debemos andar buscando que nos persigan y nos tiren piedras para lograr ser felices?

Para nada. Jesús no dice absolutamente nada de eso. Más bien, está describiendo a aquellas personas que *ya* han logrado la felicidad. No es que vayan a alcanzarla sufriendo, el cristianismo no tiene nada que ver con el masoquismo. Jesús dice que las personas que han encontrado la felicidad lo han hecho precisamente porque no la estaban buscando.

Quizá te preguntarás: ¿cómo se supone que van a lograr la felicidad sin buscarla? La respuesta es sencilla. La logran porque han entendido que su felicidad no depende de ellos. La felicidad no es una conquista, sino un regalo. Es decir, la auténtica dicha viene de ser receptor del favor de Dios.

¿Ves? Es exactamente el mismo mensaje que David comprendió en el salmo 4. Podemos ser completa y absolutamente felices, aunque atravesemos las circunstancias más atroces, aunque nos persigan e insulten, porque nuestra felicidad no depende de las circunstancias, sino del Dios que está muy por encima de ellas.

CORAZÓN

El mundo nos grita que el destino al que debemos apuntar es la felicidad, específicamente a la versión engañosa y falaz de ella, que consiste en tener todo lo que se nos antoje y satisfacer todas nuestras supuestas necesitades egoístas. Entonces, ¿cuál propone que es el camino para llegar a ese destino? Muy sencillo: *el corazón.*

¿En qué consiste exactamente este mapa de carretera que, se supone, es el corazón? La idea es que, dentro de nosotros, de alguna forma indescriptible, está el camino que debemos seguir. Es algo bueno evaluar las diferentes opciones y escuchar consejos de otras personas, pero, en definitiva, la mejor respuesta, la más sabia decisión, será aquella que esté en consonancia con esa vocecilla interior que llamamos «corazón». En otras palabras, haz siempre lo que más te apetezca, déjate llevar por tus emociones en cada momento, porque así, de alguna forma, llegarás al lugar donde debes estar.

Esta idea emana directamente de la cosmovisión modernista que describíamos en el capítulo anterior. El postmodernismo ha rechazado la posibilidad de alcanzar un conocimiento seguro de la verdad con los medios de los que disponemos y ha declarado que esta es intrínsecamente subjetiva, es decir, que cada uno puede decidir qué es la verdad *para sí mismo*. Esta postura nos ha dejado sin referencias externas para tomar decisiones, nos quedamos sin ningún capitán al timón del barco, por lo que debemos otorgar el mando a nuestras emociones internas y subjetivas. El problema es que, en lugar de intentar tomar las decisiones basándonos en criterios lógicos informados por datos reales y objetivos, terminamos deformando la verdad para que se ajuste a nuestros sentimientos. «En lugar de disciplinar sus emociones para que concuerden con la realidad, están intentando que la realidad concuerde con sus emociones», es decir «confunde los sentimientos con los hechos».[6]

Esta realidad se manifiesta claramente en un hecho inequívoco: el aborto implica provocar la muerte de un ser humano, es decir, un asesinato. Para que los defensores del aborto puedan sostener su postura, se deforma el lenguaje y se usan palabras como «tejido» para deshumanizar al bebé en el vientre materno. Es decir, se transforma la realidad para que encaje en las emociones personales del individuo.

Quizá otro ejemplo más evidente es la ideología de género, de la que ya hemos hablado y que trataremos con mayor profundidad en otro capítulo. El hecho de que alguien sea biológicamente hombre o mujer, según su genética, su complexión y su documento de identidad, no tiene ningún valor, porque su emoción subjetiva le dice otra cosa. Por lo tanto, hay que cambiar la realidad para que concuerde con lo que a cada cual le dicta el corazón. El corazón está al mando, ¡que la realidad se haga a un lado!

---

[6] Ferrer, *En defensa de la fe de nuestros hijos*, 171.

Esta perspectiva tiene serios problemas con el mensaje de la Biblia, por no hablar de la lógica más elemental. Para comenzar, presenta un problema de enfoque: no podemos percibir correctamente la realidad. Solo vemos lo que tenemos delante, lo que nuestros sentidos perciben, y eso no es todo lo que hay. En 2 Corintios 4:16-18, Pablo habla precisamente sobre el tema que nos ocupa. Dice que nosotros «no desfallecemos», aunque todo a nuestro alrededor esté cayéndose a pedazos, sino que, esa situación dolorosa, «produce un eterno peso de gloria que sobrepasa toda comparación». ¿Por qué diría esto Pablo? ¿Es que no se da cuenta de la realidad del dolor en su vida? No, para nada. De hecho, la situación es exactamente la contraria.

El mensaje de Pablo no es como el del budismo, es decir, la negación de la existencia del dolor o del sufrimiento, ni siquiera su aceptación resignada como un mal necesario. La clave radica en que Pablo sí entiende cuál es la auténtica realidad, y lo hace porque no ve con los ojos físicos. Él no pone la «vista en las cosas que se ven, sino en las que no se ven; porque las cosas que se ven son temporales, pero las que no se ven son eternas» (2 Co 4:18). En otras palabras, Pablo entiende que la realidad es mucho más que sus circunstancias actuales. Sabe que su vida se extiende hacia el infinito, hacia una eternidad en cuya luz su situación actual es como una gota de agua en la inmensidad del océano. Sin esa comprensión *realista* de la vida, jamás tendremos el enfoque adecuado.[7]

Nuestro corazón no puede ser nuestro guía. No puede serlo, en primer lugar, porque no percibe las cosas correctamente, no mira lo que es más importante. Al no enfocarse en lo fundamental, sino en los deseos personales, subjetivos y cambiantes de cada momento, es como un ciego que intenta encontrar el camino correcto en medio de un laberinto anegado de trampas y minas. Es decir, nuestro corazón no ve la realidad, y no es sabio tener a un ciego como tu guía, más aún cuando la vida depende de ello.

---

[7] Si entendemos que la Biblia es verdad, como decíamos en el capítulo anterior, entonces su cosmovisión o explicación de la realidad siempre será la más realista.

La segunda razón por la que no debemos confiar en nuestro corazón como guía para tomar decisiones en la vida va mucho más allá que la anterior. Tu corazón no solo es ciego, sino que además es malvado y quiere destruirte. Y esto no me lo he inventado yo. Jeremías hace una de las declaraciones más esclarecedoras acerca de la naturaleza de nuestro corazón. De hecho, si solo recuerdas este versículo de Jeremías de todo este libro, consideraré que ha sido un rotundo éxito: «Más engañoso que todo, es el corazón, y sin remedio; ¿quién lo comprenderá?» (Jer 17:9).

Querido lector, siento ser yo el que te lo diga, pero tu corazón es un embustero de la peor calaña. Si sigues su consejo, no solo no encontrarás el camino a ninguna cosa buena para tu vida, sino que estarás yendo directo a un barranco, a la fosa que será tu tumba. Tu corazón es un pozo de podredumbre, impulsado por el egoísmo y la arrogancia.

Quizá pienses: eso no es así, Miguel Ángel. Yo soy buen padre con mis hijos, estoy muy consciente del calentamiento global y dono dinero a diferentes organizaciones benéficas. ¡Incluso ayudo a mi vecina, que es anciana, a bajar la basura en los días pares! Independientemente de lo bueno que pienses que seas, me gustaría preguntarte algo: ¿por qué lo haces? Interiormente, ¿cuál es la razón? ¿Que la gente vea que eres solidario? ¿Sentirte bien contigo mismo?

Entiéndeme, no quiero dudar de tus buenas intenciones. Dios nos ha creado con el impulso de amar a los demás, especialmente a los que tenemos más cerca. Todos tenemos el sello divino dentro de nosotros. Por eso, no creo que esté bien pensar que somos basura, como trataremos en otra paparrucha más adelante. Tampoco pienso que sea verdad que todos nuestros sentimientos o motivaciones son siempre necesariamente perversos. Pero, hay *algo* dentro de nosotros que siempre busca obtener beneficio personal. Solemos ser engañados por nuestro corazón y pensar que, realmente, tenemos buenas intenciones y que esas intenciones guían nuestras acciones. Amigo, muchas veces la realidad es exactamente la opuesta.

Todos tenemos una ilusión de bondad propia. Es decir, pensamos que somos mejores de lo que somos. Esto se debe a que, nuestro corazón, gran mentiroso, se encarga de maximizar los pecados de los demás, mientras justifica los propios. Por ejemplo, si yo miento, es porque estoy obligado por las circunstancias, me he visto en esta situación sin quererlo, así que no es tan grave. Sin embargo, si alguien me miente a mí, es porque ha sido llevado por las más perversas intenciones para hacerme daño y destruir mi vida. El resultado es que estoy ciego ante mi propia miseria y dispuesto a defender mi supuesta bondad a capa y espada, mientras condeno a los demás a la culpa y la vergüenza.

Jeremías afirma categóricamente que no conocemos nuestros propios corazones. No sabemos cuáles son sus perversas intenciones. Pero, hay una cosa que sí podemos conocer, y es que está tramando nuestro mal. Podemos saber que nos está engañando con total descaro. Esta es la razón por la que Salomón dice: «El que confía en su propio corazón es un necio, pero el que anda con sabiduría será librado» (Pr 28:26). No lo digo yo, lo dice la Palabra de Dios.

Es verdad que necesitamos una brújula en nuestra vida para poder tomar las decisiones con sabiduría, pero esa brújula no puede ser nuestro corazón. Hemos analizado dos poderosas razones bíblicas para afirmarlo. El corazón es ciego y es un mentiroso.

Pero, además, nuestro corazón está dentro de nosotros. Cuando los antiguos navegantes tenían que surcar los mares, necesitaban algo con que orientarse, y ese algo debía estar fuera de sus circunstancias en ese momento. En medio del mar infinito, no podían orientarse mirando el timón del barco. No encontrarían la respuesta si observaban las olas que impactaban contra el casco. Necesitaban algo exterior e inamovible. Necesitaban mirar a la estrella polar que siempre apuntaba al norte. Solo así podrían encontrar el camino.

De la misma manera, nosotros precisamos algo fuera de nuestra persona y de nuestras circunstancias para orientarnos en la vida. Nuestros sentimientos, tantas veces contradictorios y subjetivos, solo saben dejarse llevar por el torrente de las circunstancias. Si vamos a buscar una brújula, que sea una que pueda mirar nuestras circunstancias desde arriba. Y eso es precisamente lo que vamos a hacer. Pero antes, me gustaría que meditásemos en la forma en que nosotros, como iglesia, hemos «bautizado» y «cristianizado» esta paparrucha.

TENGO PAZ

Pues sí, esta paparrucha tiene una versión cristianizada. Es más, estoy convencido de que has escuchado esta mentira, la has recibido como consejo y que, incluso, la has utilizado para aconsejar a otros, con tu mejor intención. ¿Cuál es la versión cristiana de esta mentira? Es esta: «he orado acerca de esto y tengo paz. Así que, es la voluntad de Dios».

¿Te suena?

Hay varias razones por las que no creo que esta sea la manera correcta de conocer la voluntad de Dios para nosotros, sino una mera traducción al «idioma cristiano» de la mentira que nos ocupa en este capítulo.[8] La primera razón es muy sencilla. Esta afirmación no se encuentra, ni por aproximación, reflejada en la Biblia. ¿Dónde promete Dios que enviará paz al corazón como medio de trasmitir o afirmar Su voluntad? Ya te lo digo yo, en ningún sitio.

Siguiendo el ejemplo que estábamos poniendo anteriormente, cuando hablábamos acerca de la manera de orientarse de los antiguos en medio del mar, necesitamos una guía que esté fuera de nuestra tormenta, no una supuesta paz dentro de nosotros. El Salmo 119:105 dice: «Lámpara es a mis pies tu palabra, y luz para mi camino». No dice que la lámpara para ver el camino sea un supuesto sentimiento de paz, sino la misma Palabra de Dios. No es algo interno, es algo externo.

La segunda razón es que esa Palabra de Dios es suficiente para nuestras vidas. En la Biblia tenemos «la palabra profética más segura» (2 P 1:19). Es decir, no necesitamos revelaciones específicas y particulares para llevar a cabo la voluntad de Dios. El pensar que la paz en el corazón es la manera de conocer la voluntad de Dios es el

[8] Algunas de estas razones han sido tomadas y adaptadas del artículo de Eric Davis en «Decision Making & "I Have a Peace About It"», *The Cripplegate*, acceso el 6 de julio de 2023, https://thecripplegate.com/we-dont-need-a-peace-about-it/.

equivalente a pensar que hay, de alguna forma, dentro de nosotros, una autoridad mayor que la Biblia misma, una autoridad que tiene la última palabra para mí. Hacerlo es el equivalente a decir: «la Biblia está bien, pero la última palabra la tengo yo».

Esto es especialmente peligroso, porque puedo confundir mi sentimiento subjetivo de paz con el producto de seguir la voluntad de Dios, al mismo tiempo que estoy desobedeciéndola flagrantemente. Es decir, seguir este sentimiento puede hacerme pensar que tengo «licencia para pecar». Puedo llegar a pensar que tengo autoridad para hacer lo que quiero hacer, porque tengo el sello máximo, es decir, la paz en el corazón. Así, sigo mis sentimientos, mientras me deshago de la oportunidad de que nadie cuestione mis acciones. Después de todo, ¿quién tiene derecho a debatir mi supuesto sentimiento de paz en el corazón? Si alguien me dice que no cree que esté haciendo lo que Dios espera de mí, puedo esquivar su exhortación amorosa alegando que yo tengo paz en cuanto a eso, así que estoy haciendo lo correcto. Caso cerrado.

Esto puede convertirse en una bomba de relojería si recordamos que nuestro corazón es malvado y trama nuestro mal, como decíamos antes (Jer 17:9). Lo que estamos poniendo, con un sentimiento de espiritualidad superior, como la brújula de nuestra vida, es la reacción subjetiva de alguien que está tramando tu mal. ¡Es un auténtico suicidio!

La última razón es que la paz no es el sentimiento que, muchas veces, podemos esperar sentir al cumplir la voluntad de Dios. Somos dignos descendientes de Adán, lo que significa que, como consecuencia de la caída de nuestros primeros padres, tenemos una inclinación innata al pecado (Ro 5:12). Esa inclinación nos lleva a desear pecar y a sentirnos bien al hacerlo.

Es totalmente cierto que esta situación ha cambiado drásticamente para los que hemos puesto nuestra confianza en los méritos de Jesús, pero no es menos cierto que, desde el momento en que eso sucedió, dentro de nosotros comenzó una guerra sin cuartel. Esta guerra es la más cruenta y encarnizada que libramos jamás. Pablo describe esta guerra diciendo:

> Porque los que viven conforme a la carne, ponen la mente en las cosas de la carne, pero los que *viven* conforme al Espíritu, en las cosas del Espíritu. Porque la mente puesta en la carne es muerte, pero la mente puesta en el Espíritu es vida y paz; ya que la mente puesta en la carne es enemiga de Dios, porque no se sujeta a la ley de Dios, pues ni siquiera puede *hacerlo*, y los que están en la carne no pueden agradar a Dios. (Ro 8:5-8)

Hay una guerra dentro de nosotros. El antiguo «yo» lucha contra el nuevo «yo». La carne contra el espíritu.[9] Esta es una guerra feroz en la que vivimos cada día de nuestra vida. Nuestra lucha interior no es esporádica, sino de por vida. El cristianismo es una guerra, una guerra interior, pero brutal y sin cuartel. Si nosotros buscamos el sentimiento de paz como evidencia de la voluntad de Dios, estamos olvidando esta gran verdad.

De hecho, Jesús nos dijo que, para seguirle, deberíamos negarnos a nosotros mismos, tomar nuestra cruz y seguirle (Lc 9:23). Pablo decía: «de esta manera peleo, no como dando golpes al aire, sino que golpeo mi cuerpo y lo hago mi esclavo» (1 Co 9:26-27). Cuando hablamos de seguir la voluntad de Dios, no deberíamos esperar paz, ¡deberíamos esperar guerra! De hecho, si estamos sintiendo paz, quizá quede en evidencia, no que estamos siguiendo la voluntad de Dios, sino que nos estamos rindiendo ante el embustero de nuestro corazón.

Un claro ejemplo de esto es: cuando Jesús estaba en Getsemaní, sudando sangre, porque la misma tensión que estaba experimentando hacía que sus glándulas sudoríparas quebraran,[10] ¿estaba sintien-

---

[9] Es importante que entendamos que, cuando Pablo habla de la carne y el espíritu, no habla de la parte material y la inmaterial, es decir, el cuerpo y el alma, sino de la persona que éramos antes de confiar en Cristo, sus enemigos que buscábamos nuestros caprichos, y los que somos ahora, hijos de Dios redimidos por Cristo que buscan, bajo la dirección del Espíritu Santo, hacer Su voluntad.

[10] Esta condición médica se llama hematohidrosis, y es una «dilatación de los capilares, así como filtración de glóbulos rojos alrededor de los folículos de la piel y el pelo» provocada por «la ruptura de los vasos (sanguíneos), y la liberación de sangre por los poros más cercanos al sitio afectado». El detonante de

do paz? En cierto sentido, sentía la satisfacción de estar cumpliendo la voluntad de Su Padre. Pero ¿Él estaba en paz en ese momento? ¡Por supuesto que no! Estaba en guerra. Estaba experimentando la mayor batalla que nadie ha podido sufrir en toda la historia universal. Él mismo afirmó: «Mi alma está muy afligida, hasta el punto de la muerte» (Mt 26:38). Esa aflicción del alma no es, precisamente, la mejor definición de «paz en el corazón».

ENTONCES, ¿QUÉ HAGO PARA CONOCER LA VOLUNTAD DE DIOS?

Hasta ahora, hemos tocado el punto crucial de esta mentira que creemos. Ni la felicidad es lo que nos dicen que es, ni el camino para obtenerla radica en seguir nuestro corazón. Ahora, vamos a tratar de entender la verdad que ignoramos. ¿Cómo podemos conocer el camino a seguir para llegar a ser los bienaventurados que Dios quiere que seamos?

José Martín, un querido y admirado profesor en el seminario SEFOVAN, donde estudié, solía decir que él cree que en el cielo existe un almacén de proporciones ciclópeas, al que todos iremos cuando crucemos el umbral de la muerte. En este almacén, habrá un guía que nos enseñará una innumerable cantidad de bendiciones que nos hemos perdido en esta vida. ¿La razón? No hemos vivido de la manera en que Dios quería que viviéramos, así que Dios no nos las ha dado.

Si quieres vivir de tal manera que disfrutes al máximo todas y cada una de las bendiciones de Dios, llegar al final de la meta y ser recibido en lo alto, sabiendo que has luchado la buena batalla y honrado a Dios con todo, mientras te acercas más al estándar divino para ti, es decir, a Cristo, tengo una buena noticia para ti: Dios no te ha

---

este fenómeno es la alta ansiedad o una «situación de estrés extrema». En el caso de Jesús, esta profunda ansiedad vino por el conocimiento y la proximidad de su muerte (Mt 16:21). Oscar Raúl Fajardo y Julio César Salas, «Hematohidrosis y melolacria: ¿Una patología detrás de una divinidad?», *Tecnológico de Monterrey*, acceso el 25 de mayo de 2023, https://tecscience.tec.mx/es/divulgacion-ciencia/hematohidrosis-y-hemolacria-una-patologia-detras-de-una-divinidad/.

dejado sin recursos para hacerlo. Vamos a ver cómo podemos tomar decisiones en el día a día que nos lleven a conseguirlo.

Decíamos que la paz interior no puede ser la brújula que te guíe a tomar las decisiones en la vida. El salmo que citábamos nos da lo que sí debe ser esa brújula: la Palabra de Dios (Sal 119:105). Así pues, el primer paso para aprender a distinguir la voluntad de Dios y seguirla es conocer tu Biblia. Debes leerla, estudiarla, memorizarla, meditar en ella y buscar ponerla en práctica. Dios ha revelado Su voluntad, todo lo que necesitas, en Su Palabra; por lo tanto, no necesitas más revelación para ser quien Él quiere que seas.

Dios te ha dado aún más recursos para poder conocer y obedecer Su voluntad. Tanto Santiago como Pablo hacen una clara distinción entre la sabiduría del mundo y la sabiduría de Dios (1 Co 1:18-31; Stg 3:13-18). Es decir, entre el grito que escuchamos a diario de que sigamos nuestro corazón y la verdad divina de que sigamos Su Palabra. ¿Cómo podemos recibir la sabiduría que viene de lo alto y rechazar las paparruchas que nos grita el mundo? Santiago nos da la clave: la oración. Él dice que «si alguno de vosotros se ve falto de sabiduría, que *la* pida a Dios, el cual da a todos abundantemente y sin reproche, y le será dada» (Stg 1:5). Nuestro Dios es generoso y bueno hacia nosotros. Por nada del mundo nos va a negar la sabiduría para vivir conforme a Su voluntad, si se la pedimos. Así pues, conociendo lo que Dios quiere para nosotros, podemos pedirle que nos enseñe la mejor manera de ponerlo en práctica. Él, por medio de Su Santo Espíritu, nos capacitará con la sabiduría apropiada y necesaria para tomar las decisiones de la manera en que debemos.

Aún hay más recursos que debes usar. Él ha dado líderes a la iglesia precisamente para que puedas llegar a ser quien Él quiere que seas. Pablo dice que Jesús ha entregado a los que están en autoridad en la iglesia «a fin de capacitar a los santos para la obra del ministerio, para la edificación del cuerpo de Cristo» (Ef 4:12). Es decir, Cristo te ha hecho un regalo estupendo para que puedas saber cómo ser quien Él quiere que tú seas. Ese regalo son los líderes de tu iglesia. Aprende de ellos, consúltalos, pídeles consejo y ayuda, ora por ellos. Son un regalo precioso para tu vida, un regalo hecho por el mismo Salvador para que puedas crecer y seguir Su santa voluntad.

EL TREN DE LA VIDA

Hemos estado hablando de la perversidad de nuestro corazón. Hemos estado analizando por qué Jeremías dice que no debemos fiarnos de él. El corazón es un mal líder, desde luego, pero es un buen seguidor. Es cierto que la Biblia pone en evidencia que no debemos dejarnos llevar por él, pero eso no significa que no sirva para nada.

Figura 1.1. El corazón como locomotora de tu vida

Imagina que tu vida es un tren de mercancías. Lo que nos grita el mundo es que la locomotora de ese tren debería ser tu corazón. El corazón guía y todo lo demás sigue. Mala idea. Pablo dice: «examinadlo todo *cuidadosamente*, retened lo bueno» (1 Ts 5:21). En otras palabras, mantén los ojos abiertos a lo que te rodea, pero usa tu mente para distinguir la mentira de la verdad, tal y como está revelada en la Biblia. Ese es el primer paso.

El mundo nos grita que lo primero debe ser seguir lo que nuestro corazón dicta, la Palabra revelada de Dios nos muestra por qué eso solo conduce al desastre. Proverbios 3:5-6 dice: «Confía en el SEÑOR con todo tu corazón, y no te apoyes en tu propio entendimiento. Reconócele en todos tus caminos, y Él enderezará tus sendas». Conociendo la voluntad de Dios por medio de Su Palabra, nosotros debemos tomar una decisión: confiar en Él y así, obedecer Su consejo. Esa decisión basada en la Biblia debe ser nuestra locomotora. Si tú has confiado en Cristo como tu Salvador, Él ya ha comenzado una obra en ti. Confía en Él con todo lo que tienes, y la llevará a término, no te quepa la menor duda (Fil 1:6). No confíes en tus sentimientos contradictorios, Él está obrando: no te desvíes y confía.

Ahora, con la mente puesta en el Dios que obra y en Su voluntad para ti como locomotora, el siguiente vagón debe ser tu acción. Puedes tomar decisiones y llevarlas a cabo con confianza, porque Dios va por delante de ti y Él sabe lo que hace, aunque, en un principio no lo entiendas. Fíjate que, hasta ahora, no han entrado en juego tus sentimientos ni tu corazón. Lo único que has hecho hasta este momento es buscar hacer lo que Dios quiere, usando los recursos que ha puesto a tu alcance, y ponerlo por obra.

Un ejemplo: Dios te pide que ames a tu esposa. Sabes que debes hacerlo, porque así lo ha revelado en Su Palabra (Ef 5:25). Sin embargo, puede que tu corazón no esté de acuerdo con esa idea: quizás te ha herido, tal vez no te respeta o sientes que no tienes fuerzas para seguir luchando por ella. No tomes decisiones basadas en esa sensación o sentimiento. Tu corazón te grita que la abandones, que no mereces ese trato, que tu vida sería mucho mejor sin ella, que la felicidad que mereces te espera al abandonarla. Ignora esas voces, no prestes oídos a tu corazón mentiroso y traidor, es un embustero que solo busca tu ruina. Ahora, aunque sea un ejercicio doloroso, *decide* amarla. Contrario a lo que podrías pensar, el amor no es un sentimiento, sino una decisión. Puedes decidir amar en contra de lo que sientes, porque te has comprometido a amar. Ahí radica, precisamente, la esencia del matrimonio: en decidir amar, aun cuando parezca que no haya razones para hacerlo. Ama a tu cónyuge, aunque solo sea porque te has comprometido a hacerlo. Una vez que has decidido amar, da pasos prácticos que lo demuestren. Busca maneras de hacer que tu esposa se sienta amada. Repito, no te pido que sientas nada al respecto, solo ámala y demuéstraselo con actos evidentes.

Ahora, me gustaría hacer una aclaración. Cuando digo que ames a tu mujer (o a tu esposo), no me refiero a que debas ignorarlo todo y no actuar. Amar a tu esposa puede, en ciertos momentos, significar que elijas no vengarte por algo malo que te ha hecho, sino perdonarla, como Cristo te ha perdonado a ti.

Sin embargo, amar también implica no dejar pasar su pecado ni hacerle creer que no tiene importancia o consecuencias. De hecho, eso sería lo opuesto a amar. Amar significa buscar, con sinceridad y desinterés, el mayor bien de la persona amada, no simplemente convertirte en alguien sin voz, voluntad o dignidad.

Figura 1.2. La mente informada con la Biblia como locomotora

Ahora sí, llegamos al tercer vagón: el corazón.

Jesús, al hablar de la confianza que ponemos en el dinero, nos enseñó que no debemos buscar acumular tesoros en este mundo, porque aquí todo se pierde, sino que procuremos atesorarlos en el cielo, «porque donde esté tu tesoro, allí estará también tu corazón» (Mt 6:21). Muchas veces malinterpretamos este versículo, le cambiamos el orden. En este caso, el orden de los factores sí altera el producto, y mucho. Jesús no dice que donde esté tu corazón allí estará tu tesoro, sino todo lo contrario.

Fíjate: siguiendo la locomotora, puedes decidir hacer caso al Señor, poner tu mirada e invertir en el reino de los cielos. Tal vez no sea lo que sientes, pero actúas en obediencia porque deseas seguirle, así que inviertes tu vida en ello. ¿Y qué ocurre con el corazón? ¡Que sigue a tu tesoro! Es decir, el corazón sigue, como vagón de cola, al tren que ha iniciado su camino con la decisión de confiar y obedecer a Dios. Como decíamos, el corazón es mal líder, pero buen seguidor. El corazón «es como los niños pequeños: son divertidos, pero nunca pongas a uno a cargo».[11]

No estoy diciendo que tus sentimientos no tengan importancia. Tampoco afirmo que debas pensar que el dolor no existe o que a

[11] Ferrer, *En defensa de la fe de nuestros hijos*, 167.

Dios le den igual tus lágrimas. Tú debes hacer lo que tienes hacer, aunque tu corazón no esté de acuerdo. Pero no te preocupes, él vendrá detrás. Ama a tu esposa, lo primero, decidiendo hacerlo; lo segundo, con actos prácticos que ella entienda. Te aseguro, como lo afirma Jesús mismo, que el corazón seguirá a esa buena decisión. Los sentimientos vendrán después. Tu corazón seguirá a tus inversiones. Si decides invertir en tu familia, en tu matrimonio, en el servicio a Cristo, el corazón vendrá, y los sentimientos con él.

Además, tus sentimientos pueden ser un instrumento muy poderoso en varios sentidos. Para empezar, podemos compararlo con las luces de advertencia que se encienden en el coche (esas luces de color amarillo o rojo, con diferentes símbolos, que te avisan de cuando algo no está bien en el interior de tu automóvil). Tus emociones pueden ayudarte mucho a saber qué está pasando dentro de ti, cosa que no podrías saber de otra manera. Presta atención a tus enfados descontrolados, a tus ataques de celos o a las mariposas en el estómago, porque te están avisando de algo a lo que deberías prestar atención.

Cuando, por ejemplo, estalles en un ataque de ira, pregúntate: ¿por qué me he puesto así? ¿Qué esperaba que no se ha cumplido? ¿Qué revela esto en cuanto al estado de mi corazón? Quizá, te des cuenta de que estás poniendo tu valor, estima y significado personal en un lugar donde no deberías. El corazón puede ser muy útil como una señal que te indica dónde estás espiritualmente.

Por otra parte, si el corazón es el vagón de cola, como estábamos hablando, es una herramienta valiosísima. Cuando estás intentando buscar y seguir la voluntad de Dios, tus sentimientos serán un impulso estupendo a esa intención. Tu compasión hacia los necesitados, tu indignación con la injusticia o la pasión amorosa hacia tu esposa son ejemplos maravillosos de sentimientos que van acorde con la voluntad de Dios y constituyen una ayuda valiosísima para cumplirla en tu vida. Recuerda, el corazón es un mal líder, pero un buen seguidor. Si decides obedecer a Dios y das los pasos oportunos, tendrás en tu corazón a un muy buen aliado para hacerlo.

¿Quieres ser feliz? No busques tu felicidad, no sigas tu corazón. Por lo que más quieras, no lo hagas. Busca a Cristo y sigue Su Palabra con decisión y acción, confiando en Su obra y en el poder de Su Espíritu. Jamás alcanzarás una felicidad más grande, aunque el mundo entero se caiga en pedazos, aunque, al principio, tu corazón no lo entienda.

CAPÍTULO 3

PORQUE YO LO VALGO

◆ *El evangelio L'Oréal*

Dios me ama. Dios me perdona. Dios me busca. Dios me aprecia. De todas maneras, es algo normal, porque soy alguien encantador. Que Dios me ame es natural y lógico; después de todo, también me amo a mí mismo. Me alegro mucho que Dios piense lo mismo.

El Señor me bendice porque lo merezco, así de simple, así de cierto. Él debe bendecirme, esa es la razón por la que le sigo y le obedezco. Dios me ama porque debe hacerlo. Dios me bendice porque responde a mi encanto natural y porque está obligado a hacerlo. En esencia, Dios es muy afortunado de tener a alguien como yo sirviéndole, y Él lo sabe.

En realidad, el protagonista del evangelio soy yo. Dios envió a Jesús para acercarse a mí y darme lo que debería darme, lo que, desde un principio, está bien que me dé. Dios me salvó para poder tenerme bien acurrucadito junto a Él, porque no puede estar sin mí. Soy su niño consentido y mimado, y Él es mi diosito, mi osito de peluche cósmico.

Yo sigo a Dios, sí. A mi manera, pero lo hago. En realidad, la pieza fundamental de mi relación con Él soy yo. Lo sigo porque lo merezco y porque me bendice. Lo sigo por hacerle el favor. Lo sigo porque soy una buena persona.

Con razón Dios me salvó. Ha entregado tantísimo para tenerme cerca, por lo valioso que soy. Así que, mientras me siga dando todo lo que quiero y merezco, le seguiré. Dios me salvó... ¡porque yo lo valgo!

¡¡Paparruchas!!

En este caso, quizá hayas notado que hay algunas verdades absolutas incluidas en las afirmaciones anteriores. Estas son las peores mentiras, aquellas que fusionan la verdad con la falsedad y crean una mentira prácticamente indistinguible de la realidad. Por eso, vamos a detenernos en esta idea, en esta mentira que muchas veces aceptamos, y vamos a diseccionarla usando nuestro bisturí. Vamos, como no, a recurrir a nuestra agencia de verificación: la Palabra de Dios.

Esta es la mentira que creemos. Ahora vamos a adentrarnos en la verdad que ignoramos.

YO LO MEREZCO

Recuerdo un anuncio que veía en la televisión hace bastantes años, de un acondicionador de pelo para mujeres de la marca L'Oréal. En este anuncio, aparecían distintas mujeres con un maravilloso cabello liso, ondeando al viento. Mientras giraban la cabeza para hacer que la melena volara, una voz decía: «Porque yo lo valgo». Aquellas perfectas cabelleras mágicas flotando en el viento se convirtieron en la imagen gráfica de lo que se debe tener porque se merece. Pues bien, muchas veces, a propósito, o no, hemos asimilado esa idea y la hemos incorporado al evangelio. Hemos creado «el evangelio L'Oréal», el evangelio que piensa que Dios nos ama porque «nosotros lo valemos».

Posiblemente hayas escuchado, leído o incluso escrito en una imagen preciosa que compartiste en redes sociales, esta afirmación: «Dios odia el pecado, *pero* ama al pecador». Es estupenda, ¿verdad? Bueno, después hablaremos un poco de ella, pero déjame decirte otra afirmación que, seguramente, te gustará bastante menos (a mí, desde luego, no me gusta nada). Puede que hasta arquees las cejas cuando la leas. Atención: «Dios odia el pecado, *así que* odia al pecador».

¿Cómo? ¿Es que has perdido la cabeza, Miguel Ángel?

Bueno, es posible que la haya perdido. Pero, antes de juzgar mi capacidad de raciocinio, me gustaría compartir con ustedes algunos textos bíblicos para su consideración:

> «...porque ellos hicieron todas estas cosas, yo los aborrecí». (Lv 20:23)
>
> «...aborreces a todos los que hacen iniquidad». (Sal 5:5)
>
> «Dios es juez justo, y un Dios que se indigna cada día *contra el impío*». (Sal 7:11)
>
> «El Señor prueba al justo y al impío, y su alma aborrece al que ama la violencia». (Sal 11:5)
>
> «Los de corazón perverso son abominación al Señor...». (Pr 11:20)
>
> «Porque la ira de Dios se revela desde el cielo contra toda impiedad e injusticia de los hombres, que con injusticia restringen la verdad». (Ro 1:18)

La imagen que muestran estos versículos no es la que solemos tener acerca de Dios. Aquí Dios se revela a sí mismo, no como un bonachón barbudo que da abrazos y regalos a todos, sin importar lo que hagan, al estilo de Papá Noel. No, aquí tenemos la imagen de un Dios profundamente indignado. El Dios de la Biblia es un Dios intolerante con el pecado cuya ira hacia el malvado excede cualquier límite humano.

Dios está enfurecido con el pecado, claro está, pero también está profundamente airado con la persona que comete ese pecado. La imagen es de un Dios indignado hasta la náusea, que no puede aguantar más la presencia del pecado ni la presencia del pecador. La razón para odiar al pecador es que odia al pecado.

Dios es Santo. Habacuc 1:13 dice: «Muy limpios son *tus* ojos para mirar el mal, y no puedes contemplar la opresión». Su misma naturaleza está apartada del mal y, por lo tanto, la repulsa que siente hacia el pecado hace que sea incapaz de tolerarlo. Esta no es una ocurrencia caprichosa que tenga en un momento dado. No es que el pecado no le venga bien para sus planes personales, o que sencillamente prefiera que no se cometan pecados por apetencia personal. El hecho es que Dios no puede soportar el pecado por su propia naturaleza. El pecado es un atentado en contra de Su misma esencia, es una rebelión flagrante ante de sus ojos (1 Jn 3:4). Este odio al pecado, que su naturaleza santa le exige, es el mismo que le lleva a estar constante y profundamente enfurecido con la persona que peca.

El 8 de julio de 1741, en Enfield, Connecticut, el predicador Jonathan Edwards predicó lo que se considera como su más célebre mensaje y uno de los más importantes de la historia de la Iglesia. Este mensaje recibió el nombre de «Pecadores en manos de un Dios airado». La predicación de Edwards fue una vehemente e impactante presentación de la realidad del ser humano pecador ante un Dios santo y, por lo tanto, indignado con él. Como parte de esta exposición, decía:

> El arco de la ira de Dios está encorvado, la flecha lista en la cuerda, y la justicia apunta la flecha a tu corazón y estira el arco. No es otra cosa sino la mera determinación de Dios, y este un Dios airado, sin haber hecho ninguna promesa o tener ninguna obligación, que evita que la flecha se embriague con tu sangre.[1]

La visión de Dios que presenta Edwards dista mucho de ser la que afirma el Evangelio L'Oréal. Dios no nos ama por alguna bondad innata en nosotros. No hay absolutamente nada en nuestro interior que garantice que Dios nos acepte. La realidad es exactamente la opuesta: nuestro pecado le provoca tal grado de ira y repulsión que, por nuestros méritos, solo conseguimos que, finalmente, la paciencia divina dé paso al más aterrador de los juicios, desatado sobre

[1] Jonathan Edwards, *Pecadores en manos de un Dios airado* (Pensacola, Florida, Chapel Library, 2013), 10.

nuestras cabezas. Nuestro mayor logro es recibir un juicio justo del Juez divino, como los peores criminales posibles: nosotros mismos.

Quizá pienses: «es que mi pecado no es para tanto. Tal vez hablas de un asesino o de un violador… ¡o quizás de mi suegra!». Bueno, vamos a hacer una pequeña analogía para comprender la gravedad de nuestra situación delante de Dios.

Imagina que estás sirviendo en el ejército de tu país. Eres un soldado raso, sin galones ni honores. Una mañana mientras tomas un café (apropiadamente aderezado con un poco de ron) en la cantina, alguien se mete contigo. Hace un comentario bastante inapropiado sobre tu madre. Claro, no puedes dejarlo pasar sin más. Te levantas y le das un puñetazo en plena boca. Eso comienza una pelea para el jolgorio y entretenimiento de los demás soldados allí presentes, que forman un círculo, animan la situación y apuestan por ver quién se mantendrá en pie por más tiempo. Media hora más tarde, te enfrentas con tu superior y recibes una reprimenda. Como resultado de ese puñetazo, pasarás el fin de semana arrestado y no podrás ver a tu querida madre en tu tiempo libre, a pesar de haber peleado en defensa de su honor. Bueno, eso y el ojo morado que te ha quedado como herida de guerra. Si hubiera una escala de gravedad —y, por lo tanto, de consecuencias— para tu puñetazo, este obtendría un punto.

Ahora imagina que, en lugar de golpear a un soldado raso, le das el puñetazo a tu superior. En ese caso, claro, no se formaría el círculo de soldados mirando y animando la pelea. Las consecuencias de ese puñetazo ya no se limitarían a un ojo morado y un fin de semana arrestado. Tal vez el arresto sería más severo, serías expulsado del ejército o se te impondría alguna multa económica. ¿Cuántos puntos en la escala de gravedad obtendría ese puñetazo? Podrían ser unos cinco puntos.

Pero la situación podría complicarse aún más. ¿Qué pasaría si ese mismo puñetazo se lo dieras a un capitán o a un general? ¿Y si se lo dieras al rey de España, capitán general de todos los ejércitos? Podríamos pensar que, si el puñetazo es contra alguien con tanto rango, se le asignarían quince puntos o más a nuestro puñetazo.

El principio está claro, aunque la infracción sea la misma —un puñetazo—, cuanto mayor es la autoridad contra la que se atenta, mayores son las consecuencias legítimas.[2]

Bien, lo que significa el pecado es que damos ese mismo puñetazo contra la máxima autoridad del Universo, una autoridad ante la cual el rey de España es como polvo que flota en el aire. Estamos hablando de que, si seguimos con la escala de gravedad, esta se eleva hacia el infinito. Por lo tanto, la consecuencia, el castigo, debe elevarse de la misma manera al infinito. En otras palabras, nada menos que un castigo eterno puede considerarse una consecuencia justa ante una infracción contra el Dios altísimo. Esta es la gravedad de nuestro pecado, aunque nosotros pensemos que no es para tanto.

EL MAL AHÍ FUERA

Una de las objeciones más comunes contra la existencia de Dios es la que afirma que, si existiera un Dios justo, no existiría el mal en el mundo. Si Dios existiera, no habría violaciones ni guerras, ni niños pasando hambre en África. Estoy convencido de que la has escuchado, incluso es posible que esté ahí rondando en tu cabeza y sea un obstáculo en tu caminar espiritual. Es absolutamente cierto que un Dios justo no puede tolerar la injusticia y que un Dios santo no puede tolerar la maldad. En otras palabras, esta objeción tiene un fondo de verdad.

Hay libros enteros dedicados a intentar responder esta cuestión, así que no me voy a meter a lidiar con este tema específicamente.[3] Aun así, quiero que comprendamos que, si estamos entreteniendo nuestras mentes y corazones con esta cuestión, estamos errando el tiro por completo. El preguntarme: «¿cómo puede Dios soportar el mal *ahí fuera*?» es algo así como mirar el mundo, con todas sus

---

[2] Este ejemplo se lo debo a mi hermano, David Pozo, a quien se lo he escuchado en varias ocasiones.

[3] Uno de los clásicos imperdibles acerca de este tema es C. S. Lewis, *El problema del dolor* (San Francisco, CA: HarperOne, 2014).

injusticias y sinsabores, desde una torre de cristal, como si yo no formara parte del mismo mundo que estoy juzgando. En esencia, estoy diciendo que Dios debería destruir el mal de todo y de todos, exceptuándome a mí. La pregunta esencial que debería hacerme es: «¿cómo es posible que un Dios santo y justo permita tanta maldad *en mí*?»

El buen Dios me ha creado, sin ninguna necesidad de hacerlo, para tener una relación de amor conmigo, en la que pueda disfrutar de Él y adorarlo para mi mayor bien y felicidad, mientras le doy gloria como Su criatura y portador de su imagen. En cambio, le he dado la espalda y me he rebelado contra Su deidad y autoridad, poniendo a otros dioses delante de Él (Ro 1:18-23). En este mismo momento, respiro un precioso aire, con una composición exquisitamente exacta, que Él ha creado y me regala. Sin embargo, tantas veces uso ese mismo aire para hablar en contra de quienes han sido creados a Su imagen. Del mismo modo, empleo el tiempo que me regala para buscar maneras de restarle gloria y dármela a mí mismo. Si me otorgara capacidades para el bien de los demás, las uso para escalar en mi reino personal. Si Él me regala la capacidad de sentir placer, la uso para atentar en contra de Su diseño.

Así pues, querido lector, el motivo de mi asombro no debería ser que Dios no haya juzgado aún a los malvados que violan señoritas en algún país lejano. El motivo de mi asombro debería estar en cómo es posible que Dios *aún* no me haya consumido. ¿Qué motivo tenía Dios para no haberte fulminado anoche, mientras dormías? La respuesta a esta pregunta es clara: no hay ningún motivo en nosotros mismos para no ser exterminados en este preciso instante. No hay ninguna razón, aparte de la misericordia divina para que no estés sufriendo en este mismo momento, el terrible y justo infierno que mereces. Edwards continúa su predicación diciendo:

> Esto que has escuchado es el caso de cada persona sin Cristo. Ese mundo de sufrimiento, ese lago de azufre ardiente se extiende debajo de ti. Allí está el espantoso abismo de las llamas abrasadoras de

> la ira de Dios; allí está la boca inmensa del infierno abierta de par en par y tú no tienes nada que te sostenga, nada a lo cual aferrarte; no hay nada más que aire entre tú y el infierno. Es solo el poder y la simple voluntad de Dios que te impide caer.[4]

Nuestra situación delante de Dios dista muchísimo de lo que afirma el evangelio L'Oréal. Nosotros, por nosotros mismos, no merecemos otra cosa que el castigo eterno. No podemos hacer nada para evitar que la ira de Dios caiga sobre nuestras cabezas. Amigo, afrontémoslo: ni merezco ni mereces el amor de Dios.

Ten cuidado, pues, al pedirle justicia a Dios. Mucho cuidado al agitar el puño delante de Su santidad. Ten cuidado, porque en justicia ninguno podría permanecer en pie delante de Él. De hecho, el tema del pecado cambia drásticamente cuando, en lugar de verlo en el mundo en general como algo ajeno a nosotros, enfocamos nuestra mirada en nuestra maldad y en nuestra terrible situación ante un Dios que se levanta de Su trono con la mirada encendida en ira rumbo a nosotros.

ENTONCES ¿DIOS ME AMA?

Quizá esta es la primera vez que lees algo parecido a lo que hemos estado comentando hasta ahora. Tal vez la información acerca de la ira, o incluso el odio de Dios hacia la maldad y el que la practica, te haya producido el desasosiego de cuando te enfrentas a noticias que no esperabas. Pero ¿Dios ama al pecador o no?

La realidad es que la misma naturaleza de Dios le exige que ame. «Dios es amor» (1 Jn 4:8, 16), esa es Su naturaleza. La misma esencia divina determina que ame de forma incondicional a todas y cada una de Sus criaturas. Jesús dice que Él «hace salir su sol sobre malos y buenos, y llover sobre justos e injustos» (Mt 5:45). Es decir, la afirmación que has escuchado en otras ocasiones es cierta: Dios odia al pecado, *pero* ama al pecador. Es cierta, aunque esté incompleta.

---

[4] Edwards, *Pecadores en manos de un Dios airado*, 8.

Para clarificar un poco cómo es posible esta contradicción aparente, les voy a contar algo. Soy de Béjar, una pequeña y preciosa ciudad enclavada en las montañas más occidentales del Sistema Central, en España. Pasé gran parte de mi infancia en la Calzada de Béjar, un pequeño pueblo cercano de donde proviene la familia de mi padre. Por las condiciones del terreno, es una buena zona para criar animales, así que allí la gente se dedica a la ganadería, y fue allí donde aprendí una de las cualidades más sorprendentes del amor: el amor odia.

No hay ningún problema con saltar el muro que separa el prado donde pastan las vacas. Son completamente inofensivas y no van a atacar. En todo caso, saldrán corriendo despavoridas si te acercas demasiado. Pero hay una época en la que debes tener mucho cuidado, y es cuando están criando a sus terneros. Jamás, bajo ningún concepto, se te ocurra acercarte a una vaca cuando está con su recién nacido. No lo hagas, aunque sea la vaca más dócil del mundo. No lo hagas, aunque el día anterior estuviera comiendo de tu mano. El problema es que esa vaca está con su querido ternerito, a quien ama con tal intensidad que odia profundamente a cualquier animal o persona que pueda representar una amenaza para él. No dudará en acabar con cualquiera que se acerque, si considera que es una amenaza para su ternerito.

Cualquier madre que haya visto cómo su pequeño se perdía en los lazos de la adicción entiende lo que es el odio visceral hacia lo que daña a su ser querido. Cualquier esposo que haya presenciado cómo la vida de su querida mujer se le escapaba, presa de un cáncer inmisericorde, sabe de lo que hablo. El amor odia, y odia profundamente. Esa es una de las cualidades del amor verdadero. Odia a cualquiera que se interponga entre aquel a quien amas y su mayor bien. Odia al que reclama su vida, su felicidad y su libertad. Ese es el odio que Dios siente por el pecado y por el que lo practica. El odio total del que ama con su misma esencia, y ve cómo eso que ama está siendo violado brutalmente por un malhechor. Dios odia el mal porque es Santo, pero también lo hace porque es amor.

Dios es un celoso custodio de Su santidad, y un Juez indignado profundamente con el mal y el malhechor, pero también es alguien que siempre está dispuesto a perdonar y a dar gracia a cualquiera que se acerca a Él con un corazón arrepentido. ¿Cómo es esto posible? Si alguien comete una atrocidad contra una persona que amas, no te conformarías con que el juez que presida el tribunal perdone al criminal. No, exigirías, y con toda la razón del mundo, que se haga justicia. Entonces, ¿cómo puede el Juez de toda la tierra (Gn 18:25) perdonar a un delincuente en base a, simplemente, su arrepentimiento? Paul Washer define esto como «el gran dilema», «el más grande de toda la Biblia»: «Si Dios es justo, no te puede perdonar tu pecado».[5] Si hay algo que se espera de un juez justo es precisamente que haga justicia. «Dios, para ser justo, tiene que condenar al impío».[6]

Ese era el miedo que tenía Jonás cuando Dios le envió a predicar a Nínive, la capital de sus enemigos, los asirios (Jon 4:2). Jonás sabía perfectamente que el Señor, aunque es celoso de la justicia y de la santidad, nunca dejará de lado a un corazón arrepentido, aunque sea el de un pecador empedernido. Es decir, Dios, el Juez, considera inocente al culpable en base a Su amor por él. ¿No es esta una flagrante injusticia?

Ante nosotros, tenemos una contradicción dentro de la naturaleza de la deidad. Al ser amor, Él ama incondicionalmente a todas sus criaturas, incluso a aquellas que violan Su justicia y Su santidad. Ama tanto que sigue dando de Sus bendiciones a los que perseveran en su pecado (Mt 5:45) e incluso está dispuesto a perdonar a los que, arrepentidos, se vuelven a Él (Jon 4:2). Al ser santo, odia a todos los que practican la iniquidad. Tanto los odia que, bajo ningún concepto, tendrá por inocente al culpable (Nm 14:18). Es decir, amigo, en el sentido más fundamental posible, Dios tiene un problema consigo mismo. Es cierto que tiene un problema con el pecador, sí, pero su primer problema es consigo mismo. Él ama y odia al mismo tiempo. Él acepta con los brazos abiertos y rechaza eternamente al mismo tiempo. Lo hace con un amor completo y absoluto y con un odio

---

[5] Paul Washer, *Diez cargos contra la iglesia moderna* (Pensacola, Fl: Chapel Library, 2015), 16.

[6] *Ibid.*, 17.

terrorífico y total. ¿Cómo resolver esta contradicción de proporciones divinas?

El mismo Dios nos revela cuál es la solución, y nos la revela por medio de Su apóstol Pablo en Romanos 3:20-26:

> ...porque por las obras de la ley ningún ser humano será justificado delante de Él; pues por medio de la ley *viene* el conocimiento del pecado. Pero ahora, aparte de la ley, la justicia de Dios ha sido manifestada, atestiguada por la ley y los profetas; es decir, la justicia de Dios por medio de la fe en Jesucristo, para todos los que creen; porque no hay distinción; por cuanto todos pecaron y no alcanzan la gloria de Dios, siendo justificados gratuitamente por su gracia por medio de la redención que es en Cristo Jesús, a quien Dios exhibió públicamente como propiciación por su sangre a través de la fe, como demostración de su justicia, porque en su tolerancia, Dios pasó por alto los pecados cometidos anteriormente, para demostrar en este tiempo su justicia, a fin de que Él sea justo y *sea* el que justifica al que tiene fe en Jesús.

Esta enorme contradicción fue satisfecha por Cristo. Esta es la base del Evangelio. Cristo, el Juez supremo, dictó sentencia condenatoria e irrevocable contra nosotros. Tal y como afirmaba Edwards, no hay nada en nosotros mismos que nos permita escapar a esta pena capital. «Pero Dios demuestra su amor para con nosotros, en que, siendo aún pecadores, Cristo murió por nosotros» (Ro 5:8). Es de esta manera que Dios sigue siendo justo, porque la condena se ha llevado a cabo, pero también es amoroso. El Suyo es un amor del más alto nivel, al dar Su vida en nuestro lugar (Jn 15:13).

El tema, si lo pensamos, es mucho más serio de lo que parece. Pablo dice que «Al que no conoció pecado, le hizo pecado por nosotros, para que fuéramos hechos justicia de Dios en Él» (2 Co 5:21). Dios el Padre hizo pecado a Cristo porque le culpó de nuestra maldad. Cuando Jesús estaba en la cruz, sufriendo la mayor agonía física y espiritual posible, tuvo que experimentar, por primera vez, la separación del Padre, que le dio la espalda en ese momento tan dramático (Mt 27:46). No le dio la espalda porque no podía soportar verlo sufrir, «¡le dio la espalda porque su Hijo se hizo pecado!».[7] Le dio la espalda porque el Dios Santo había tomado sobre Sus hombros lacerados nuestra terrible culpa, porque «El castigo, por nuestra paz, *cayó* sobre Él» (Is 53:5).

Pensando en el caso de Jonás y nos ninivitas, es en Cristo que Dios pudo perdonar a los criminales asirios que se arrepintieron. El Juez santo sigue siendo justo al perdonar al culpable, porque Él mismo ha sido ejecutado en su lugar. Dios hizo justicia perfecta, mientras mostró amor supremo. ¡Qué Dios más magnífico el nuestro!

El apóstol Juan meditaba asombrado ante esta fabulosa realidad cuando afirmaba que esto, en efecto, es en lo que «consiste el amor: no en que nosotros hayamos amado a Dios, sino en que Él nos amó a nosotros y envió a su Hijo *como* propiciación[8] por nuestros pecados» (1 Jn 4:10). Es Cristo el que muestra el enorme amor de nuestro Dios por nosotros, pero Él también muestra el enorme peso de nuestra maldad y la gran ira que merecíamos. Jesús es la viva muestra del grandioso amor de Dios hacia todas Sus criaturas, incluido tú. Pero también, Jesús es la viva muestra de la terrible culpa que todos teníamos delante de Él, incluido tú.

El lugar al que quería llegar es que el protagonista del Evangelio no soy yo ni eres tú. El Evangelio no intenta afirmar nuestra autoestima para que podamos pensar y sentir que nosotros podemos hacer las cosas bien. Todo lo contrario, el Evangelio pone a Cristo como el centro indiscutible de la Historia, de nuestra historia. El Evangelio nos empequeñece a nosotros, al afirmar que no damos la talla delante de un Dios justo, nos humilla al afirmar que somos rebeldes

---

[7] *Ibid.*

[8] La propiciación es el «aspecto de la muerte de Cristo en el que vindicó el carácter santo y recto de Dios, y en virtud del cual Él puede ser propicio, o misericordioso, a todo el mundo». Es decir, es una de las consecuencias de la muerte de Cristo que satisfizo la ira divina contra el pecado, pagando por la pena del pecador. Samuel Vila Ventura, *Nuevo diccionario bíblico ilustrado* (Terrasa, Barcelona: Clie, 1985), «Propiciación».

sin causa ante el Rey de reyes. El Evangelio, en definitiva, es la gran proclamación de nuestro fracaso.

En cambio, el Evangelio engrandece a Jesús: el Hombre perfecto, el Dios encarnado. Le honra como el que sí ha dado la talla, el que no merecía el castigo divino, sino la gloria divina. El Evangelio, en definitiva, es la declaración decisiva de la victoria de Dios en Cristo. Este mensaje habla tanto de nuestra derrota como de Su victoria.

Ahora, para todos los que hemos puesto nuestra confianza en Cristo, el futuro no está ensombrecido por el juicio inminente, sino por la felicidad eterna de estar junto a nuestro Salvador. Pero, eso no significa que nosotros no merezcamos ese juicio, sino que Cristo fue el pararrayos de la ira de Dios. Esa flecha de Su justa indignación ha sido soltada, rumbo a nuestro corazón, para saciarse con nuestra sangre. Pero, en medio de su trayectoria, ha habido alguien que se ha interpuesto y ha detenido el golpe que debería habernos fulminado, causando Su propia muerte. Ese alguien es Jesús de Nazaret. Nosotros hemos salido indemnes de nuestro propio juicio, pero eso no quiere decir que el juicio no se haya llevado a cabo, ni siquiera que hayamos sido absueltos. Eso quiere decir que nosotros hemos sido condenados, pero otro ha pagado nuestra pena, y lo ha hecho con Su propia vida.

Ahora, el Evangelio tiene otra consecuencia de la que normalmente no hablamos. Hablábamos de la terrible situación en que todos nos encontramos delante de un Dios santo que odia el mal y al malo. Pues bien, ahora, habiendo un Salvador como Jesús, que, siendo santo, ha muerto para rescatar misericordiosamente a los pecadores de su justa condena, el rechazo a arrepentirse viene a agravar aún más la situación de los pecadores que persisten en su pecado. Esta es la situación: Dios, que demanda y desea que se castigue al pecador, ha ofrecido un Sustituto perfecto, poniendo de relieve Su amor por Sus criaturas, y se encuentra con que los objetos de este amor tan enorme no solo perseveran en su pecado, sino que rechazan al Salvador que ha muerto por ellos. Ahora, Dios tiene delante de Él, no solo a pecadores dignos de Su ira, sino a los que han rechazado concienzudamente la salvación que Él ofrecía, con puro amor desinteresado (Jn 3:18). El que rechaza a Jesús, pues, no solo se hace objeto de la ira de Dios por su propio pecado, sino, sobre todo, por la muerte de Jesús. Han rechazado, no solo la santidad y autoridad de Dios, sino también Su amor y redención en Jesucristo. Quien está en tal situación no puede esperar otra cosa que la ira de Dios desatada con toda crudeza sobre su cabeza.

FIRMA AQUÍ ABAJO

Cuando veo el Evangelio como algo que merezco, es decir, como la respuesta lógica de Dios ante mi encanto personal, la consecuencia para mí es el demandarle todo lo que me apetezca. Si yo creo que Dios se ha acercado a mí en base a mis propias acciones o a un supuesto bien interno que ha visto en mí, estaré situado en un pedestal desde el que podré exigirle lo que yo quiera, y Dios estará en una situación de obligación hacia mí. Después de todo, Dios me ama, así que me tiene que dar todo lo que yo quiero, ¿no?

Así, el evangelio L'Oréal define mi vida en base a lo que yo necesito y deseo, porque considera que mi mayor bien estará alineado con las apetencias de mi corazón (¿recuerdas la paparrucha anterior?). Esta definición está absolutamente enraizada en la misma esencia de esta interpretación engañosa del Evangelio. Y es que, al pensar que merezco el amor de Dios tal y como soy, entiendo que Él está obligado a bendecirme de la manera en que yo deseo.

¿Cómo debería bendecirme Dios? Bueno, según el evangelio L'Oréal, el pecado no es mi problema principal. Mi problema es, en esencia, circunstancial: yo estoy en una situación que no me gusta. En otras palabras, si no veo mi pecado como el problema, tampoco entenderé que la solución radica en tratar precisamente con ese pecado.

Según esta interpretación equivocada del evangelio, la situación que tengo que afrontar es que no he recibido la afirmación suficiente de parte de Dios. Por lo tanto, mi problema principal en la vida es que hay algo que necesito y no tengo. Puede ser que eso que no tengo sea la aceptación de mi familia, el amor de mi cónyuge o la salud de mi hijo. En cualquier caso, hay algo que me falta y necesito. Por lo tanto, mi problema fundamental no es estar en una situación terrible delante de Dios por mi propio pecado, sino que hay deseos insatisfechos en mi corazón. La forma en que Dios debería bendecirme no tiene nada que ver con mi propio pecado, sino con la situación ajena a mí que me daña. Solo pensaré que Dios es bueno y le «serviré» en la medida en que me dé aquellas cosas que pienso que necesito para ser feliz.

Esencialmente, el seguidor de este evangelio fraudulento tiene una lista de deseos. Cuando va a la iglesia, ora, ayuda a los pobres o lee su Biblia, lo hace porque tiene esa lista de deseos y que se le concedan esas cosas es su principal preocupación. Cada domingo, en el culto semanal, se arrodilla para orar a Dios de esta manera: «Señor, estoy haciendo esto, aquello y lo otro. Lo estoy haciendo por ti. Por cierto, aquí tengo esta lista de deseos; firma aquí abajo. Gracias. En el nombre de Jesús, amén».

Lo que aparezca en la lista de deseos puede ser de lo más variado y no tienen por qué ser cosas malas. Puede que en esta lista escribas cosas tales como «que mi hijo deje la droga», «que mi matrimonio se salve» o «que mi primo se cure del cáncer», todas ellas peticiones nobles. El problema es que pongamos a Dios la condición de cumplir con nuestros deseos, sean cuales sean, como base para nuestra lealtad a Él. Si creemos que merecemos a Jesús e ignoramos nuestra terrible situación sin Él, inevitablemente tomaremos a Dios como un medio para alcanzar nuestros propios fines. Le veremos solo como aquel a quien le pedimos que firme aquí debajo de nuestra lista de deseos.

A comienzos de siglo, Rhonda Byrne popularizó un principio ocultista llamado «ley de la atracción».[9] Esta idea afirma que, al pensar en cosas positivas, atraeremos cosas positivas a nuestras vidas. Posiblemente lo hayas escuchado alguna vez. Funciona del siguiente modo: hay una «ley universal» que se activa para hacer realidad todo lo que piensas.

[9] El libro por medio del cual se popularizó este principio, del que se hizo una película documental es: Rhonda Byrne, *El Secreto* (Madrid, España: Ediciones Urano, 2012).

Pues bien, al igual que con la paparrucha anterior, esta también se ha colado en nuestras iglesias. En este caso, es Dios el que se encarga de llevar a cabo todo aquello en lo que nos enfocamos. La única diferencia es que hemos cambiado la «fuerza universal» por Dios. Incluso tenemos un versículo lema para dar mayor solidez a la tesis: Mateo 21:22: «Y todo lo que pidáis en oración, creyendo, lo recibiréis». Si pienso que mi problema es que no tengo lo que deseo, y Dios quiere lo mejor para mí, la consecuencia lógica es que Dios debe darme todo lo que deseo. Por lo tanto, hemos incorporado al cristianismo la «ley de la atracción». Todo lo que tenemos que hacer es visualizar en nuestra mente lo que necesitamos y pensar positivamente en cuanto a ello. Eso sí, no podemos olvidar, al final de la oración, añadir un: «En el nombre de Jesús, amén», y Dios nos dará todo lo que pidamos.

Amigo, este es otro de los muchos casos en que sacamos totalmente de contexto una afirmación de la Biblia para que diga lo que a nosotros nos gustaría escuchar. En este pasaje en concreto, Jesús acaba de maldecir a la higuera y secarla (Mt 21:18-22). Cristo ha llevado a cabo esta maldición sobre la planta porque no hizo lo que, por otro lado, no podía hacer naturalmente, es decir, dar fruto fuera de su tiempo. Fíjate, Jesús ha destruido la higuera, que es un símbolo de Israel (Jl 1:7), por no hacer lo que, por otra parte, no tiene la capacidad de hacer. ¿Por qué haría tal cosa? Porque Dios espera lo imposible de los suyos. Eso es lo que hace constantemente. Lo hace cuando pide a Su pueblo que sean santos (Lv 11:44) y lo hace cuando ordena a sus discípulos dar de comer a varios miles con el almuerzo de un muchacho (Mr 6:37), por poner dos ejemplos. ¿Cómo pueden Sus siervos hacer lo que no pueden hacer? Bueno, la única forma en que el pueblo de Dios puede hacer lo imposible es confiando en el Dios de lo imposible.

Cuando Jesús dice que el Padre concederá todo lo que se pida en Su nombre (Jn 14:13), no está diciendo que tengamos que añadir unas palabras mágicas a nuestras oraciones para que sean efectivas y Dios nos dé lo que se nos antoje. No habla de palabras, habla del corazón, de la intención. Si yo le digo a alguien que salude a un amigo en mi nombre, le estoy diciendo que lo haga en mi lugar, como mi representante. De la misma manera, estaremos orando en el nombre de Jesús si estamos orando conforme a Su voluntad. Es decir, Dios no tiene ninguna obligación de satisfacer nuestros caprichos, sino que se compromete a escuchar y cumplir todo aquello que se pida de acuerdo con la voluntad de Jesús.

La realidad es que Jesús no dice que Dios esté en la obligación de satisfacer nuestros deseos egoístas. Mucho menos afirma que, mediante la repetición de algunas palabras mágicas o mediante nuestro «pensamiento positivo» Dios vaya a obedecernos. En cambio, Jesús hace una afirmación directa acerca de la capacidad del Dios altísimo de llevar a cabo Su voluntad soberana a través de personas imperfectas como nosotros, siempre que estemos dispuestos a seguirlo. Como puedes ver, no tiene nada que ver una cosa con la otra.

Pero hay otra razón por la que el Evangelio no trata de que Dios me dé lo que deseo, y es, precisamente, que Dios me ama. El amor no es un sentimiento empalagoso, difuso y romántico caracterizado por el cumplimiento de los caprichos más tontos ni por decir «sí» a cualquier ocurrencia insensata. El amor es la búsqueda del bien mayor de la persona amada. Y da la casualidad de que el bien mayor para un niño caprichoso, como nosotros somos muchas veces, no consiste en concederle sus caprichos, sino precisamente en negárselos. Todos los que tenemos hijos sabemos esto. Darles a nuestros hijos lo que quieran en cada momento solo los convertirá en niños malcriados y caprichosos. Como ya hemos presentado, nuestro corazón es engañoso, mentiroso y malvado. Muchas veces, la manera en que Dios nos protege de nuestros corazones es negándonos nuestros deseos.

DE RODILLAS

Cuando vemos el Evangelio como algo que no merecemos, como la respuesta amorosa de un Dios bondadoso, completamente inmerecida y misericordiosa, la única consecuencia para nosotros debería ser el hincar nuestras rodillas delante de Él. En el momento en que entiendo la terrible situación en la que me encuentro delante de Dios, a causa de mi propio pecado y no por algo externo, solo puedo aferrarme a Su misericordia en Cristo. No me queda otra salida. No hay pedestales a los que subirme ni exigencias o chantajes ante el Altísimo. Solo puedo acudir corriendo a Sus pies suplicando clemencia. El Evangelio nos humilla, sí, pero comprenderlo hace que corramos a humillarnos voluntariamente ante el gran amor divino.

Si el Evangelio habla del rescate amoroso e inmerecido de Cristo a nuestro favor, la consecuencia para nosotros no es que Dios debería obedecernos, sino que nosotros deberíamos humillarnos delante de Él. Para Pablo, esta consecuencia es inevitable: «Porque ninguno de nosotros vive para sí mismo, y ninguno muere para sí mismo; pues si vivimos, para el Señor vivimos, y si morimos, para el Señor morimos; por tanto, ya sea que vivamos o que muramos, del Señor somos» (Ro 14:7-8). Atento al cambio dramático: si creo que mi problema no es mi pecado, mi meta será tener a Dios como mi mayordomo celestial. En cambio, si creo que mi problema fundamental es mi pecado delante de un Dios santo, mi meta será vivir para aquel que me ha salvado. El evangelio L'Oréal me lleva a considerar a Dios como mi siervo, mientras que el evangelio de Cristo me lleva a someterme voluntariamente a Sus pies.

Así que el Evangelio bíblico no trata de que «yo lo valgo», y por lo tanto Dios tiene que darme lo que deseo. El auténtico Evangelio ve mi problema como algo mucho más fundamental que pensar que no tengo lo que creo necesitar o merecer. Como hemos comentado, el mensaje de la redención en Cristo parte precisamente de la realidad de que merezco la ira destructiva de Dios desatada sobre mi cabeza. No estoy en condiciones de hacer exigencias.

De hecho, lo maravilloso del Evangelio de Cristo es que nuestro principal problema ya ha sido resuelto en Cristo. Si lo vemos con la perspectiva adecuada, entenderemos que nuestra vida ya está resuelta, que «El que no eximió ni a su propio Hijo, sino que lo entregó por todos nosotros, ¿cómo nos concederá también con Él todas las cosas?» (Ro 8:32). Nuestras necesidades están satisfechas, porque el principal problema ha sido resuelto. Además, la misma persona que lo ha resuelto, mientras éramos enemigos de Dios, ahora se compromete a darnos todo lo que necesitamos en nuestro día a día. La redención de nuestro pecado asegura que Dios nos dará todo lo necesario en todo momento.

Mientras que el evangelio falso visualiza los problemas como algo de lo que Dios debe ocuparse, el Evangelio de Cristo mira a la Biblia para definir nuestros problemas y la solución divina. El Evangelio bíblico pone a Cristo como la única solución a todos nuestros problemas, especialmente al más importante, nuestro pecado. El Evangelio nos saca del centro del mensaje para poner a Dios, que nos da vida auténtica. Nos saca del centro de nuestras vidas para ponerlo a Él, que nos libera de nuestro auténtico problema. Nos saca del centro del universo para poner al único que realmente lo merece: Cristo, para que nos humillemos y le sirvamos como quien realmente es. El Evangelio es, en esencia, «ayuda total para necesidad total».[10]

[10] Esta frase pertenece al misionero Pablo Thompson. La escuché en unas conferencias en Béjar (Salamanca) sobre la epístola a los Gálatas cuando era niño.

CAPÍTULO 4

ERES BASURA

◆ *Deshumanización institucionalizada*

Nuestro mundo está padeciendo una pandemia, la peor de cuantas haya sufrido este planeta en su dilatada historia. Es una enfermedad que asola ecosistemas, explota recursos, destruye bosques y aniquila toda vida con la que se cruza. Cuando pone los ojos en un jardín, no abandona su empeño destructor hasta convertirlo en un desierto árido. Como el caballo de Atila, solo deja hierba seca y muerte a su paso. Esta peste contamina los mares y asesina todo lo que tiene delante sin compasión y sin discreción. Esta plaga daña a la madre tierra. La enfermedad que asola nuestro mundo, en efecto, es el hombre.

Nosotros somos el virus que devora todo lo que toca, como las langostas. Tú eres este destructor inmisericorde, esta plaga bíblica sobre la Tierra. Estás asesinando a nuestro planeta. Esa es la razón por la que el hombre debe ser exterminado. Es por eso que tú debes ser eliminado.

Después de todo, es inevitable que algún día nos extingamos. El ser humano es solo una especie más de las que han vivido en este mundo. Es mejor así. Mejor que nos extingamos cuanto antes, porque la Tierra lo agradecerá cuando no quede un solo *homo sapiens* sobre la faz de la tierra. El mundo estará mejor sin nosotros. Cuando el último ser humano haya muerto, la naturaleza festejará como si le hubiera tocado la lotería. Todo volverá a ser como antes: los ecosistemas se restaurarán, los ríos se limpiarán y los animales volverán a ser libres.

Esto pasa contigo. También tú morirás un día y, ¿sabes qué?, cuando faltes, todo volverá a estar bien. Todo estará como tiene que estar. Tu madre volverá a tener tiempo para ella, tu marido volverá a vivir su vida tranquilo, tus hijos podrán respirar sin agobios, tus amigos podrán al fin ser quienes realmente quieren ser. No eres valioso para nadie, tú solo empeoras las cosas. No sabes hacer nada bien, eres escoria. Lo mejor que le podría pasar a tu familia, a tus amigos o al mundo entero es que te fueras y que nunca volvieras. Tu muerte resolvería todos los problemas. Tanto tú como tu asquerosa especie deberían desvanecerse cuanto antes.

No eres nada. No vales nada. Eres basura.

¡¡Paparruchas!!

En cuanto a la primera parte de este mensaje, estoy convencido de que la has escuchado, o incluso la has dicho en más de una ocasión, porque este es uno de los grandes bramidos que nos gritan en el mundo. La escuchamos en la cola del supermercado, lo leemos en libros de todo tipo, nos bombardean con ello en la televisión.

En cuanto al segundo mensaje, estoy seguro que en algún momento te has engañado repitiéndotelo a ti mismo. Quizá, algunas de estas frases están pintadas en las paredes de ese cuartito en tu corazón donde te metes cuando piensas que todo va mal, a lamentar tu existencia. Quizá, incluso, hay alguien que te lo recuerda constantemente, y te hace sentir que eres basura. En cualquier caso, todo lo que has estado leyendo hasta ahora es absolutamente falso. Esta es la mentira que creemos; ahora vamos a aprender la verdad que ignoramos.

ERES LA IMAGEN DE DIOS

Hay muchos sentidos en los que la batalla que se libra hoy en día es una batalla por la identidad. Esa es, en cierto modo, la batalla que siempre se ha estado librando, pero en la actualidad es mucho más descarnada. Esa es la base de toda esta paparrucha: una interpretación torcida de nuestra identidad.

¿Quién soy yo? Esa es una de las grandes preguntas de la humanidad. Esa es una pregunta que requiere una respuesta. Y hay algo que debes saber desde el principio acerca de la respuesta a esa pregunta: quien tú eres no lo decide cualquiera. Tu identidad no la decide el gobierno, ni la decide la iglesia. No la deciden tus padres, tus amigos o tus enemigos. No la deciden tus fracasos o tus logros. No la decide tu presente, mucho menos tu pasado. ¡Es que ni siquiera la decides tú mismo! Quién eres lo decide Dios, porque es Él quien te creó, y porque Él te diseñó por una muy buena razón. Todo lo que diga cualquier otra persona (como yo o incluso tú mismo) es totalmente secundario.

La imagen de Dios en Génesis 2

Al principio de la Biblia, hallamos el relato de la creación de todo el cosmos, incluido el ser humano. Es ahí donde debemos mirar, en primer lugar, para hablar acerca de nuestra identidad. En Génesis 1:26-27, tenemos revelado este trascendental momento en que Dios creó a los seres humanos. Hasta ese momento, Dios había creado el resto del cosmos de una forma impersonal, sencillamente diciendo cosas tales como «sea la luz» (Gn 1:3). Todo lo que Él hablaba se materializaba de forma inmediata y milagrosa, pero, por otra parte, muy fría. Eso no es lo que ocurre con el hombre. Con motivo de la creación del ser humano, Dios se toma un tiempo, en medio del sexto día, después de crear a los animales terrestres, para tener una reunión muy especial. Sabemos que fue una reunión porque Dios habla en plural: «*Hagamos* al hombre[1] conforme a *nuestra* imagen» (Gn 1:26, énfasis añadido).

[1] Tanto en español como en hebreo, la palabra «hombre» puede interpretarse como un individuo de sexo masculino o como el conjunto de la humanidad. En este caso, el texto se refiere a la humanidad, incluyendo a la mujer, y esa es también la acepción que se debe entender en lo que yo escribo. En Génesis 1-2, solo debemos interpretar la palabra «hombre» como individuo masculino cuando se contrapone a la mujer, como cuando dice que «de la costilla que el Señor Dios había tomado del hombre, formó una mujer y la trajo al hombre» (Gn 2:22). Ludwig Koehler et al., *The Hebrew and Aramaic*, «אָדָם».

Podemos llegar a varias conclusiones diferentes partiendo del plural en este texto. Una sería que aquí se ve en forma embrionaria la revelación de la doctrina de la Trinidad.[2] También podríamos llegar a la conclusión de que Dios hablaba a un consejo de seres espirituales o a un concilio divino.[3] [4] Este no es el libro para que comencemos a discutir sobre cuál de estas interpretaciones es la correcta, pero hay algo claro: Dios habla estando en familia para crear al hombre porque tiene un propósito familiar para él. El plural indica que el contexto en el que Dios creó al ser humano es tan cercano, que nos considera «uno de los suyos». Fíjate que esto es lo opuesto a la manera en que creó el resto del cosmos, es decir, de forma impersonal y fría. Ahora, Dios se involucra tanto en la creación del hombre que lo hace abriendo las puertas de Su propia familia a los que estaba creando, y esa es la razón por la que dice que lo crea «conforme a *nuestra* imagen» (Gn 1:26, énfasis añadido).

Además, Dios menciona el propósito que tiene para este ser tan curioso que ha creado de una manera diferente a todos los demás. Lo crea para que sea Su imagen. Después hablaremos de lo que significa este concepto de la imagen de Dios, pero ahora me gustaría que meditemos en una realidad: no vemos que Dios imponga Su imagen sobre ningún otro animal, planta o cosa creada, aparte del hombre.

---

[2] Esta interpretación tomaría la hipótesis de que, aunque no con la claridad que después tendría en la revelación divina, el plural indica que el Padre, el Hijo y el Espíritu Santo estaban hablando *entre sí* con motivo de la creación del ser humano. Daniel Carro et al., *Comentario bíblico mundo hispano* [Genesis, 1. Ed] (El Paso, TX: Editorial Mundo Hispano, 1993), 50–51.

[3] Miller explica que aquí vemos una correlación entre el mundo físico o humano y el sobrenatural o angelical. Es decir, que la deliberación es entre Dios y otros seres espirituales creados por Él. P. D. Miller, *Genesis 1–11: Studies in Structure and Theme*, [JSOTSup 8] (Sheffield: University of Sheffield, 1978)], 9–26.

[4] Hay otras teorías acerca del significado de este plural como que es una reminiscencia del antiguo politeísmo supuestamente aun presente, que Dios habla a Su Creación, «los cielos y la tierra», como plural mayestático que indica honor y realeza o que es un proceso de auto deliberación, entre otras cosas. K. A. Mathews, *Genesis 1-11:26*, vol. 1A, The New American Commentary (Nashville: Broadman & Holman Publishers, 1996), 161.

Dios, al hacerlo así, eleva a la humanidad sobre el resto de las cosas creadas. En otras palabras, no somos una especie más en el mundo, no somos simios con ínfulas de dioses. En realidad, desde el mismo comienzo de nuestra existencia, Dios nos ha puesto *sobre* el resto de la Creación.

Tanto es así que el Creador les da una serie de normas a los hombres en el mismo momento en que los crea. Deben ejercer «dominio sobre los peces del mar, sobre las aves del cielo, sobre los ganados, sobre toda la tierra, y sobre todo reptil que se arrastra sobre la tierra» (Gn 1:26). El Creador nos diseñó para que gobernásemos sobre el resto de la Creación. Nuestro llamado es ejercer una mayordomía benevolente y ética sobre la obra de Dios.

Eso quiere decir, querido lector, que *no eres basura*. Tú eres la imagen del mismo Dios, el Creador del Universo. Él te ha diseñado con una muy buena razón y ha puesto Su propia imagen en ti; difícilmente cabe un valor mayor.

Hay tres observaciones que podemos hacer acerca de la idea de la imagen de Dios en relación con este texto. Estas observaciones son importantes para que comprendamos la magnitud de la mentira que creemos al aceptar esta paparrucha. La primera es que ni este pasaje, ni ningún otro que trate este tema, hablan de la imagen de Dios como algo que llegaremos a tener en algún momento en el futuro. La imagen de Dios no es potencial, es actual. La imagen de Dios no es parcial, es completa. Es decir, sea lo que sea que signifique este concepto, es intrínseco a la especie humana. No es una aspiración, es una realidad. No crece dentro de nosotros con el paso del tiempo, ni se nos dará en un futuro distante. No nos dio una parte y nos dará lo demás en algún momento en la eternidad. Tú y yo somos la imagen de Dios en todo momento y en cualquier condición, de la misma manera que lo es cualquier otro ser humano sobre la Tierra. El único requisito para ser absolutamente Su imagen es ser hombre o mujer.

Otra observación es que esta imagen no se adscribe a un género en particular. No es que los hombres sean hechos a imagen de Dios, mientras que las mujeres no. Tanto hombres como mujeres somos imagen de Dios. De hecho, la imagen de Dios está estrechamente relacionada con el hecho de que existan dos géneros. El versículo 27 establece este vínculo diciendo que «Dios creó al hombre (humanidad) a imagen suya, a imagen de Dios lo creó; *varón y hembra* los creó» (énfasis añadido). Como ves, la diferenciación de géneros está íntimamente unida con la imagen de Dios. Por consiguiente, cualquier ataque contra ella, tal y como se expresa en la Biblia, es un ataque contra Dios mismo.

La tercera observación, que está vinculada con esta idea, es que Dios ordena al hombre que se multiplique y llene la tierra. Es decir, crea al hombre a Su propia imagen y le manda que llene el mundo de otras imágenes Suyas. Su intención es que por toda la Creación haya imágenes del Creador. Hablaremos más sobre esto.

La imagen de Dios después de Génesis 3

Según avanzamos en las páginas de nuestra Biblia, volvemos a encontrarnos con el tema de la imagen de Dios. Sin ir más lejos, en el capítulo 9 de Génesis, cuando Dios hace un pacto con Noé después del Diluvio universal, le ordena que establezca un sistema que castigue a los asesinos, estableciendo así el gobierno humano con el propósito de castigar al asesino en representación del Creador.[5] ¿Cuál es la razón divina para sancionar el asesinato? ¿En base a qué fundamento debería un gobierno perseguir y condenar al infractor? La base es que «a imagen de Dios hizo Él al hombre» (Gn 9:6). Es decir, el tema de la imagen de Dios no es solo lenguaje retórico, es algo que da un valor intrínseco al que la porta, un valor que merece ser defendido a capa y espada. Si tú has sido creado conforme a la imagen del Creador (y no cabe ninguna duda de que es así), tu valor es infinito porque Su valor es infinito. Un espejo que refleja la luz del sol no brilla por sí mismo, pero puede quemarte las retinas si lo miras fijamente. De la

[5] El gobierno terrenal no es un invento humano, sino divino. Es decir, Dios tiene algo que decir acerca del gobierno político y lo dice en su Palabra. El intentar sacar a Dios de la política es la principal razón por la que la política se ha convertido en un montón de estiércol.

misma forma, cualquier ser humano es infinitamente valioso porque es imagen del Dios que es infinitamente valioso.

Esta imagen divina no es algo que tuvieron Adán y Eva en un principio y que después de la caída en pecado y la expulsión de Edén quedó borrado. En absoluto. Dios ordena a Noé, varios cientos de años después, que castigue a los asesinos porque la imagen de Dios en los hombres era una realidad presente en su tiempo como lo era en los tiempos de Adán, así como lo es también en el nuestro. Santiago 3:9 dice que la razón por la cual hablar mal de otra persona sea pecado es que esa persona ha sido creada a imagen de Dios. La imagen de Dios no es algo que tuvieron Adán y Eva hasta que pecaron, o solo algunos patriarcas del Antiguo Testamento. Todos los seres humanos que descendemos de los primeros padres la portamos, y el pecado no la disolvió. Es decir, la imagen de Dios es algo presente en ti. Dicho de otra manera, tu valor es inmenso, y eso nada ni nadie puede cambiarlo.

Como verás, esta realidad contrasta profundamente con la paparrucha que desenmascaramos en el capítulo anterior. En ese momento, poníamos el énfasis en que nosotros solo merecemos la ira de Dios por nuestras propias fuerzas, con el infierno abriendo sus espantosas fauces para devorarnos vivos en justicia. Ahora afirmamos que nuestro valor es infinito. ¿En qué quedamos, tenemos gran valor o merecemos el rechazo total?

Bueno, he situado estos dos capítulos uno a continuación del otro porque pienso que podemos caer en cualquiera de los dos extremos, el de pensar que merecemos el evangelio y el de pensar que somos basura. La realidad es que Dios nos ha diseñado y ha puesto un enorme valor en nosotros. Esa es una de las grandes razones de Su amor: nos ha creado para amarnos, por lo que ha invertido mucho en nosotros. Es absolutamente cierto que no somos basura y que tenemos gran valor para Él, pero es igualmente cierto que nuestra situación es de extrema necesidad *por nuestro propio pecado*. Dios nos diseñó y lo preparó todo perfectamente bien y nos dio la libertad para escogerlo y amarlo, pero nosotros lo hemos echado a perder por nuestra maldad y pecado. En otras palabras, estas dos paparruchas son dos extremos que debemos evitar mientras buscamos vivir para darle la gloria al Dios que nos ha diseñado, valorado y salvado de nuestra maldad.

¿QUÉ ES LA IMAGEN DE DIOS?

Hemos hecho varias consideraciones que podemos extraer del texto respecto a la imagen de Dios, pero ¿a qué se refiere exactamente? ¿Qué es la imagen de Dios?

En general, he escuchado dos teorías. Sé que hay más, pero podemos resumirlas en estas dos. La primera de estas hipótesis es que la imagen de Dios consiste, digamos, en cierto tipo de habilidades. ¿Qué habilidades? Pues nosotros, como imagen de Dios podemos sumar dos más dos, tenemos inteligencia, racionalidad, capacidad de creación, emociones, voluntad, conciencia. Además, Dios nos ha creado con una capacidad sobrenatural para tener una relación con Él, orar y adorarle. Tenemos una serie de atributos físicos y espirituales que representan los atributos divinos, aunque no a la perfección.[6]

Una de las observaciones que hacíamos anteriormente desde el texto en Génesis 1 es que la imagen de Dios está presente en todos y cada uno de los seres humanos. Pero la realidad es que no todos los seres humanos tienen esas capacidades desarrolladas y operativas. Un hombre de veinte años en estado vegetativo no tiene la capacidad de comunicarse, un bebé de cuatro semanas de gestación en el vientre de su madre no tiene conciencia alguna, así como un anciano que sufre demencia no razona correctamente. ¿Eso quiere decir que no tienen la imagen de Dios y que, por lo tanto, no son valiosos y podemos eliminarlos? ¡Por supuesto que no! La Biblia es clara en cuanto a que todos y cada uno de los seres humanos tienen la imagen de Dios y que, por lo tanto, poseen el valor intrínseco que les corresponde.

Por otra parte, puede ser que un perro tenga más capacidad de comunicación que un ser humano, si ese ser humano está incapacitado,

---

[6] Michael Heiser, ed. John D. Barry y Lazarus Wentz, *Diccionario Bíblico Lexham* (Bellingham, WA: Lexham Press, 2014), «Dios, Imagen de».

pero no será jamás más valioso que él. Ya hemos creado inteligencias artificiales que tienen mayor capacidad de análisis o de creación que cualquier hombre, pero eso no significa que tengan una mínima parte de la imagen de Dios en ellos, porque eso es algo que solo el mismo Dios puede dar. No es, por lo tanto, *esencialmente*, una cuestión de capacidades.

La segunda hipótesis sostiene que la imagen de Dios en el hombre no consiste en capacidades especiales, sino en un *estatus* especial. Es decir, la «humanidad fue creada *como* imagen de Dios... Somos creados para reflejar a Dios, para ser su imagen. Es lo que somo por definición. La imagen no es una capacidad que tengamos, sino un estatus. Somos los representantes de Dios sobre la tierra. *Ser* humano es reflejar la imagen de Dios». [7] Así pues, la imagen de Dios en el hombre no es un kit de herramientas, sino una *posición* y una *responsabilidad*, mediante la cual representamos a Dios ante el resto de la creación. Dios colocó al ser humano para que fuera Su imagen, y eso es lo que todos somos. La única condición que debemos cumplir es ser humanos.

En mi opinión, mientras que la imagen de Dios *incluye* ciertas características que tenemos a semejanza de nuestro Creador, en primera instancia, *constituye* nuestra identidad y nuestra tarea. Dios nos ha dado la capacidad de amar para que le reflejemos amando a los demás. Dios nos ha dado la capacidad de crear para que le reflejemos creando. Es decir, aunque nuestras habilidades únicas como seres humanos, en cierta manera, forman parte de la imagen de Dios, la esencia de esta imagen es el encargo de usarlas de tal manera que reflejemos a nuestro Hacedor.[8]

---

[7] Michael S. Heiser, *El Mundo invisible: Recuperando la cosmovisión sobrenatural de la Biblia,* (Bellingham, WA: Editorial Tesoro Bíblico, 2019), Capítulo 5: «Como en el cielo, así también en la tierra», Software Bíblico Logos.

[8] La semántica hebrea juega a favor de esta interpretación de lo que significa la imagen de Dios. Cuando Génesis 1:27 dice que «creó Dios al hombre *a* su imagen» (énfasis mío), la preposición que traducimos como «a» puede interpretarse como «en calidad de» o «en representación de». Ludwig Koehler et al., *The Hebrew and Aramaic*, «בְּ».

Es por eso que la afirmación de la imagen de Dios va acompañada del mandato de enseñorear sobre la creación (Gn 1:28). Como Sus representantes, debemos ejercer Su autoridad sobre el resto del cosmos en Su lugar y bajo Su dominio. Estamos llamados a cuidar y aprovechar la creación como mayordomos del Amo.

Dios le dice a Noé que la consecuencia del asesinato de un hombre debe ser la pena capital. ¿La razón? Matar a un ser humano es matar a Dios en imagen. Si somos Sus representantes, entonces somos valiosos porque Él es valioso. Atentar contra un hombre es atentar contra Dios.

Además, ahí radica el hecho de que los enemigos de Dios también odien al ser humano. Las huestes espirituales malvadas que están en rebeldía contra Dios quieren nuestro mal. Ellos han comprendido correctamente que los hombres somos representantes de Dios y que, actuar en nuestra contra es sinónimo de actuar contra el Creador.

La religión ecologista

Hoy en día, existe una visión que domina completamente la esfera pública: el ecologismo, más específicamente, concebido como una religión. La ecología en sí misma no tiene nada de malo; es más, es muy buena. Como decíamos, nuestro mandato como imagen de Dios es cuidar y respetar la creación, porque actuamos como representantes del Creador (hablaremos más de esto en el capítulo 9). Pero la idea que tenemos hoy en día del ecologismo no es sencillamente una filosofía, es una auténtica religión de carácter panteísta.[9] Esta no es una descripción que los cristianos atribuyan al nuevo ecologismo, sino que son los propios panteístas quienes lo hacen.[10]

---

[9] El panteísmo es la «Doctrina que sostiene que todo es divino. Dios y el mundo forman una unidad; son la misma cosa y constituyen un todo indivisible». No confundir con el atributo divino de la omnipresencia. Los panteístas no dicen que Dios *está* en todas partes, sino que Dios *es* todo. Pablo A. Deiros, «Prefacio a la Edición Electrónica», *Diccionario Hispano-Americano de la misión* (Bellingham, WA: Logos Research Systems, 2006), «Panteismo».

[10] Harold Wood, «Modern Pantheisam as an Approach to Environmental Ethics», Universal Pantheist Society, acceso el 28 de abril de 2023, https://www.pantheist.net/environmental-ethics.html. (Traducción del autor).

La idea es que la naturaleza es un dios, y que nosotros sencillamente somos parte de ella. Por lo tanto, lo que debe hacer el ser humano es «recordar los vínculos inseparables entre nosotros y el planeta del que dependemos».[11] Es decir, los hombres somos únicamente una parte más de esa diosa Naturaleza. Esta es una idea religiosa (no científica) que bebe del «misticismo oriental, cristianismo celta y paganismo celta precristiano».[12] En otras palabras, es una religión, y no es nueva, precisamente.

Esta religión dice que la Tierra es un ser vivo, del que nosotros somos miembros, partes o, incluso, un virus que amenaza con destruirla. En la famosa película *Matrix*, el agente Smith, un programa informático, hace la siguiente consideración acerca de la humanidad:

> Me gustaría compartir una revelación que he tenido durante mi estancia aquí. Se produjo cuando intenté clasificar su especie. Me di cuenta de que en realidad ustedes no son mamíferos. Todos los mamíferos de este planeta desarrollan instintivamente un equilibrio natural con el entorno que lo rodea, pero ustedes, los humanos, no lo hacen. Se establecen en un área, y se multiplican y multiplican hasta consumir todos los recursos naturales. La única manera que tienen de sobrevivir es extendiéndose a otra área. Existe otro organismo en este planeta que sigue el mismo patrón: el virus. Los seres humanos son una enfermedad, un cáncer de este planeta. Ustedes son una plaga, y nosotros somos el tratamiento.[13]

De igual manera, el israelí Noah Harari, ideólogo iluminado de la «iglesia» de la Agenda Globalista y uno de los autores más leídos del mundo, dice que el hombre «es más como el dictador

---

[11] J. Porritt, *Seeing Green* (Basil, Blackwell, 1984), 19. (Traducción del autor).

[12] Steve Bishop, «Green Theology and deep ecology: New Age or new creation?», *Themelios*, acceso el 28 de abril de 2023, https://www.thegospelcoalition.org/themelios/article/green-theology-and-deep-ecology-new-age-or-new-creation/. (Traducción del autor).

[13] Lilly y Lana Wachowski, *The Matrix*. (Warner Bros Pictures, 1999).

de una república bananera».[14] La razón es que los hombres no tenemos grandeza y poderío para sustentar nuestra posición como reyes del planeta, sino que hemos evolucionado de una forma sorprendentemente rápida. Esto ha hecho que estemos «llenos de miedos y ansiedades acerca de nuestra posición, lo que nos hace doblemente crueles y peligrosos». Harari va más allá al afirmar que «muchas calamidades históricas, desde guerras mortíferas hasta catástrofes ecológicas, han sido consecuencia de este salto demasiado apresurado».[15]

Si nuestro planeta es un ser vivo, considerado la gran diosa, la Madre Tierra[16], Gaia[17] o la Pachamama,[18] y nosotros somos un virus que la estamos destruyendo, o piojos que nos desplazamos por su cabellera devastándolo todo a nuestro paso debido a nuestra insistencia en evolucionar demasiado rápido, entonces, para el bien de la naturaleza, debería, a la fuerza, destruirnos. Nosotros deberíamos ser erradicados igual que el virus de la gripe, por el bien del enfermo. En palabras del Club de Roma, un grupo elitista y globalista que se formó a mediados del siglo pasado, «La Tierra tiene un cáncer, y ese cáncer es el hombre».[19]

De hecho, podríamos pensar que la Madre Tierra, como diosa y ser vivo que supuestamente es, trataría activamente de deshacerse de

---

[14] Yuval Noah Harari, *Sapiens, De Animales a Dioses: Breve historia de la humanidad* (Barcelona: Editorial DEBATE, 2014), 24.

[15] *Ibid.*

[16] Como el mismo Papa Francisco llamó a la naturaleza. «El Papa: Madre Tierra nos implora detener los abusos y destrucción», Vatican News, acceso el 15 de mayo de 2023, https://www.vaticannews.va/es/papa/news/2022-09/papa-madre-tierra-nos-implora-detener-los-abusos-y-destruccion.html.

[17] Nombre derivado de Gea, que era la titánide madre del Planeta Tierra. Es uno de los nombres que se la da a la diosa que, teóricamente, es nuestro planeta.

[18] En la mitología inca, es la deidad que represente a la Madre Tierra hasta la actualidad. «Pachamama», Wikipedia, acceso el 12 de mayo de 2023, https://es.wikipedia.org/wiki/Pachamama.

[19] «El ecofascismo resumido en 10 citas célebres», Libertad Digital, acceso el 21 de septiembre de 2023, https://www.libertaddigital.com/ciencia/el-ecofascismo-resumido-en-10-citas-celebres-1276390915/1.html.

nosotros, sus piojos detestables. Esa es la interpretación de no pocos respecto a la pandemia de COVID que hemos padecido en los pasados años. La diosa naturaleza emitió una enfermedad terrible para eliminarnos y que la vida pudiera renacer. Paradójicamente, quien más debería rechazar esta idea es uno de sus mayores defensores. El Papa Francisco afirmó que «la pandemia de COVID-19 podría ser una respuesta de la naturaleza al cambio climático».[20] Resulta, cuanto menos extraño, que el supuesto vicario de Cristo, esté otorgando voluntad a la naturaleza, asemejándola a una diosa, posición claramente pagana y diametralmente opuesta a la enseñanza bíblica. La Biblia contradice precisamente esa idea al afirmar que las fuerzas naturales no son personas, mucho menos dioses, sino agentes pasivos creados por Dios y en Sus manos (Gn 1).

Como religión, tienen un cuerpo dogmático, que César Vidal enumera de la siguiente manera: uno, «...que vivimos un proceso de calentamiento global... que se percibe en el planeta». Dos, «...que ese calentamiento no ha existido jamás con anterioridad». Tres, «...que ese calentamiento es una consecuencia directa de la acción humana». Cuatro, «...que debe ser controlado porque, de lo contrario, las consecuencias catastróficas de ese calentamiento afectarán al planeta y a la vida humana y animal».[21] Además, tiene una serie de profetas a quienes seguir[22] e incluso una inquisición que se está extendiendo por los gobiernos planetarios para aplastar al disidente[23]. Esta religión, como cualquier otra, tiene también

---

[20] Delia Gallagher, «El papa dice que la pandemia de COVID-19 podría ser una "respuesta" de la naturaleza al cambio climático», CNN Español, acceso el 12 de mayo de 2023, https://cnnespanol.cnn.com/2020/04/08/el-papa-dice-que-la-pandemia-de-covid-19-podria-ser-una-respuesta-de-la-naturaleza-al-cambio-climatico/.

[21] César Vidal, *Un mundo que cambia: Patriotismo Frente a Agenda Globalista.* Nashville, (Nashville, TN: The Agustin Agency, 2020), 193-94.

[22] Profetas que, por cierto, vez tras vez han fallado en sus vaticinios apocalípticos climáticos. *Ibid*, 195-202.

[23] Tanto es así que el Papa Francisco decía hace un par de años que está pensando en imponer un «nuevo pecado», que es el «comportamiento antiecológico». Karina Mariani, «La nueva religión ecologista», *La Prensa*, acceso el 28 de abril de 2023, https://www.laprensa.com.ar/483531-La-nueva-religion-ecologista.note.aspx.

un infierno: el cambio climático; y un cielo: la imposición de la Agenda Globalista.[24] [25] [26]

Si te fijas, lo que propone esta agenda diabólica es una redefinición completa de los términos que Dios revela en Su Palabra. Redefine lo que significa ser humano, lo que significa la naturaleza y, por supuesto, lo que significa Dios. La Biblia define al ser humano como la imagen del Dios creador, como mayordomo y representante del buen Señor ante lo creado. La Biblia también define a Dios como alguien diferente a la naturaleza, es más, es su Creador. El hombre, siendo parte de la creación, ha sido diseñado como alguien que está por encima del resto del cosmos, porque Dios ha puesto Su imagen en él.

Al afirmar que la naturaleza *es* Dios, están cambiando «la verdad de Dios por la mentira», lo que los lleva inexorablemente a adorar y servir «a la criatura en lugar del Creador, que es bendito por los siglos. Amén» (Ro 1:25). Es decir, este ecologismo que padecemos, del que nos salpicamos y muchas veces creemos, es una forma de idolatría especialmente abominable que lo engloba todo. Es un atentado

---

[24] Vidal define la Agenda Globalista como un club elitista supranacional con los objetivos de: «acabar con las naciones como entidades independientes y soberanas y con las culturas sobre las que están basadas», «apoderarse de sus riquezas fáciles de saquear en la medida en que las naciones habrán pasado a ser meros protectorados», «imposición de una agenda anti familiar que permita reducir drásticamente la población y privar de defensas a los individuos» e iniciar «una ofensiva de primer orden contra el cristianismo para someterlo o aplastarlo en la medida en que presenta una escala de valores contraria a ese despotismo universal». Vidal, *Un mundo que cambia*, 131.

[25] El gran cuerpo doctrinal de la Agenda Globalista se encuentra en los famosos «Objetivos de desarrollo sostenible» de la ONU. «Objetivos de desarrollo sostenible», United Nations, acceso el 22 de julio de 2023, https://www.un.org/sustainabledevelopment/es/objetivos-de-desarrollo-sostenible/.

[26] Una de las muestras más clarificadoras de esta visión religiosa del ecologismo es la afirmación que hizo el exministro del gobierno de España con el Partido Popular y católico practicante, García Margallo, diciendo que «La Agenda 2030 es el evangelio». Aparte del tinte claramente blasfemo de la afirmación, expone a las claras el carácter religioso de la agenda globalista. «Margallo: "la agenda 2030 es el Evangelio"», eldiestro.tv, acceso el 9 de mayo de 2023, https://eldiestro.tv/video/margallo-la-agenda-2030-es-el-evangelio/.

contra Dios, contra Su santidad y Su creación. Es la adoración a la criatura por encima del Creador.

Pero también es una denigración del ser humano. Al considerar que sencillamente somos parte de la naturaleza como una especie más, se niega *de facto* cualquier valor intrínseco que tenga el ser humano, legitimando el asesinato de inmediato. Si no tenemos valor por el hecho de ser seres humanos, no tenemos valor en absoluto. Es más, nos convertimos en una especie animal con pretensiones divinas que, por el bien del mundo, debe desaparecer.

De hecho, según la lógica de esta ideología, los tan mencionados «Derechos Humanos» no tienen ningún sentido. ¿Por qué los humanos deberían tener derechos especiales, si solo somos una especie más? ¿No debería haber también una Declaración Universal de los Derechos Caninos? Harari lo dice con total claridad «No queremos oír que los derechos humanos sean asimismo un mito».[27] O, dicho de otra manera, tenemos los mismos derechos que un ciempiés o que una larva de mosca de la fruta: ninguno.

La tendencia es clara y ocurre siempre. En el momento en que dejamos aparte al Creador para servir a una criatura en Su lugar, comenzamos a servir a *algo*, en lugar de a *Alguien*.[28] El abandonar al Creador siempre conduce a menospreciar al hombre que ha sido creado a Su imagen. Si atacamos al que dio la imagen en primer lugar, estamos atacando al hombre que la porta, lo que lleva a una deshumanización lógica: el hombre deja de tener valor intrínseco y se convierte en un objeto a ser usado según nuestra propia agenda.[29] La misma lógica de la religión ecologista lleva a deshumanizar, oprimir, explotar y, finalmente, pretender exterminar al ser humano.

De hecho, como parte de la Agenda Globalista, está la meta clara de disminuir la población mundial en varios miles de millones de

---

[27] Harari, *Sapiens*, 129-30.

[28] Nancy Pearcey, *Finding Truth*, 99.

[29] No existe ninguna cosmovisión, aparte de la bíblica, que justifique adecuadamente el comportamiento altruista. La única manera de sostener que el ser humano tiene valor en sí mismo es incluyendo a Dios como el Creador y dador de Su imagen al hombre. *Ibid.*, 99-100.

personas mediante la esterilización masiva, el aborto, la eutanasia o la promoción de diferentes modelos anti familiares que son, esencialmente, estériles, como la homosexualidad.[30] El mensaje está claro, de la misma manera que un ser vivo debe eliminar cualquier virus que le asola si quiere sobrevivir, el ser humano debería desaparecer por el bien del planeta. Somos un virus para nuestro mundo y, como tal, debemos ser exterminados.

De forma clara, esta ideología va en contra de todo lo que Dios afirmó acerca del hombre en el principio. Contra la afirmación de la realidad biología creadora de que Dios nos hizo «varón y hembra» (Gn 1:27), se afirma la «ideología de género»,[31] contra el mandamiento de tener hijos y llenar la tierra (Gn 1:28), proponen esta idea malvada acerca de que debemos ser eliminados por el bien del planeta. Contra la orden de ejercer dominio sobre la creación (Gn 1:28), proponen que solo somos una especie dañina y con ningún derecho a transformar la tierra.

Querido lector, ¡esta pseudo religión es una mentira monstruosa! La Tierra no es ningún dios, al contrario, Dios es el Creador de la Tierra. Tú no eres un animal más, uno especialmente peligroso, tú eres la imagen del Dios del cielo. No te insultes a ti mismo ni ofendas a Dios creyendo esta tremenda paparrucha.

ERES HIJO DE DIOS

Como decíamos en el anterior capítulo, no merecemos el honor de ser imagen de Dios. Por nosotros mismos, solo merecemos Su ira

---

[30] Hablando solo del aborto, desde los años setenta, se han eliminado más de mil cuatrocientas millones de vidas humanas en todo el mundo. Vidal, *Un mundo que cambia*, 241-51.

[31] La ideología de género es una teoría que propone que «cada ser humano nace sexualmente neutral, y después es socializado como hombre o mujer, haciendo así una separación entre el concepto de sexo y género». Es decir, independientemente de lo que digan nuestros genitales o nuestra genética, nosotros podemos escoger ser de un género, de otro, de ninguno, o de todos a la vez. Martha Miranda-Novoa, «Diferencia entre la Perspectiva de Género y la Ideología de Género», *Díkaion* 21, n.º 2 (2012), 350.

derramada de forma inmisericorde sobre nuestras cabezas. Pero, gracias a Dios, no estamos hablando de lo que *merecemos*, sino de los que *somos*. Ahora, vamos a hablar acerca de otro paso más que Dios da en la manera en que nos ha honrado inmerecidamente.

El apóstol Juan afirmó que «Pero a todos los que le recibieron, les dio el derecho de llegar a ser hijos de Dios, *es decir*, a los que creen en su nombre» (Jn 1:12). ¡Imagínate! El mismo Dios que debería habernos eliminado, no solo no lo ha hecho, ¡sino que nos ha adoptado![32] No existe forma de sobredimensionar este honor.

Tu misma identidad ha sido transformada. Ahora, si has confiado en Cristo, *eres* un hijo de Dios, nada menos. Es cierto que no lo mereces. Es cierto que de ninguna manera podrías haberlo logrado por tus méritos, pero esa identidad ya es tuya por los merecimientos del Salvador. Es tuya y nadie podrá arrebatártela jamás. El mismo apóstol Juan recapacitaba años después acerca de esta tremenda realidad y gritaba: «Mirad cuán gran amor nos ha otorgado el Padre, para que seamos llamados hijos de Dios; y *eso somos*» (1 Jn 3:1, énfasis añadido).

Pablo también habla del cambio de identidad que hemos experimentado todos los que hemos creído en Jesús como salvador al afirmar:

> Porque todos los que son guiados por el Espíritu de Dios, los tales son hijos de Dios. Pues *no habéis recibido un espíritu de esclavitud para volver otra vez al temor*, sino que habéis recibido un espíritu de adopción como hijos, por el cual clamamos: ¡Abba, Padre! El Espíritu mismo da testimonio a nuestro espíritu de que somos hijos de Dios, y si hijos, también herederos; herederos de Dios y coherederos con Cristo, si en verdad padecemos con *Él* a fin de que también seamos glorificados con *Él*. (Ro 8:14-17, énfasis añadido)

[32] La Biblia en ningún lugar afirma que Dios sea Padre de todos, ni que todos seamos Sus hijos. Es verdad que todos somos Sus criaturas, creados conforme a Su imagen, con el valor y la responsabilidad que deriva de ello, pero la adopción es un privilegio y un honor reservado únicamente a los que han puesto su confianza en los méritos de Jesús. Ninguna otra persona podrá jamás poseer esta identidad, ni ninguno de los demás privilegios asociados a la salvación tal y como la Palabra de Dios la expresa.

ERES SANTO

En clara asociación con la realidad de ser hijos de Dios, la Biblia también afirma que, todos los que han decidido confiar en Jesús, *son* santos. Cuando Pablo escribe a la iglesia en la ciudad de Corinto, los saluda aludiendo «a los santificados en Cristo Jesús, llamados a *ser* santos» (1 Co 1:2). Pablo les habla acerca de cuál es su identidad, la de «santificados». También les habla de cuál debería ser su manera de vivir en base a esa identidad, es decir, «llamados a ser santos».

Quizá pienses que Pablo llama «santos» a los corintios porque ellos eran personas especialmente piadosas. Esa no es, para nada, la verdad. De hecho, el motivo por el que Pablo escribió esa carta es la realidad absolutamente opuesta: los corintios eran un auténtico desastre. La iglesia estaba cargada de problemas de divisiones (1 Co 1:10-4:21), estaban enorgulleciéndose de tolerar un escandaloso problema de incesto dentro de la iglesia (1 Co 5:1-13), se denunciaban unos a otros ante los jueces de la ciudad (1 Co 6:1-11) y excusaban la inmoralidad sexual más flagrante (1 Co 6:12-20), entre otras lindezas. No sé cómo te imaginarás que será una iglesia llena de gente santa, pero, cuando yo pienso en una iglesia así, no me viene a la mente precisamente la iglesia de Corinto. Aun así, Pablo los llama «santos». ¿Cómo es esto posible?

Muy sencillo, todo creyente es santo por la misma razón que es hijo de Dios, porque *esa es su identidad*. No hablamos de acciones, hablamos de quiénes son. Quizá no lo parezca en un principio, quizá no esté, en un momento dado, viviendo como alguien que es santo, pero su identidad no depende de todas esas cosas, de la misma forma que mi identidad como hombre no cambia, aunque me disfrace de bailarina de flamenco. Un águila puede comer de un comedero de gallinas y empollar sus huevos en un gallinero, en lugar de cazar alimañas y empollar sus huevos en un nido colgado de un barranco, pero eso no la convierte en gallina. Su identidad sigue siendo de águila, aunque no la esté viviendo adecuadamente.

En otra ocasión, Pablo dice a los cristianos en Éfeso: «Así pues, ya no sois extraños ni extranjeros, sino que *sois* conciudadanos de los santos y *sois* de la familia de Dios» (Ef 2:19, énfasis añadido). Al confiar en Cristo, todo cambia. Pasamos de ser «hijos de la ira» (Ef 2:3) a ser hijos de Dios. Pasamos de ser pecadores a ser santos.

Hablando a los mismos corintios que decíamos que eran un mal ejemplo en muchos sentidos, Pablo les recuerda cómo son las personas que no «heredarán el reino de los cielos», y dice que son «inmorales», «idólatras», «adúlteros», «afeminados», «homosexuales», «ladrones», «avaros», «borrachos» y «difamadores», es decir, pecadores (1 Co 6:9-10). A continuación, les dice: «Y eso *erais* algunos de vosotros; pero fuisteis lavados, pero fuisteis santificados, pero fuisteis justificados en el nombre del Señor Jesucristo y en el Espíritu de nuestro Dios» (1 Co 6:11, énfasis añadido). La sangre de Cristo no solo nos ha librado de las consecuencias de nuestro pecado (el infierno eterno), además, ha cambiado nuestra propia naturaleza.

Esto es algo que constantemente debemos recordar. Muchas veces, nos enfocamos en lo pecadores que somos, y los predicadores somos especialmente culpables de esto. Quiero preguntarte: ¿*eres* pecador? Bueno, la realidad es que seguimos pecando; aún hay rastro del pecado en nosotros, y esa es una batalla que lucharemos hasta que muramos (Ro 7:15-25). Debemos aferrarnos a Cristo y continuar en esta guerra contra nuestro antiguo «yo», el pecador empedernido. Pero nuestra identidad ha cambiado también en este sentido. Somos nuevas criaturas en Cristo, «las cosas viejas pasaron; he aquí, son hechas nuevas» (2 Co 5:17). A lo que voy: tu identidad ha cambiado, ahora no eres pecador, ¡ahora *eres* santo! Eso importa mucho, porque nos asemeja a nuestro Padre.

De las muchas veces que se habla de pecadores en el Nuevo Testamento, esta palabra nunca se usa para hablar de personas que han sido salvadas por Cristo, aunque hayan pecado.[33] Los hijos de Dios no somos pecadores. El Señor jamás aceptaría a un pecador

[33] Una búsqueda en la concordancia Strong revela las 47 ocasiones en que encontramos la palabra «pecador» en el Nuevo Testamento en griego. Ninguna de ellas habla de un creyente en Cristo que ha pecado. Biblehub, acceso el 19 de junio de 2023, https://biblehub.com/greek/strongs_268.htm.

como hijo suyo. Sé que es sorprendente leer tal cosa, pero es la realidad bíblica. Pablo dice «Porque así como por la desobediencia de un hombre los muchos fueron constituidos pecadores, así también por la obediencia de uno los muchos serán constituidos justos» (Ro 5:19). No es en base a nuestros méritos, sino en base a la obediencia de Cristo. Aunque sigamos luchando contra nuestro pecado, aunque no hayamos sido totalmente perfeccionados aún, ya no somos los mismos. Quiero repetírtelo para que te lo creas: si has puesto tu fe en Cristo, no eres pecador, ahora eres santo en Él.

¿Recuerdas que decíamos que Dios usa un lenguaje familiar cuando crea al hombre? Al entrar a formar parte de Su familia, se cumple una de las grandes metas que Dios tenía para el ser humano desde el principio. Ahora podemos llegar a ser Sus hijos, con todos los derechos, el honor y la responsabilidad de vivir esa maravillosa identidad.

Mis hijos muchas veces no se comportan como deberían. De hecho, el ser hijos del pastor solo les pone las cosas más difíciles y aumenta las expectativas de los demás sobre ellos. Sin embargo, el que no se comporten siempre como deberían no cambia el hecho de que sigan siendo mis hijos. Una cosa no tiene nada que ver con la otra. Ellos no tienen la presión de comportarse bien para no perder su identidad como mis hijos. Ellos son mis pequeños, mis amores. Su valor e identidad no dependen de nada de lo que hagan. De hecho, la situación es exactamente la opuesta: como son mis hijos, pueden comportarse como tales. Su comportamiento no define su identidad; es una consecuencia de ella.

Si has tomado la decisión de confiar en Jesús como tu salvador, *eres* hijo de Dios (Jn 1:12) y, como tal, *eres* santo. Esa es tu identidad. Aunque sigas luchando contra el pecado, ya *no eres un pecador*. Ahora eres santo porque eres hijo del Santo. No necesitas demostrar tu santidad para llegar a ser hijo de Dios. No eres basura, aunque te lo grite el mundo. No eres un gusano, aunque te lo diga el mismo pastor. Eres imagen de Dios, eres hijo de Dios y eres santo. Tu valor es tan grande que Cristo pagó el precio más alto por ti: Su propia sangre (1 P 1:18-19). Tienes un valor infinito, y todo se lo debes a Él.

VIVE TU IDENTIDAD

¿Significa esto que no importa cómo nos comportemos? ¿Es que nuestros actos no tienen nada que ver con nuestra salvación? Esta es una de las razones por las que solemos imponer más requisitos a la salvación: nos parece que demasiado fácil, que el Evangelio es demasiado accesible. Cabe señalar que esta objeción fue anticipada por Pablo en Romanos 6:1: «¿Qué diremos, entonces? ¿Continuaremos en pecado para que la gracia abunde?».

La respuesta de Pablo es sumamente enfática: «¡De ningún modo!» (Ro 6:2). Si al afirmar que nuestra identidad como hijos de Dios depende únicamente de Cristo llegamos a la conclusión de que podemos seguir viviendo como queramos, es señal de que no hemos comprendido nada acerca de esa realidad. De hecho, esto revela que no hemos entendido nada del evangelio de Jesucristo. Si nuestro concepto de gracia disminuye la magnitud del pecado, es porque no hemos comprendido lo que es el pecado ni lo que es la gracia.

Pablo, en este mismo texto, lo pone muy claro: debemos comprender que «nuestro viejo hombre fue crucificado con *Él*, para que nuestro cuerpo de pecado fuera destruido, a fin de que ya no seamos esclavos del pecado; porque el que ha muerto, ha sido libertado del pecado» (Ro 6:6-7). Si hemos puesto nuestra confianza en Jesús, entonces nuestra identidad está adherida a Él, no solo en el destino eterno, sino también en la realidad presente. Es decir, el confiar en Cristo, no solo evita que vayamos al infierno, sino que nos sitúa en la cruz junto a Él (donde nuestro «viejo yo» muere), y en la tumba vacía a Su lado (donde nuestro «nuevo yo» vive). Jesús no solo cambia nuestro destino, también cambia nuestra identidad.

El cambio de identidad que Dios ha logrado para nosotros en Cristo no solo implica un valor y honor enormes a nuestro favor, sino una serie de transformaciones en la manera en que vivimos. En otras palabras, la nueva identidad no solo se *posee*, también se *vive*. Antes éramos esclavos al pecado, ahora somos libres de esas cadenas que nos ataban. Aferrados a Cristo, que ha destruido nuestro pecado y nuestra esclavitud, ahora podemos y debemos vencer nuestros vicios, nuestras tendencias malignas y nuestro pecado.[34] En palabras de Jesús: «Así que, si el Hijo os hace libres, seréis verdaderamente libres» (Jn 8:36).

Esa es la razón por la que Pedro exhorta a los creyentes animándolos a que sean «santos en toda *vuestra* manera de vivir; porque escrito está: SED SANTOS PORQUE YO SOY SANTO» (1 P 1:15-16). Ahora que nuestro Padre es el Dios santo, nuestra nueva identidad se fundamenta en Su santidad y debe reflejarla. Sin embargo, esto no es un mandamiento imposible de cumplir, sino una consecuencia lógica de nuestra nueva naturaleza, de nuestra nueva identidad. Reflejar la santidad de nuestro Padre es la prueba más clara de que somos Sus hijos. Del mismo modo que mis hijos se parecen a mí, como es natural, nosotros deberíamos parecernos a nuestro Padre, pues así es como debería ser.

Por consiguiente, lejos de no tener relación con la salvación, nuestra conducta ética y nuestras buenas obras emanan necesaria y directamente de ella. Muchas veces, confundimos la ecuación. La situación no es que necesitemos buenas obras alcanzar la salvación, no. Nuestra salvación ya ha sido obtenida por nuestro Señor Jesucristo en la cruz del Calvario y descansa firmemente en Su mérito a nuestro favor. Nada hay que podamos hacer para ganarla, y desde luego, nada que podamos hacer para perderla. Sin embargo, esa salvación se evidencia a través de obras que, necesariamente, deben fluir de una vida cuya identidad ha sido transformada (Stg 2:14-26), pasando de ser hijos del diablo (Jn 8:44) a hijos del Dios santo. Es decir, quizá no sea un proceso rápido, tal vez haya caídas y altibajos, quizá otros más jóvenes espiritualmente que nosotros maduren antes que nosotros, pero debemos

[34] El primer verbo en modo imperativo empleado por Pablo en toda la epístola de Romanos, lo encontramos en este capítulo, cuando dice: «*consideraos* muertos para el pecado, pero vivos para Dios en Cristo Jesús» (Ro 6:11, énfasis mío). Es decir, hasta ese momento, Pablo se había limitado a exponer el problema que Dios tenía consigo mismo en cuanto al amor y al odio que nos tenía, y cómo lo ha resuelto en Cristo. No había dicho que sus lectores deberían hacer nada al respecto. Lo primero que dice que deberían hacer sus lectores con toda la información acerca del Evangelio que ha presentado es creerlo y vivirlo. La comprensión de nuestra nueva identidad («muertos para el pecado» y «vivos para Dios») debe impactar de forma práctica nuestra vida.

estar pareciéndonos cada vez más a nuestro Padre, si es que somos Sus hijos. Nuestras buenas obras son una parte esencial de la salvación, pero no como una causa, sino como una consecuencia lógica.

Porta el nombre

En el Antiguo Testamento encontramos información muy interesante sobre la profundidad de lo que significa ser apartado por Dios, es decir, ser santo. El segundo de los diez mandamientos dice así: «No *tomarás* el nombre del SEÑOR tu Dios en vano» (Éx 20:7, énfasis añadido). Normalmente entendemos este mandamiento como una advertencia de no pronunciar la palabra «dios» de cualquier manera, como cuando alguien estornuda o expresamos nuestra frustración con malas palabras. Dudo mucho que el mandamiento se refiera a eso. En realidad, existe otra interpretación legítima de este verbo, que también podemos percibir, en cierto sentido, en español: podríamos traducirlo como «portar» o «llevar». Así, la traducción sería algo como: «No portarás el nombre del Señor tu Dios de cualquier manera o a la ligera». (Traducción del autor).

Para comprender mejor qué significa este concepto, podemos ver que, en la antigüedad, una de las formas de asegurar la calidad del contenido de una tinaja era al sellándola con un anillo, imponiendo la marca o el nombre de la persona que certificaba su procedencia.[35] Es decir, se usaba algo así como un sello de calidad o una garantía de pureza del producto que contenía. De este modo, todo el mundo podría saber que, al llevar ese sello, el vino o el aceite que había dentro tendría una calidad apropiada, porque el dueño ponía su sello como garantía. Si alguien conocía al productor y sabía que era una persona seria y que hacía bien su trabajo, confiaría en «su marca» y compraría sus productos.

Dios tomó a los israelitas de Egipto y se propuso liberarlos de la esclavitud y hacer de ellos Su «especial tesoro entre todos los pueblos…, un reino de sacerdotes y una nación santa» (Éx 19:5-6). Esta

[35] Carmen Joy Imes, *Portadores de su Nombre* (Salem, OR: Publicaciones Kerigma, 2022).

nueva identidad de Israel significaba que ahora ellos representaban a Dios delante del resto de las naciones. Fueron apartados como nación para servir como sacerdotes, es decir, representantes de Dios ante la humanidad.

Así, llegamos a la revelación de los Diez Mandamientos. Dios afirma en el primer mandamiento que Él es quien los ha sacado de Egipto, así que no deberían tener a otros dioses ni adorarlos (Éx 20:1-6). Es decir, debían adorar solo al Dios verdadero. Hecho esto, el segundo mandamiento asegura que ese Dios único al que deben adorar ha puesto Su nombre en ellos, como un sello de garantía de calidad, así que deben representarlo adecuadamente. Los israelitas deberían vivir sus vidas, en todos los aspectos, como dignos representantes del Dios de dioses, ante todas las naciones que los rodeaban. La doctora Imes señala: «El resto de los diez mandamientos emanan de la fórmula del Pacto establecida por los dos primeros mandamientos, dando forma a cómo debe articularse la fidelidad al Pacto en cada área de la vida: trabajo, familia, conflicto, matrimonio, propiedad y reputación».[36] Cada esfera de la vida de los israelitas era un lugar donde honrar al sello de garantía divino del que habla el segundo mandamiento.

Como hemos podido demostrar, la realidad bíblica no tiene nada que ver con esa paparrucha de que «eres basura». Desde el principio, Dios ha dejado claro que el valor del ser humano es enorme, infinito. Pero esto no termina ahí; a pesar del pecado humano, Dios nos ha redimido, haciéndonos hijos Suyos, con todos los derechos y, desde luego, todo el valor de ser hijos del Señor. Esta es una realidad que no depende de nuestras acciones, sino que constituye la identidad de todos los que hemos puesto nuestra confianza en Él. Además, este valor no solo es algo que debemos recordar, sino también vivir. Él nos llama a vivir como hijos del Rey, como santos; es decir, nuestra forma de vivir debe ser «de una manera digna de la vocación con que habéis sido llamados» (Ef 4:1).

---

[36] *Ibid.*, 52. (Traducción del autor).

CAPÍTULO 5

SOLO SOMOS DIOS Y YO

◆ *Individualismo eclesiástico*

A mí me gusta Jesús, de verdad que me gusta. De hecho, creo en él. Lo que no me gusta es el cristianismo. Es decir, no me gusta *la iglesia*. Me explico, yo soy cristiano, leo mi Biblia y tengo una buena relación con Dios, pero no me gusta la iglesia en el sentido institucional.

A fin de cuentas, la iglesia es un invento humano, es una institución creada por el hombre para controlar a las personas. Las iglesias no dejan de ser herramientas de poder y de influencia, como cualquier otra institución. No me gusta que alguien me esté presionando e influyendo, y menos en términos espirituales. Según la Biblia, nadie debería entrometerse en mi relación con Dios.

Varias veces he intentado asistir a una iglesia. He recorrido todas las que están en mi ciudad, pero nunca he encontrado una iglesia que me diera lo que estaba buscando o que estuviera organizada de la manera que a mí me gustaría. Siempre veía algo que no me gustaba, y no tenía paz en el corazón. Así que he optado por vivir mi fe a mi manera. Me gusta vivir así, con una fe sencilla que sea realmente mía.

Después de todo, ¿acaso tengo que ir a una iglesia para ser cristiano? ¡Por supuesto que no! Una cosa no tiene nada que ver con la otra. La iglesia no tiene nada que ver con mi cristianismo. De la misma manera en que las iglesias están repletas de personas que no tienen una fe genuina en Cristo, yo vivo mi fe de manera sencilla en Dios, sin necesidad de una iglesia. Leo mi Biblia y creo en la sana doctrina, y esa realidad no desaparecerá por el hecho de no estar presente en un lugar específico los domingos por la mañana. Lo que Jesús hizo por mí no dejará de tener efecto si no me siento en una silla de iglesia al menos durante cincuenta domingos al año.

No, solo somos Dios y yo, en eso se basa mi fe, en eso se basa mi cristianismo. Mi diosito es suficiente para mí, y no necesito hermanos que traicionen mi confianza, me juzguen por mis fracasos o me interroguen cada domingo. No necesito fingir que estoy bien cuando no tengo un buen día para que no piensen que soy un desastre. No necesito dar explicaciones acerca de mis problemas matrimoniales a un pastor entrometido cuya opinión me importa un comino. No necesito tener que escuchar los problemas de los demás, ya tengo suficiente con los míos. No, yo no necesito a la iglesia, yo ya tengo a Dios.

¡¡Paparruchas!!

Estoy convencido de que conoces a alguien que, si no dice, piensa todas estas cosas con las que hemos empezado el capítulo; quizá tú mismo lo pienses. Ver la iglesia como un extra innecesario para el cristianismo es una de las tendencias en la actualidad, más aún con las redes sociales, los cultos online y la posibilidad de tener una experiencia cuasi eclesial a través de una pantalla, desde el sofá de tu casa. Desde luego, el confinamiento por el COVID y la obligatoriedad, durante algún tiempo, de tener las reuniones de las iglesias por internet no ha ayudado. Esta es, en fin, la mentira que creemos, ahora vamos a echar un vistazo a la verdad que ignoramos.

LA IGLESIA

Cipriano, obispo de Cartago durante el siglo III y uno de los padres de la iglesia, afirmó que no hay salvación fuera de la iglesia.[1]

[1] Cipriano de Cartago, *De Catholicae Ecclesiae Unitate et de lapsis*, trad. por Juan Suárez (Sevilla: Apostolado Mariano, 1991), 29-30.

¿Tiene razón al hacer tal afirmación? ¿Es posible la salvación fuera de la Iglesia?

La respuesta bien podría ser esta: depende. Depende de lo que consideres como «iglesia». En la Biblia, podemos encontrar, en resumidas cuentas, dos definiciones de la palabra «iglesia». Por una parte, Pablo habla de la iglesia como «el cuerpo de Cristo» (Ef 1:23; 4:12), «el edificio de Dios» (1 Co 3:9), «la novia de Cristo» (2 Co 11:2) y Pedro dice que es real sacerdocio y pueblo adquirido por Dios (1 P 2:9). ¿Cuál es esta iglesia? Esa iglesia es lo que conocemos como la Iglesia universal o católica,[2] es decir, la unión de todos los seguidores de Jesús, desde el momento en que nació la iglesia (Hch 2), hasta el día del regreso de Cristo (1 Ts 4:15-17). Por su misma naturaleza, la Iglesia universal es invisible; no se puede reunir en un solo lugar, al menos no en esta vida terrenal. Existen hermanos que viven en lugares donde está prohibido reunirse, por lo que no pueden acudir a un centro de culto, pero siguen siendo parte de la iglesia, ya que son seguidores de Jesús y forman parte de la Iglesia universal.

Por otra parte, la Biblia habla de la iglesia local (Ro 16:5) y, en algunos casos, regional (Gá 1:2). La iglesia que tengo el honor de pastorear en Alcalá de Henares es una iglesia local, con un lugar específico donde nos reunimos y un grupo de personas identificables que asisten a nuestros encuentros. En un sentido muy cierto, la iglesia local es la manera en que la Iglesia universal e invisible se hace visible.

Cuando hablamos de la iglesia local no hablamos del local de la iglesia. Es decir, no hablo de un edificio, sino de una comunidad de hermanos en Cristo. No es un lugar, es una familia.

¿Puede haber salvación fuera de la Iglesia universal? La respuesta es un rotundo «no». Pablo deja claro que, en el momento en que alguien cree en Jesús, el Espíritu Santo lo bautiza —o identifica— con el cuerpo de Cristo, es decir, con la Iglesia (1 Co 12:13), junto con todos los creyentes en Jesús a lo largo de la historia. En otras palabras,

---

[2] El término católico significa, sencillamente, universal. Es decir, no es un término exclusivo de los seguidores del Papa de Roma, sino que es el término dado a la suma de los cristianos auténticos en cualquier lugar y tiempo.

no hay salvación fuera de la Iglesia universal, por la sencilla razón de que la Iglesia universal es la unión de los que han sido salvos.

Ahora bien, ¿puede haber salvación fuera de la Iglesia Evangélica Bautista de Alcalá de Henares, es decir, mi iglesia? Esa es una pregunta ridícula. ¡Por supuesto que sí! De hecho, hasta hace unos pocos años, esa iglesia no existía, y aun así había salvos. Además, en la actualidad, la inmensa mayoría de los salvos no son miembros de esa iglesia. Entonces, si la asistencia o la membresía en la iglesia local no es necesaria para la salvación del alma de ningún hombre ¿por qué debería alguien asistir a una iglesia local?

La iglesia como identidad

Si hubo alguien que criticó a quienes anteponían los rituales religiosos y las apariencias hipócritas a la verdadera espiritualidad, ese fue Jesús. Si alguien se opuso a quienes exigían acudir al lugar de culto como lo más importante del mundo, pasando por encima del amor al prójimo y la obediencia a Dios, ese fue Cristo. En su tiempo, los fariseos ponían todo el énfasis posible en que lo más importante en cuanto a la religión judía era que se celebrara el día de reposo correctamente. Frente a esto, Jesús siempre se mostró beligerante y dirigió sus más poderosos ataques dialécticos contra esta visión religiosa (Mt 12:1-14). Aun así, Jesús siempre estaba allí, en la sinagoga o en el templo, cada sábado, sin falta.

Si hubo alguien que podría haber vivido su vida espiritual sin ir al templo, ni necesitar de los otros, ese fue Jesús. Él era el Verbo de Dios, lleno de gracia y de verdad (Jn 1:1, 14). Aun así, no faltaba a las reuniones junto a los demás judíos. Siempre estaba allí.

El que menos necesitaba la exhortación de la correcta predicación de la Palabra de Dios estaba allí para escucharla. La Palabra encarnada de Dios se humillaba al oír a otros interpretar, muchas veces de manera errónea, la Palabra escrita. Sin embargo, eso no le impedía seguir reuniéndose.

Así pues, ¿por qué participaba Jesús en la comunidad de fe? ¿Qué necesidad tenía de vivir su confianza en Su Padre en compañía de otros? Podemos debatir en qué sentido específico lo necesitaba, pero el hecho es que el Señor no vivió su vida espiritual en aislamiento, y tampoco espera que nosotros lo hagamos. No quiere que seamos cristianos individualistas por la sencilla razón de que Él no nos ha creado para que lo seamos. Es decir, en un sentido muy cierto, la iglesia local forma parte de quiénes somos.

Los cristianos creemos, por la revelación bíblica, en que Dios es uno (Dt 6:4), pero coexiste eternamente en tres personas, iguales en dignidad y honor, pero diferentes en función y acción (Mt 3:16-17; 28:19; 2 Co 13:14). Eso es lo que llamamos la Trinidad. Es decir, creemos que Dios es una comunidad de personas diferentes, unida eterna y esencialmente por el profundo e inquebrantable vínculo del amor. Dios no es un ser solitario; nunca lo ha sido y nunca lo será.

Cuando Dios crea al ser humano, le dice: «no es bueno que el hombre esté solo» (Gn 2:18). Puedo imaginar a Adán reprochando a Dios y diciéndole: «pero Señor, no estoy solo, te tengo a ti. Estamos los dos juntos, y no necesito nada más que a Dios en mi vida para ser feliz». No sé si Adán le diría algo así, pero sí sé que Dios no dejó lugar a dudas, el hombre, aunque tuviera a Dios, *estaba solo*. Él cerró la puerta a la paparrucha de «solo somos Dios y yo» desde el primer momento de la historia de la humanidad. El mismo relato de la creación del hombre desmiente el individualismo eclesial.

¿Por qué Dios diría a Adán que estaba solo cuando lo tenía a Él? La respuesta es algo que quizá te llame la atención, pero que es rigurosamente cierto. Desde el principio, debes entender esto: Dios no tiene ninguna intención de tener una relación *privada* contigo. Él desea tener una relación *personal* contigo, pero no quiere que se convierta en una relación privada.[3] Hemos sido diseñados para necesitar a otros a nuestro alrededor. No somos llaneros solitarios.

Es totalmente cierto que la Biblia no pone la asistencia a una iglesia como requisito para la salvación, mucho menos la membresía oficial a alguna iglesia que forme parte de determinada denominación. La salvación descansa única y firmemente en las obras y el sacrificio

[3] Bobby Jamieson, *Going Public* (Nashville, TN: B&H Academic, 2015), 34.

de Cristo a nuestro favor, se recibe únicamente por la fe, nada más y nada menos (Jn 3:16). Pero la Biblia sí que dice que debemos reunirnos con otros hermanos en el contexto de la iglesia local. El autor de Hebreos dice que, como tenemos «un gran sumo sacerdote sobre la casa de Dios», y viendo «que el día (de Su regreso) se acerca», no debemos dejar «de congregarnos, como algunos tienen por costumbre» (He 10:21, 25). Fíjate que esta exhortación a congregarnos constantemente en una iglesia local parte de la realidad de que Jesús es nuestro sumo sacerdote y de que Él va a volver pronto. Es decir, no es una ocurrencia, o un consejito para algunos especialmente débiles que lo necesitan. Es una orden ejecutiva con una base que difícilmente puede ser más profunda, Cristo está al mando, intercediendo a nuestro favor y, de hecho, está regresando.

El reunirnos en la iglesia local no es una ocurrencia de los pastores, ni una evolución histórica que surgió de la necesidad de apoyo durante la persecución a los cristianos en época del Imperio romano. La iglesia no es un invento humano, es un diseño divino. La iglesia tiene todo que ver con quiénes somos y con qué necesitamos. Nuestro Creador sabe perfectamente que, para reflejar a un Dios personal que ama relacionarse con otros, necesitamos a otros hermanos con quiénes relacionarnos. Nuestro mismo ADN demanda pertenecer *físicamente* al pueblo de Dios. Nuestro mismo ADN demanda que nos congreguemos en una iglesia local.

Si nos fijamos en la historia de la redención relatada en la Biblia, veremos que Dios siempre ha actuado en medio y en base a una comunidad del pueblo de Dios. En los libros de Moisés, podemos contemplar que Dios buscaba librar al pueblo de Israel como la comunidad del Pacto, el pueblo con los que Él se había comprometido (Dt 29:9-28). Él trató con ellos, con bendiciones y maldiciones, conforme a lo que había pactado por medio de Moisés en Sinaí (Dt 28).

Cuando llegamos al Nuevo Testamento, Jesús envió al Espíritu Santo en el día de Pentecostés para formar la comunidad de la iglesia (Hch 2). Hoy en día, esto es lo que sigue haciendo con cada persona que confía en Cristo: envía a Su Espíritu para que more dentro de él y que comience a formar parte de Su Iglesia (1 Co 12:13).[4] El confiar en Cristo como nuestro salvador no solo trae salvación a nuestras almas, que lo hace, sino que también nos integra en la comunidad de la Iglesia universal, como hablábamos anteriormente. Hemos sido llamados a integrarnos en la comunidad, a estar mano a mano con otros discípulos Suyos. No podemos seguir adecuadamente a Jesús alejados de nuestros hermanos.

Dios no envió a Jesús para salvar y adoptar a hijos individuales, lo hizo para crear una familia integrada. Vino a edificar un cuerpo «...ajustado y unido por la cohesión que las coyunturas proveen, conforme al funcionamiento adecuado de cada miembro» para que así crezca «el cuerpo para su propia edificación en amor» (Ef 4:16). La misma esencia del cristiano debería rechazar esta paparrucha.

Es cierto que el Espíritu Santo nos integra en la Iglesia universal, no en la local. Pero decíamos que la Iglesia universal es, por naturaleza, invisible. No se reúne en ningún sitio, así que no es posible tener relación con esta iglesia, no al menos, hasta que Cristo vuelva. Pero sí hay una forma en que la iglesia invisible se hace visible, y esa es la iglesia local. En otras palabras, el lugar donde podemos tener una relación de amor entre diferentes personas, demostrando que somos imagen de Dios, es la iglesia local. Si hay un lugar donde podemos seguir el ejemplo de Jesús al rodearse de una comunidad de fe, ese lugar es la iglesia local.

La iglesia como lugar de crecimiento

Las personas que no quieren asistir a ninguna iglesia se hacen la siguiente pregunta: ¿puedo ser cristiano sin asistir a una iglesia local? Esa pregunta está mal planteada a propósito para obtener la respuesta que se desea. Es verdad, no es necesario estar de cuerpo

---

[4] La postura del autor es que el bautismo del Espíritu Santo del que habla Pablo en 1 Corintios 12:13 es la inclusión que el Espíritu Santo hace del que acepta el regalo de la salvación en el cuerpo de Cristo. Es decir, la tercera persona de la Trinidad toma al nuevo creyente y lo identifica con Jesús en Su muerte y resurrección (Ro 6:3-11), pasando a formar parte así de la Iglesia.

presente en una iglesia local para ser cristiano, pero ese no es el meollo del asunto.

¿Podría adorar a Dios desde el sofá de mi casa? Claro que sí, Jesús enseñó que los verdaderos adoradores, lo hacen «en espíritu y en verdad» (Jn 4:23). Es decir, no en un lugar específico, sino en un espíritu específico o en una intención del corazón específica. ¿Puedo, en lugar de asistir a una iglesia, pasar el domingo por la mañana dando un paseo por el campo en bicicleta? ¿Puedo estar adorando a Dios jugando videojuegos, mientras elimino marcianitos que vienen a conquistar la Tierra? La verdad es que, teóricamente, podrías estar adorando a Dios mientras haces casi cualquier otra cosa. De hecho, es algo que debemos hacer. Adorar a Dios es más una actitud que una acción puntual.

Ahora bien, la pregunta adecuada, y la que deberíamos hacernos, no es si *podemos* ser cristianos sin ir a la iglesia, o si *podemos* adorar el domingo desde el sofá de casa. La pregunta que deberíamos hacernos es: ¿esta es *la mejor manera* de vivir mi cristianismo? ¿Es la forma en la que Dios quiere que sea cristiano? Para reformular la pregunta: ¿es la soledad la mejor manera de reflejar a mi Salvador y Señor en el mundo? La respuesta, según la Biblia, es un rotundo y sonoro «¡no!».

Entiéndeme, no estoy diciendo que debamos asistir a cualquier iglesia. Sé que existen «iglesias» que no son iglesias propiamente dichas, porque el mensaje que predican, así como su corazón y prácticas, están en rebeldía contra lo que dice la Palabra de Dios. Pablo advierte al respecto, diciendo: «con ese, ni siquiera comáis» (1 Co 5:11). Si encuentras una «iglesia» en la que hay algo, lo que sea, que es más importante que Cristo y Su Palabra, mantente alejado de ella.

Sin embargo, esto no debe ser una excusa para no asistir a ninguna iglesia o para ir de una iglesia a otra como quien va de tiendas. En su famosa obra, *Cartas del diablo a su sobrino*, C. S. Lewis, pone en boca del demonio Orugario este consejo para su sobrino: «si a un hombre no se puede curar de la manía de ir a la iglesia, lo mejor que se puede hacer es enviarle a recorrer todo el barrio, en busca de la iglesia que «le va», hasta que se convierta en un catador o *connoisseur* de iglesias».[5] Es decir, el recorrer iglesias sin comprometerte con ninguna, solo para ver cuál te satisface, demuestra nuestra tendencia egoísta de buscar un sitio donde me den, en lugar de un lugar donde comprometerme y darme a mí mismo. Un recorredor de iglesias, sin interés en integrarse en ningún sitio, es un parásito espiritual que quiere saciarse de otros, sin que nadie le pida nada, sin que nadie le cuestione sus intenciones, acciones o motivaciones. Ese es un «cristiano» que no quiere responsabilidades, que no quiere rendir cuentas, que no quiere crecer. Eso es lo opuesto a lo que Dios quiere para un hijo Suyo. Cristo no creó la iglesia para eso.

La iglesia no es un aditivo a nuestra vida cristiana, ni algo que estaría bien tener, si es que encuentro la iglesia perfecta (es decir, la que me satisfaga). La iglesia es el lugar donde podemos crecer, donde nos desarrollamos. No es un extra, es una necesidad vital. Necesitamos estar involucrados en una buena iglesia local para llegar a ser quienes Dios quiere que seamos. No debemos buscar un lugar que *me dé*, sino un lugar donde pueda *darme*.

El apóstol Juan dice que «Si nos amamos unos a otros, Dios permanece en nosotros y su amor se perfecciona en nosotros» (1 Jn 4:12). Todos queremos que Dios permanezca en nosotros. Todos queremos que Su amor se perfeccione en nosotros. ¿Cómo dice el apóstol Juan que ocurre esto? Fácil, amándonos unos a otros. Pero, ¿dónde podemos amarnos unos a otros? ¡En la iglesia local! Si no estamos integrados en un grupo de creyentes a los que poder amar, no podremos cumplir la condición que Juan da para que Dios permanezca en nosotros y que Su amor se perfecciones en nosotros. El contexto adecuado y necesario para amar a los hermanos, y así permitir que el amor divino permanezca y se perfeccione en nosotros, es la iglesia local.

De la misma forma, el autor de Hebreos dice: «exhortaos unos a otros cada día» (He 3:13). De nuevo, ¿dónde podemos hacer esto? ¿Es Facebook el contexto adecuado y natural para exhortarnos unos a otros? Desde luego, en las redes sociales podemos exhortar *de cierta*

[5] C S Lewis, *Cartas del diablo a su sobrino* (epublibre, 2014), Kindle, posición 789.

manera. Pero, ¿es esa la mejor manera de hacerlo? Para nada. El contexto adecuado es, claramente, la iglesia local. Allí es donde podemos abrirnos, conocernos, tener la confianza necesaria, el amor y la oportunidad de exhortarnos y recibir exhortación.

Es en la iglesia local donde podemos cumplir el mandamiento de «estimularnos unos a otros al amor y a las buenas obras» (He 10:24). Es en la iglesia local donde podemos estar unidos por medio del amor, que es el vínculo perfecto. Es ahí donde nos servimos «por amor los unos a los otros» (Gá 5:13), donde nos amonestamos unos a otros (Ro 15:14), donde nos honramos unos a otros (Ro 12:10), donde poder ser amables y misericordiosos con los otros hermanos (Ef 4:32). En definitiva, es en la iglesia local donde podemos amarnos unos a otros, de tal manera que el mundo sepa que somos discípulos de Cristo (Jn 13:35).

Como ves, muchos de los mandamientos que Dios te ha dado deben cumplirse dentro del contexto de la iglesia local. Sin iglesia local, no hay posibilidad de cumplir muchos de tus deberes para con Dios. Ese es el lugar natural para obedecer al Señor, para cumplir Su plan para ti y para desarrollarte como hijo y siervo Suyo.

¿Cómo cumplir con la voluntad de Dios para nosotros en relación con la iglesia local? Pues, lo primero que debemos tener en cuenta es que la iglesia no es solo un cuerpo de nombre, también debe funcionar como tal (1 Co 12:14-20). Con eso en mente, antes que nada, para tener alguna función dentro del cuerpo, hay que estar presente. Muchas personas quieren *servir* en una iglesia sin *estar* en la iglesia. Quieren predicar, tocar la guitarra en el equipo de alabanza o guiar un grupo de estudio bíblico sin siquiera estar en las propias reuniones de la iglesia. El primer deber de un miembro con respecto al cuerpo es estar físicamente presente. Obviamente, eso no es todo lo que debemos hacer en una iglesia, pero de ninguna manera podemos pretender hacer menos.

Uno de los grandes dramas de nuestro tiempo en relación con la iglesia es la «platonización» de la iglesia local. Esto es algo que, aunque ya estaba presente, se ha intensificado y ha quedado en evidencia con las medidas sanitarias contra la pandemia de COVID, específicamente los confinamientos forzosos. Al encerrarnos todos en casa y reducir drásticamente los aforos de los centros de culto, durante un tiempo se impuso realizar las reuniones a través de las redes sociales. Cada domingo, el pastor predicaba frente a una cámara, con camisa, corbata y pantalones de pijama, mientras todos los miembros escuchaban la predicación de la Palabra de Dios desde sus casas, frente a una pantalla.

Entiendo que, mientras era obligatorio, por orden del gobierno, aprovechamos la oportunidad que nos brindaba internet para seguir teniendo algún tipo de relación y algo parecido a los cultos de los domingos. El auténtico drama vino después, cuando miles de iglesias se resistían a volver a estar *físicamente* unidas por miedo a la enfermedad. Pensemos lo que pensemos acerca del COVID y de su gravedad, no podemos tomarla como excusa para desobedecer a nuestro Señor en cuanto al deber de reunirnos (hablaremos más de esto en el capítulo 9).

Hay congregaciones que, aun hoy, tienen anuncios en redes sociales para informar la emisión de cultos por internet con el título: «iglesia online». ¡Qué aberración! No puede existir una iglesia online. Iglesia online es una contradicción en sí misma. Si es iglesia, no es online, y si es online, ¡no es iglesia! ¿Te imaginas que, cuando se acerca la cena de Nochebuena, recibes un mensaje de tu madre diciendo: «este año no vamos a tener cena familiar, a partir de ahora vamos a tener una "familia online", para que cada uno pueda cenar desde el sofá de su casa»? ¡Qué tontería! No puede existir la familia online.

Hemos prostituido hasta tal punto el concepto de iglesia local que lo hemos reducido, sencillamente, a escuchar una predicación a través de una pantalla. La iglesia es un cuerpo (1 Co 12:12-27), es una familia (Ro 16:1; 1 P 5:12), es un edificio (2 Co 6:16; 1 P 2:5). Todos estos símiles bíblicos hablan alto y claro de que es una entidad *física*. Es cierto que hay mucha verdad espiritual involucrada, pero la iglesia local es la representación física de la realidad espiritual que es la Iglesia *universal*, así que, si la pisoteamos hasta hacerla una charla de domingo por la mañana, acompañada por unos cánticos y eliminando todo el aspecto de compañerismo, de ánimo y de contacto físico, estamos causando un daño terrible a la iglesia y a nosotros mismos.

La iglesia local significa tener buenos amigos con los que confesar derrotas, así como estar ahí para ofrecer misericordia hacia las derrotas de otros. La iglesia local significa ser vulnerable, así como honrar y proteger la vulnerabilidad de otros.[6] La iglesia local es el lugar donde darnos y recibir ayuda, es un lugar donde dar y recibir abrazos, donde dar y recibir amonestación amorosa, cuando hay pecado en nuestras vidas. La iglesia local es un gran invento de Dios, y ¡jamás lo aprovecharemos si no estamos *físicamente presentes* en sus reuniones!

Aparte de estar en las reuniones de la iglesia, debemos aprovechar el ministerio de los líderes para aprender e involucrarnos en algún ministerio. En España, quizá por el trasfondo católico romano que tenemos, tendemos a esperar que sea el pastor el que abra la puerta, limpie el local, toque la guitarra en la alabanza, predique y recoja la ofrenda, mientras su esposa entretiene a los niños en la escuela dominical y los demás asisten al espectáculo. El concepto que tenemos de un culto en la iglesia es algo así como asistir a un teatro piadoso. No debería ser así, ni por parte del pastor, ni por parte de quienes asisten. La iglesia no es un teatro al que vamos a que nos entretengan. Tenemos esta actitud cuando nos quejamos diciendo cosas como: «el culto de hoy no ha sido muy bueno, las canciones eran aburridas y el pastor no ha hablado para mí».

Pablo deja claro que los líderes de la iglesia son un regalo que Cristo da «a fin de capacitar a los santos para la obra del ministerio, para la edificación del cuerpo de Cristo» (Ef 4:12). Es decir, la obra del pastor debería ser la de discipular, entrenar y enseñar a los demás

---

[6] Santiago 5:16 anima a los hermanos a confesar nuestros pecados unos a otros y orar unos por otros. Obviamente, en un sentido, esto incluye el que se confiesen los pecados que se cometen contra los hermanos, pero también habla de que debemos tener hermanos a los que confesar nuestras derrotas, para que oren por nosotros y nos animen en nuestras luchas diarias. La consecuencia para la congregación es «que seáis sanados», es decir, necesitamos este tipo de relaciones amistosas, abiertas y vulnerables para lograr la sanidad —física y espiritual— en el contexto de la iglesia local.

miembros de la iglesia para que sean *ellos mismos* los que hagan el ministerio, los que sirvan a los demás en las diferentes áreas. El pastor no es el que hace todas las cosas, sino el que se encarga de que los demás tengan la capacidad, madurez y disposición necesaria para hacer lo que tienen que hacer.

Debes integrarte en una iglesia y allí aprender qué dice la Palabra de Dios para madurar espiritualmente y ponerlo en práctica en el mismo contexto de la iglesia. El motivo de hacer esto es que así puedas ejercer tus habilidades y dones espirituales sirviendo a otros, obedecer a Dios y crecer hasta la medida de Cristo (Ef 4:13). Por mucho conocimiento bíblico que tengas, muchos libros que leas y muchas predicaciones que escuches por YouTube, jamás podrás crecer en este sentido ni madurar espiritualmente de forma adecuada sin involucrarte en una iglesia local. El conocimiento sin servicio es perjudicial, porque te hace enorgullecerte y sentirte superior. En cambio, el servicio en la iglesia local pone el conocimiento en su contexto adecuado, en el que, al servir a otros, nos humillamos a nosotros mismos y honramos a los demás. En definitiva, sin iglesia local, quizás puedas ser un cristiano, pero jamás serás un buen cristiano.

La iglesia como lugar donde cumplir el plan de Dios

En Mateo 28 tenemos uno de los mensajes más antológicos de Jesús, nada más y nada menos que Su discurso final, Sus palabras de despedida. Junto a un monte en Galilea, el Maestro habló a Sus discípulos para entregarles Su plan de acción, desde Su ascensión hasta su regreso. Es decir, aunque estas palabras fueron dichas hace casi dos mil años, difícilmente podrían ser más actuales:

> Y acercándose Jesús, les habló, diciendo: Toda autoridad me ha sido dada en el cielo y en la tierra. Id, pues, y haced discípulos de todas las naciones, bautizándolos en el nombre del Padre y del Hijo y del Espíritu Santo, enseñándoles a guardar todo lo que os he mandado; y he aquí, yo estoy con vosotros todos los días, hasta el fin del mundo. (Mt 28:18-20)

Hay muchas cosas que podríamos decir acerca de este encargo divino, pero hay algo sobre lo que quiero enfocarme, algo que, muchas veces, pasamos por alto. Esta orden ejecutiva de Cristo es dada a una comunidad, no a la suma de individuos aislados. Jesús hablaba a Sus apóstoles, como el germen de lo que sería la iglesia pocos días después, a partir de Pentecostés, y en calidad de representantes de Su iglesia. El evangelismo y las misiones no son un buen consejo de gratificación personal, son una orden dada a una comunidad específica: la Iglesia.

En otras palabras, la gran orden divina del Señor para Sus discípulos está enmarcada en un contexto comunitario y para una comunidad. Si estamos intentando cumplir estas palabras de Cristo sin contar con la iglesia, estamos desobedeciendo flagrantemente Su orden ejecutiva, estamos siendo rebeldes en nuestra supuesta obediencia. El individualismo saca al evangelismo de su contexto más fructífero y lo convierte en una forma de desobediencia egoísta, incluso aunque hablemos de Jesús a otros.

Con esto no estoy diciendo que no esté bien hablar de Jesús a nuestro vecino, aunque no formemos parte de un grupo que sale con la iglesia a repartir folletos en la plaza. Tampoco estoy criticando a algunas organizaciones evangelísticas que no son en sí mismas iglesias. Es bueno y necesario que cada uno de nosotros tratemos de hablar de Cristo a los que tenemos cerca, y cuantos más esfuerzos se hagan para alcanzar al mundo para Cristo, mucho mejor. Lo que estoy señalando es que la intención de Jesús para la evangelización está entrelazada y basada en la iglesia local, y no debemos contentarnos con hablar de Él a otros mientras somos desobedientes respecto a nuestra permanencia a una iglesia.

No solo podríamos hablar acerca de la evangelización en relación con estas últimas palabras de Jesús. Para cumplir Su mandato, también deberíamos llevar a cabo la ordenanza del bautismo en agua (Mt 28:19). En el Nuevo Testamento, el bautismo es donde la fe salta al público.[7] Pablo dice que, cuando confiamos en Cristo, somos

[7] Bobby Jamieson, Going Public (Nashville, TN: B&H Academic, 2015), 34.

«bautizados en Cristo Jesús» (Ro 6:3). Es decir, nos identificamos con Él, nos unimos a Él en Su muerte, sepultura y resurrección. En otras palabras, entramos a formar parte de la Iglesia universal. Esa Iglesia universal se hace visible y tangible por medio de la iglesia local, que es la que debe administrar la ordenanza del bautismo a los creyentes.[8] De hecho, para cumplir la ordenanza del bautismo, es necesaria la existencia de una iglesia local que, al menos, testifique ese bautismo.[9]

Otro aspecto de las últimas palabras de Jesús que requiere de la presencia en la iglesia local es la transmisión a otros de lo que Él ha enseñado (Mt 28:20). Como hemos visto en Efesios 4:11-12, Jesús ha puesto a los líderes de la iglesia (apóstoles, profetas, evangelistas, pastores y maestros) como el recurso adecuado para llevar a cabo esta enseñanza. Es decir, Jesús estaba, en ese momento, justo antes de Su ascensión a los cielos, dándoles el secreto por el cual ellos podrían crecer y madurar espiritualmente para cumplir la misión que les estaba encomendando, y ese secreto residía, precisamente en la iglesia local. Él mandaba a Sus seguidores enseñar a otros a obedecer Sus mandamientos, y estaba entregando a la iglesia los recursos para esa enseñanza que Él mismo exigía. ¿Lo ves? ¡La clave para llegar a ser quienes debemos ser pasa necesariamente por la iglesia local!

Así pues, podemos ver cómo, si bien es cierto que necesitamos tener una relación personal con Dios, esa relación no debe ser, por nada del mundo, privada. Necesitamos una relación comunitaria con Él, como parte del cuerpo de Cristo, de la familia de Dios. Esa relación comunitaria no podemos tenerla, sencillamente, como parte

[8] Como bautista que soy, entiendo que el bautismo en agua es una representación física del bautismo en Cristo, que representa ser muertos y sepultados junto a Cristo al sumergirnos en el agua, y ser resucitados con Él al emerger. De la misma manera en que el bautismo en Cristo es la forma en que un creyente entra a formar parte de la Iglesia universal, el ser bautizado en agua es la puerta de entrada a la iglesia local. El bautismo es la manera en que entramos a formar parte de la iglesia local, en paralelismo a cómo la identificación por fe en Cristo es la manera en que entramos a formar parte de la iglesia universal. En otras palabras, si Jesús manda a Sus discípulos a bautizarse, está afirmando la creación de iglesias locales donde llevar a cabo esos bautismos.

[9] Kevin Bauer, *Distintivos bautistas y el orden neotestamentario de la iglesia* (Sebring, FL: Editorial Bautista Independiente, 2020), 46.

de la Iglesia universal, de carácter invisible y espiritual por su propia naturaleza. Esa relación comunitaria debe tener raíces físicas y tangibles hundidas firmemente en la iglesia local. Fíjate la manera en que lo hicieron los primeros cristianos, cuando la iglesia aún estaba en pañales, en Jerusalén: «Y se dedicaban continuamente a las enseñanzas de los apóstoles, a la comunión, al partimiento del pan y a la oración» (Hch 2:42).

Por una parte, se dedicaban a la doctrina, tal y como era enseñada por los apóstoles. No teniendo aún Nuevo Testamento, su referente doctrinal estaba con aquellos que habían sido testigos presenciales de Cristo y podrían transmitir Su enseñanza. Jesús había prometido que el Espíritu Santo, que acababa de ser derramado sobre ellos aquel primer Pentecostés, los guiaría a toda verdad (Jn 16:13-15). Los apóstoles tenían el mandato expreso de Cristo de enseñar a los demás, y a eso se dedicaron. Ellos predicaban la Palabra de Dios, tal y como la habían oído del mismo Jesús, la leían en sus Biblias (el Antiguo Testamento) y se la revelaba directamente el Espíritu Santo. Los demás miembros de la iglesia, que acababan de ser salvados, escuchaban y aprendían, para crecer y madurar. En ese sentido, hacían lo que, normalmente, vamos a hacer a la iglesia: escuchar la predicación de la Palabra de Dios. Desde luego, es un tema importantísimo, y debemos exigir a nuestros pastores que prediquen la Biblia y no lo que a ellos les aparezca, pero eso no es todo en la iglesia.

También se dedicaban a la comunión. ¿A qué se refiere la comunión? Esta palabra podría traducirse como «compañerismo, asociación o relación cercana».[10] Este término habla del tipo de relación personal que se espera de una familia, una relación que, desde luego, no puede ser sustituida por ninguna red social. Es el tipo de vínculo que no puede limitarse a verse el domingo por la mañana, como quien se encuentra con un vecino en la puerta de casa. Es el tipo de relación en la que dejamos que otros entren en nuestras vidas, en la que nos preocupamos por los demás cuando lo necesitan. Es el tipo de relación donde podemos ser «afectuosos unos con otros con amor

[10] Arndt et al., *Greek-English Lexicon*, s.v. «κοινωνία, ας, ἡ».

fraternal; con honra» y darnos «preferencia unos a otros» (Ro 12:10), saludarnos «los unos a los otros con beso santo» (1 Co 16:20). ¡Ya es hora de dejar de saludarnos con codazos por miedo a cualquier virus y volver a cumplir el mandamiento de besarnos como hermanos! Ser «hospitalarios los unos para con los otros, sin murmuraciones» (1 P 4:9) y ser «amables unos con otros, misericordiosos» así como perdonarnos «unos a otros, así como también Dios os perdonó en Cristo» (Ef 4:32). Lo que ellos hacían, y nosotros también debemos hacer, es entrar a formar parte de una familia, una familia cuyo amor y trato cercano, misericordioso y amoroso lleve a los demás a conocer que somos discípulos del que es el Amor personificado (Jn 13:35).

Para recordarse quiénes eran y a quién se lo debían todo, llevaban a cabo la ordenanza del «partimiento del pan», la celebración de la Santa Cena. Al hacerlo, no permitían que nada ni nadie los desviara del enfoque correcto. Lo más importante en la Iglesia no es la predicación de la Palabra ni el compañerismo cristiano. Lo más importante en la Iglesia es Cristo y lo que logró por nosotros. Es solo en base a Sus méritos y Su sacrificio que podemos entrar a formar parte de la familia de Dios.

Con base en este conocimiento y recordatorio acerca de Cristo, practicaban la oración. Obviamente, cada uno oraba en su casa, pero aquí se habla de que lo hacían corporalmente. Ellos oraban juntos, como iglesia. Orar juntos, como hermanos, es una de las acciones más poderosas que podemos llevar a cabo. Es verdad que podemos tener buenos equipos de alabanza, que nuestro pastor puede hablar muy bien y haber estudiado en un buen seminario, es verdad que nuestro local puede ser precioso, céntrico y con buen aparcamiento, pero no hay un arma más potente que la oración. Esté como esté el mundo, y gobierne quien gobierne el país, la mano de Dios es la que lo mueve. Pues bien, no es menos cierto que es la oración de Su pueblo la que mueve esa mano. Te aseguro que no hay una reunión más importante para tu iglesia que la reunión de oración y no hay un indicador más claro de la salud de tu iglesia que la asistencia y el espíritu en la reunión de oración.

Hay algunas investigaciones que dicen que uno de cada cinco veteranos estadounidenses que regresaron de la guerra en Afganistán han desarrollado problemas mentales a su regreso a casa. Estos problemas se han manifestado de diversas maneras como depresiones, adicciones a diferentes sustancias o incluso el suicidio. La razón no es que les guste la guerra y los subidones de adrenalina, o que tuvieran problemas con sus esposas y estuvieran mejor libres de ellas en el otro lado del mundo. El problema de regresar a casa, a su realidad, es que, en un sentido muy cierto, dejaban atrás a *los suyos*.[11]

Habían llegado a considerar a su pelotón como familia. Contar con sus compañeros apoyándolos en medio de un momento tan peligroso y delicado, había creado unos lazos fortísimos entre ellos. Saber que podían confiar en el otro hasta la muerte, había fortalecido su fe ciega en quienes compartían su camino, en aquellos que habían dado sus vidas a su lado, en los que habían encarado junto a ellos a la misma muerte. El vínculo no solo venía del hecho de estar juntos, sino del compromiso en la búsqueda de un mismo propósito. La mentalidad de estar juntos dando su vida por algo más grande que ellos mismos, les había dado una razón para seguir adelante. En ese sentido, el regresar a la comodidad de sus antiguas vidas les privaba del sentimiento de pertenencia a algo mayor que ellos mismos. Romper vínculos forjados con sangre, sudor y lágrimas les arrancaba una parte de su propia identidad.

Hermano, jamás podrás llegar a ser quien estás llamado a ser si solo son Dios y tú, porque Él no te ha creado para que estés solo. Sin la iglesia, sin el pelotón divino con quien compartir la batalla, a quien confiar tu vida y en quien descansar en la tribulación, nunca podrás crecer. No podrás, porque es ahí donde debes cumplir el plan que Dios tiene para ti. Quizá quieras evitarlo, quizá hayas tenido malas experiencias o necesites rogar a Dios que te ilumine para cambiar

[11] Elaine L Bearer, *The Challenges of Afghanistan and Iraq Veterans' Transition from Military to Civilian Life and Approaches to Reconnection*, «National Library of Medicine», acceso el 23 de mayo de 2023, https://www.ncbi.nlm.nih.gov/pmc/articles/PMC4489090/.

tu parecer o tu corazón, pero la realidad es que necesitas a la iglesia local en tu vida. Sin ella, como esos veteranos que regresan de la guerra, estarás incompleto, vacío y solo, aun teniendo a Dios.

Está en tu ADN, es la manera de caminar en la vida cristiana y la forma de obedecer a Cristo. Necesitas tu pelotón, necesitas a la iglesia. No son solo Dios y tú. Tienes una familia, y debes tenerla cerca.

CAPÍTULO 6

SOY UNA VÍCTIMA

◆ *El arte de culpar a otros*

La vida es totalmente injusta conmigo. Desde que era pequeño, mis padres no me trataron como debían, mis amigos me dejaron de lado y las maestras del colegio me tenían manía. Si observas mi vida, verás una serie de traumas que no he podido superar y ataques en mi contra que no he sabido encajar. Mis circunstancias personales han sido una olla a presión en la que solo he reaccionado a lo que me ha tocado vivir.

Por lo tanto, no soy responsable de mis decisiones. No me mires a mí como el culpable de nada. Si te he hecho daño en alguna ocasión, no fue mi culpa, sino del resultado de mis circunstancias. No me señales con el dedo; señala a mis padres, a mi jefe, a mi suegra o a mi esposa. No soy responsable de estar en esta situación, y son esas circunstancias las que me han formado. Mi camino es el que me ha llevado hasta aquí, y soy el hijo de lo que me ha tocado vivir.

Muchas veces he intentado tomar buenas decisiones y comenzar a hacer las cosas bien: he intentado dejar las adicciones que me hacen daño, a mí y a los que tengo alrededor, he intentado mejorar mi matrimonio y mi salud física. He intentado incluso ser mejor persona y creer en Dios. Pero jamás he podido, y no es porque no lo haya intentado con ganas y determinación, no. El hecho es que siempre hay algo que se tuerce.

Cuando le regalé flores a mi esposa y la llevé a cenar a un sitio elegante, me salió con el argumento de si lo hacía porque me sentía mal por aquella aventura que tuve, así que todo fue para nada, para menos que nada, porque solo reavivó aquella historia pasada. Historia, por cierto, en la que tampoco fui culpable. Si ella me respetara y no me tratara como a un perro, si ella atendiera mis necesidades normales de hombre, no tendría que estar recurriendo a alternativas menos recomendables.

¿Sabes quién soy yo? Soy una víctima. Eso es lo que soy, desde el primer hasta el último día de mi vida, mi existencia ha sido la de una víctima. No tengo la culpa de lo que hago, porque otros me han presionado a hacerlo. No soy responsable de cómo respondo a los ataques de los demás y de la vida, porque las circunstancias me empujan a ser fuerte y luchar por mí mismo. En lugar de culparme por mis errores y mi carácter, deberías tratar de entenderme y compadecerte de mí.

Lo único que pido en este mundo es un poco de comprensión. Solo quiero que reconozcas que soy una víctima y me trates como tal, que aguantes mis fallos y errores sabiendo que no son culpa mía, sino de todos los que me rodean. Lo que te pido es que no me digas que estoy haciendo algo mal, porque no soy yo quien lo hace, sino mis circunstancias. No te pido corrección, te pido cariño, aceptación y condolencias.

Así que no me vengas con esa historia del Dios juez delante de quien algún día tendré que ser juzgado. Dios no debe juzgarme. Es más, Dios no puede juzgarme, porque yo no soy responsable de mis actos. Jesús no tiene nada de lo que perdonarme, porque yo no hago nada mal. Solo soy un producto de mi vida, de mi pobre y triste vida. No, el cristianismo no es para mí, porque yo soy una víctima.

¡¡Paparruchas!!

Estoy absolutamente convencido de que esta cadena de autolamentación te resulta mucho más que familiar. Tristemente, nuestro mundo fomenta, de manera activa y pasiva, esta mentalidad victimista que hemos plasmado en las líneas al inicio del capítulo. Pues bien, la realidad es que (prácticamente) todo lo que he afirmado es absolutamente falso. Es una mentira que me digo, es una mentira que te dices. Esa es, en definitiva, la mentira que creemos, ahora vamos a ver la verdad que ignoramos.

UNA MENTALIDAD ATRACTIVA

Detrás de esta paparrucha está la mentalidad victimista que siempre ha existido, pero se ha convertido en predominante en nuestro tiempo. Akos Balogh, de *Coalición por el Evangelio*, la define así:

> Si tienes una mentalidad victimista, verás toda tu vida a través de una perspectiva en que las cosas, sencillamente, «te suceden». La victimización es, por lo tanto, una combinación de ver la mayoría de las cosas en la vida como algo negativo, fuera de tu control y como algo por lo que tendrías que generar simpatía porque «mereces» algo mejor. En el fondo, la mentalidad de víctima es una forma de evitar asumir cualquier responsabilidad por ti mismo. Al creer que no tienes poder, no tienes la capacidad para tomar medidas.[1]

Antes de decir nada más, me gustaría dejar algo claro. A continuación, voy a hablar de la mentalidad victimista, no del hecho de que alguien sea una víctima. Es verdad que hay personas que sufren injustamente por algo que ellos no han hecho. Hay niños que sufren abuso, hay mujeres que son golpeadas por sus esposos, hay violaciones, robos o atentados terroristas. Y todas y cada una de las personas que sufren injustamente son legítimamente víctimas en ese sentido. No quiero que tomes lo que voy a decir como un menosprecio hacia las personas que sufren por algo que no han causado ellos mismos.

---

[1] Akos Balogh, « Beware The Dangers of a Victim Mentality», *The Gospel Coalition*, acceso el 30 de junio de 2023, https://au.thegospelcoalition.org/article/beware-the-dangers-of-a-victim-mentality/. (Traducción del autor).

Lo que voy a hacer es describir *una mentalidad* que podemos tener, ya sea que suframos injustamente o no. Nosotros no tenemos responsabilidad sobre lo que otros nos hacen, pero sí que la tenemos sobre nuestra mentalidad o sobre cómo respondemos ante esas situaciones.

El que esta mentalidad sea tan predominante en nuestro tiempo es algo absolutamente normal. Después de todo, la mentalidad victimista es muy atractiva y hay un sentido muy cierto en el que facilita las cosas a la persona que la tiene. Vamos a ver algunas razones por las que la mentalidad victimista es tan atrayente:[2]

La primera razón de su atractivo es que elimina completamente tu responsabilidad. A fin de cuentas, tú eres solo una víctima de la situación que vives, jamás serás culpable, mucho menos responsable. Así, todo es mucho más sencillo. No tienes que preocuparte por lidiar con las consecuencias de tus acciones, sino que te limitas a echarle la culpa a otros y lamentarte por la injusticia que vives, por cómo te trata la vida y lo malvados que son los demás.

Si tus hijos no te obedecen y emprenden caminos que los llevan a abandonar la iglesia, a la delincuencia, a abusar de drogas y de personas, y a tomar una vida basada en malas decisiones, siempre puedes culpar a la sociedad, a sus amigos o al profesor del colegio. Si tu matrimonio está en crisis y decides que es una buena idea tener una aventura sexual con alguien del trabajo, siempre puedes culpar a tu cónyuge por no respetarte, a tu suegra por no apoyarte lo suficiente o a la televisión que te metió en la cabeza la idea de acostarte con quien no debías. Como ves, puedes culpar a cualquier persona o circunstancia, excepto a ti mismo. Así, todo será más sencillo.

La segunda razón por la que adoptamos esta mentalidad es que, al ponernos en una situación de víctima, recibimos el cariño reservado para las víctimas. Al deshacernos de la carga de la responsabilidad por nuestras acciones y adoptar el papel de víctima, nos presentaremos ante los demás como unos corderitos que sufren injustamente

[2] Estos ejemplos han sido extraídos, traducidos y adaptados del artículo de Rodney Andersen, *The Cult of Victimhood* publicado en la web de The Master's Seminary, acceso el 30 de junio de 2023, https://blog.tms.edu/the-cult-of-victimhood.

por algo que no es su culpa. Normalmente, las personas sienten un cariño especial por las víctimas. Los huérfanos, los exiliados y los niños que pasan hambre no suelen ser vistos como personas a las que debemos exigir nada, sino solo darles. Podemos ofrecerles alimento, medicinas o un techo para dormir, podemos darles atención y cariño, y lo hacemos porque son víctimas que sufren injustamente. De esta manera, cuando nosotros nos ponemos en la posición de víctima, también entraremos en este grupo que recibe cariño y ayuda, y salimos del grupo de los que deben ayudar a otros. Entramos al grupo de los que no tienen que dar, porque solo deben recibir amor y comprensión de los demás.

La tercera razón es que, al estar en el lugar de los que no tienen responsabilidad por sus acciones y sufren injustamente por lo que otros han hecho, tenemos derecho a quejarnos. El mundo se ha confabulado en nuestra contra, para que nosotros suframos lo que no merecemos, así que tenemos derecho a levantar el puño en alto y airear nuestras frustraciones delante de todos los demás. Los demás deben mirarnos con simpatía y asentir con la cabeza ante nuestras quejas. Después de todo, somos víctimas. De hecho, siendo una víctima, deberías quejarte. En tu situación, esa es la única manera de traer un poco de justicia a tu vida. Tu posición te da la facultad y el derecho a quejarte y lamentarte ante todos y por todo. Y, si la forma de quejarte involucra hacer daño a otras personas, como romper algo, pegarle a alguien o asaltar una tienda de televisores, tienes derecho a hacerlo. Después de todo, esa es la única forma de exteriorizar tu condición de víctima.

La última razón es que esta mentalidad te hace asociarte con otras víctimas. Hay pocas cosas que unan más a las personas que el tener un enemigo en común. La idea es que, «si hay alguien ahí fuera que es horrible y malvado y todas las víctimas están en el mismo barco»,[3] pueden unirse para luchar contra el opresor o, al menos, para apoyarse los unos a los otros. A todos nos gusta sentirnos parte de algo, mucho más si entendemos que nuestra lucha tiene un sentido

[3] *Ibid.* (Traducción del autor).

valioso, que estamos luchando contra la opresión de un tirano. Aparte, viviendo en la sociedad de víctimas como la que vivimos, el formar parte de un grupo que sufre injustamente es algo que da un valor adicional.

Si elegimos pensar que nuestro enemigo es el racista supremacista blanco, tendremos la legitimidad, el derecho y el deber de asociarnos en grupos del estilo de «Black Lives Matter» y usar ese derecho para protestar y luchar, utilizando todos los medios a nuestro alcance. Como somos víctimas, nadie tendría derecho a oponerse a nosotros, pues nos enfrentamos a un verdugo, un agresor vil y despreciable. Si escogemos como nuestro enemigo al «heteropatriarcado»,[4] concebido como una supuesta unificación del poder opresor de los hombres heterosexuales, cavernícolas y reaccionarios, nos sentiremos legitimados y animados a unirnos a los colectivos más radicales y activistas del feminismo, así como a los movimientos homosexuales y transexuales. Además, usaremos todos los medios disponibles, sean legítimos, legales y morales, o no lo sean. No hay límites para las «víctimas». Para eso, precisamente, son «víctimas».

El hecho que esta mentalidad sea tan atractiva y engañosa ha llevado a que mucha gente opte por ella. De hecho, hay un sentido muy real en el que debemos comprender esta dinámica y la mentalidad victimista como la base de gran parte de lo que ocurre en nuestra sociedad hoy en día. Así, un profesor de sociología de la Universidad Estatal de California afirma:

> ...si gozas de algún privilegio, el mundo social está lleno de peligros. Siempre corres el riesgo de ofender a otros. Entabla una pequeña charla y podrías ser culpable de microagresión. Cocina un plato nuevo o adopta un nuevo peinado y podrías ser culpable de apropiación cultural. Enseña algo desagradable y podrías ser culpable de provocar a alguien. Expresa tus creencias religiosas o políticas y podrías

[4] El heteropatriarcado es el «predominio o mayor autoridad del hombre y la heterosexualidad en una sociedad o grupo social». «Heteropatriarcado», Oxford Languages, acceso el 22 de julio de 2023.

> ser culpable de violencia. Hagas lo que hagas, debes hacerlo de una manera solidaria con las víctimas y agresiva hacia los opresores.[5]

Hoy en día, debes entender quiénes son los verdugos y quiénes son las víctimas para la sociedad, y posicionarte siempre del lado de las víctimas y contra los verdugos. Por ejemplo, jamás puedes decir algo que pueda considerarse hiriente hacia los homosexuales, porque ellos son considerados como víctimas, pero tampoco puedes dejar pasar ninguna oportunidad para insultar a los cristianos blancos y heterosexuales, porque ellos son considerados como los verdugos. Por nada del mundo critiques, preguntes y ofendas a una víctima, o te convertirás automáticamente en verdugo, e irán por ti.

Como ves, esta mentalidad es muy atractiva y ofrece numerosos beneficios al que la posee. Esa es la razón por la que tantas personas la siguen. Aun así, para nosotros, como cristianos, la razón para pensar algo no debe ser lo atractiva que sea, sino si esa idea es verdad (como veíamos en el primer capítulo) y si esa idea está en consonancia con lo que la Biblia nos dice que debemos pensar y creer. Vamos a acudir a nuestra agencia de verificación suprema (la Biblia) para buscar la verdad que ignoramos.

EL VICTIMISMO Y EL EVANGELIO

La raíz de esta mentalidad no es nueva. Desde el principio de la historia, nuestra naturaleza pecaminosa nos empuja a buscar atajos para lograr alcanzar nuestros propios propósitos, aunque sean atajos perniciosos que vayan en contra de la voluntad de Dios. Este es uno de esos casos.

Decíamos que esta actitud está muy generalizada en nuestro tiempo, pero ese no debería ser el caso entre los cristianos. De hecho, esta actitud victimista es exactamente lo opuesto a la mentalidad que nosotros deberíamos tener como seguidores de Jesús. Nosotros

---

[5] B. Campbell, J. Manning, *The Rise of Victimhood* (Londres, UK: Palgrave Macmillan, 2018), 177. (Traducción del autor).

debemos huir de la mentalidad victimista porque es la antítesis del Evangelio.

Si yo tengo una actitud victimista (pienso que todo lo que soy y hago es consecuencia del mal que otros me hacen, y no de mis pobres decisiones), estaré negando la gravedad de mi propio pecado. De hecho, estaré negando la existencia de mi propio pecado. Cuando hago algo mal, no será porque he decidido hacerlo mal, no. La razón será únicamente que he reaccionado legítimamente a lo que otros me han hecho, o a una circunstancia terriblemente injusta a la que me enfrento. Es decir, yo no soy responsable de lo que hago, porque únicamente reacciono a lo malo que otros me hacen.

Saúl tuvo esta actitud cuando Samuel le confrontó con su propio pecado, al desobedecer el mandamiento que Dios le había dado. La respuesta del rey de Israel ante la acusación del profeta Samuel fue esta: «He pecado; en verdad he quebrantado el mandamiento del Señor y tus palabras, *porque* temí al pueblo y escuché su voz» (1 S 15:24, énfasis añadido). Saúl aceptó que había pecado y quebrantado el mandamiento, pero no aceptó su propia responsabilidad por hacerlo. Él entendió que hizo algo malo, pero pensó que lo hizo en reacción a unas circunstancias que le empujaron a hacerlo. Es decir, Saúl cometió el mal que cometió porque fue víctima de las circunstancias. El pueblo le atemorizaba, Samuel no regresaba y la situación no le dejó otra opción. El rey se sentía como una víctima, y actuó en consecuencia.

Nosotros también podemos sentirnos legitimados a obrar mal porque las circunstancias nos empujan a hacerlo. Quizá aceptemos que hemos hecho algo mal, pero no aceptaremos nuestra responsabilidad. Después de todo, ¿qué derecho tiene Dios a pedirme cuentas o culparme cuando solo he reaccionado ante unas circunstancias que yo no puedo controlar?

Si nosotros tenemos esta actitud victimista, para empezar, estaremos muy lejos de lo primero que necesitamos para acudir a Cristo: arrepentimiento o, en otras palabras, reconocimiento de nuestra culpa y necesidad de un Salvador. El libro de Hechos es muy enfático en este sentido. Cada vez que alguien llegaba a conocer a Cristo, el arrepentimiento jugaba un papel esencial (Hch 2:38; 3:19; 8:22; 17:30; 26:20). Difícilmente vamos a acudir a Cristo para salvarnos si no reconocemos que tenemos un problema del cual debemos ser salvados.

La realidad es esta: no podremos arrepentirnos si pensamos que somos víctimas. Como mucho, aludiremos a una vaga sensación de que nos gustaría que las cosas no hubiesen salido como han salido, o que lamentamos ser como somos (sobre lo cual pensamos que no tenemos ninguna responsabilidad, faltaría más) o que «todos hemos hecho cosas mal» (mal de muchos, consuelo de tontos). En ningún caso reconoceremos la necesidad profunda y urgente de salvación ante la maldad impía que anida en nuestro corazón torcido.

El siguiente paso es lógico: si no somos responsables de nuestra maldad por considerarnos víctimas, no entenderemos nuestra necesidad de la misericordia divina. La actitud victimista nos lleva a negar nuestra culpabilidad ante Dios. Esta mentalidad nos impide ver el abismo insondable que nos separa del Creador, por lo que sentimos que podemos tratar con Él de igual a igual, como si fuera un compañero. Ni rastro del «temor de Dios» (que es «el principio de la sabiduría» según Proverbios 1:7), ni rastro del respeto al Señor ni de nuestra humillación ante el Creador.

Si esta paparrucha nos impide reconocer nuestra maldad, pensaremos que Dios es alguien que está en la obligación de darnos lo que necesitamos. En nuestra equivocación al pensar que nuestro problema no es nuestra maldad, sino las circunstancias que nos empujan a hacer lo que hacemos, pensaremos que Dios debe cambiar esa realidad, no nuestro corazón.

Quizá Dios quiere tratar con mi egoísmo al permitir una enfermedad que me atormenta, para que aprenda a depender de Él, de la misma manera que hizo con Pablo (2 Co 12:7-10). Siguiendo esta mentira, mi respuesta dista mucho de ser la del apóstol, al pensar que mi problema está en la enfermedad (las circunstancias), y no en mi corazón. Sin embargo, Dios está mucho más interesado en nuestra santidad que en nuestra felicidad.

Pero esa no es la manera en que actúa nuestro Dios. Él nos ama tanto que está dispuesto a permitir que pasemos por circunstancias que nos atormentan. Como quiere nuestro mayor bien, permite que otras personas nos hagan daño. En Su inmenso amor, va a permitir que afrontemos las consecuencias de nuestras acciones, aunque nos duelan. Lo hace porque sabe qué es lo más importante. Sabe que no necesitamos unas circunstancias adecuadas, sino un corazón adecuado. Además, entiende que, muchas veces, la única manera en que acudiremos a Él y nos rendiremos para nuestro bien es enfrentándonos a situaciones dolorosas que no nos gustan. De la misma manera que ocurre con los músculos de los deportistas, nuestra fe se fortalece mejor cuando duele.

Recordarán que, con la paparrucha que develábamos en el capítulo 3, el dejar de prestar atención a nuestra profunda maldad y nuestra necesidad de un Salvador, nos lleva a dejar de servir al Dios del cielo y a comenzar a tratarlo como si fuera nuestro sirviente. El ser víctima nos da la sensación de tener una completa legitimidad para pedir, pero ninguna responsabilidad ante el Dios tres veces santo, y esa es una mentira muy peligrosa. Paradójicamente, el pensar que soy una víctima nos hace ponernos encima del Dios todopoderoso. Esta mentira saca a la luz nuestra inmensa soberbia y orgullo.

En última instancia, el tener esta mentalidad niega en rotundo la realidad bíblica del infierno. Dios es justo, así que no nos culpará de lo que no es nuestra responsabilidad. Es más, el infierno deja de tener sentido alguno. Como mucho, lo veremos como el lugar al que irán los opresores, verdugos y villanos de este mundo (entre los cuales podríamos incluir a Hitler, Osama Bin Laden y Vladimir Putin, pero, desde luego, no a mí, que para eso soy una víctima). ¿Por qué voy a pensar siquiera que Dios pueda juzgarme si considero que cualquier cosa mala que haya hecho no ha sido mi responsabilidad, sino de mis circunstancias?

Si no soy culpable delante de Dios, entonces la muerte de Cristo también deja de tener sentido. Quizá pensemos que Jesús fue un buen ejemplo, un maestro de moral o una influencia positiva, pero no es el que ha muerto en mi lugar, porque yo no merezco la muerte. Al fin y al cabo, soy solo una víctima. Si mi mentalidad victimista me venda los ojos ante la cruda realidad de mi pecado flagrante y terrible ante Dios, la muerte de Cristo deja de tener cualquier sentido. El victimismo es lo opuesto al evangelio de Jesús.

Si me veo a mí mismo como una víctima inocente, no acudiré arrepentido a Jesús buscando redención. El mismo concepto de la redención será incompatible con mi mentalidad. Si soy una víctima, buscaré comprensión, no redención.

¿CÓMO COMBATIR MI PROPIO VICTIMISMO?

Quizá, al estar leyendo este capítulo te hayas dado cuenta de que tú también has sido engañado por esta paparrucha que nos grita el mundo. Es la triste realidad que, al vivir en medio de un mundo plagado de mentiras, nosotros también sigamos la corriente y caigamos en las trampas que han sido puestas a nuestro alrededor. No te preocupes, la Biblia no solo es nuestra agencia de verificación, que nos informa de si estamos creyendo en una mentira, sino que nos ayuda a combatirla efectivamente y vivir nuestra identidad, literalmente, como Dios manda.

Responsabilízate

Para luchar contra nuestra propia mentalidad victimista, debemos entender que somos responsables de nuestros propios actos. Al igual que veíamos en el capítulo 2, lo primero que debemos hacer es tomar una decisión adecuada, en base a lo que Dios demanda que hagamos. Así, aunque nuestro corazón nos demande que nos hagamos las víctimas y actuemos como tales, debemos tomar el timón de nuestros sentimientos y recordarnos cuál es la realidad. Y recuerda que es la Biblia la que, en última instancia nos dice la verdad (Jn 17:17).

Un buen primer paso sería examinar las motivaciones detrás de nuestros sentimientos y reacciones. Para esto, necesitamos ayuda divina. David oraba así: «Escudríñame, oh Dios, y conoce mi corazón;

pruébame y conoce mis inquietudes. Y ve si hay en mí camino malo, y guíame en el camino eterno» (Sal 139:23-24). Pídele a Dios que te ayude a desentrañar qué es lo que hay realmente debajo de tus reacciones y de tus sentimientos.

Haciendo esto, debemos desechar completamente el culpar a otros por lo que nosotros hacemos. Es totalmente cierto que tú no eres culpable de lo que otros te hacen, pero no es menos cierto que eres absolutamente culpable de lo que sí haces. Aunque a todos nos salga como algo natural el exculparnos acusando a otros, debemos acostumbrarnos a tomar completa responsabilidad de nuestros propios actos. El reaccionar contra algo malo no justifica nuestra propia maldad.

Es cierto que muchas veces actuamos sin pensar y consideramos que un insulto, un desprecio o un ninguneo nos da derecho a reaccionar pecaminosamente. Pero cuando haya pasado el momento de enfado, cuando estemos más tranquilos y tengamos más capacidad de pensar correctamente, debemos analizar, con la ayuda de nuestro Señor, qué ha ocurrido, y es en ese momento que debemos ser sabios e incisivos al poner el dedo sobre nuestra responsabilidad y culpabilidad. Cuando haya pasado esa discusión con tu cónyuge o con tu amigo, párate y piensa si esas palabras que les has dicho han podido causarle daño y si has actuado desde un sentimiento de víctima, en lugar de un sentimiento de amor, como Dios nos pide. Es en ese momento en el que puedes tomar una decisión sobre cómo reaccionarás la próxima vez que te encuentres en una situación así. En base a esa decisión, traza un plan y asegúrate de ponerlo en práctica la próxima vez que pase algo parecido.

Pablo habló a los corintios diciendo: «Porque todos nosotros debemos comparecer ante el tribunal de Cristo, para que cada uno sea recompensado por sus hechos estando en el cuerpo, de acuerdo con lo que hizo, sea bueno o sea malo» (2 Co 5:10). Un día, estarás delante del Juez supremo y él te va a juzgar, no en base a lo que otros te han hecho, o de lo mal que lo has pasado en la vida, sino en base a lo que has hecho tú. Así que, deja de preocuparte tanto de lo que otros hacen, y comienza a preocuparte más de lo que tú estás haciendo.

Acepta donde vives

Otra cosa que debemos comprender para luchar contra nuestro victimismo es que vivimos en un mundo caído. Esa es la realidad. Las cosas no son como deberían ser. Hay algunas ocasiones en las que sufrimos como consecuencia de nuestras propias malas decisiones, pero hay otras en que el dolor sencillamente viene. Manuel Fernández, el presidente del seminario SEFOVAN, donde he tenido el privilegio de estudiar y enseñar, dice que el dolor tiene sus propias llaves de la puerta de nuestra vida, y no necesita que le abramos para entrar. ¡Es que ni siquiera llaman al timbre! A veces, sencillamente, aparece en forma de un desastre (un accidente, una enfermedad, una decepción o la muerte de un ser querido) y nos deja devastados. No es justo ni es lo que queremos, lo siento. Así es la vida. Nuestro mundo está roto, y las cosas, a este lado de la eternidad, no son como deberían ser. Cuanto antes nos mentalicemos en ello, mejor.

Cuando digo que debemos aceptar que vivimos en un mundo que no es como debería ser, no digo que tengamos que vivir en la resignación de saber que sufriremos, estoy diciendo mucho más. Sí, el dolor y la desgracia vendrán, por mucho que intenten algunos predicadores prometer lo contrario. Así que nosotros podemos (y debemos) tomarlos, no «solo» como algo que atravesar de la mejor manera posible, sino como una oportunidad. El tiempo que pases en el desierto, ese desierto por el que no quieres atravesar, es un tiempo que Dios quiere aprovechar para demostrarte que Él sigue en control y que tú puedes ser usado por Él para brillar en medio de la oscuridad.

Nosotros debemos promover lo que es justo, confiando en que nuestro Señor es de quien dependemos, no de nuestras circunstancias. Eso nos permite y nos da el poder de tratar a otros como Cristo nos dijo que debíamos hacer, amando a todos, incluso a los que nos hacen mal. Jesús dijo: «Habéis oído que se dijo: "Amarás a tu prójimo y odiarás a tu enemigo". Pero yo os digo: amad a vuestros enemigos y orad por los que os persiguen» (Mt 5:43-44). Jesús exige a sus seguidores que no actúen como los demás, tratando bien solo a los que les tratan bien y les hacen la vida más feliz, sino que amen a sus enemigos, a aquellos que les causan dolor y dificultades. ¿Por qué mandaría que tuviéramos un comportamiento tan antinatural? Porque el comportamiento que deben tener los hijos de Dios no debe ser un comportamiento natural, sino uno sobrenatural, específicamente tan sobrenatural como lo es el comportamiento de nuestro Padre: «para que seáis hijos de vuestro Padre que está en los cielos; porque Él hace salir su sol sobre malos y buenos, y llover sobre justos e injustos» (Mt 5:45).

Pablo da otra razón para amar a los que nos causan dificultades, y es la realidad de que Dios es quien dará la respuesta correcta y justa a los que dañan a Sus hijos: «Amados, nunca os venguéis vosotros mismos, sino dad lugar a la ira de *Dios*, porque escrito está: MÍA ES LA VENGANZA, YO PAGARÉ, dice el Señor» (Ro 12:19). Es cierto que las circunstancias son injustas, es cierto que hay gente que nos hace daño a propósito, pero nuestro papel no es el de buscar venganza, sino el de descansar en Dios en toda circunstancia. Esto no significa que la venganza sea mala, la venganza, según el texto que acabamos de ver, es buena, pero no es nuestra. La venganza no nos pertenece a nosotros, le pertenece a Dios. No te preocupes, no te hagas la víctima, solo descansa en Dios. Él hará lo que es justo.

Si aceptamos que el sufrimiento vendrá, aunque no lo busquemos, no nos sorprenderá cuando veamos su horrible rostro. Tampoco nos victimizaremos, lamentando nuestra suerte y pagándolo con los demás, mientras justificamos nuestro propio mal como consecuencia. En cambio, si aceptamos la realidad de que nuestro mundo no es como debería ser, pero que Dios está al mando y está moviendo la Historia para llevar a cabo Su perfecta voluntad, podremos descansar en Él mientras obedecemos, siendo los brazos de amor y misericordia hacia un mundo que tan desesperadamente lo necesita. Una vez más, el evangelio de nuestro Señor es la antítesis de la mentalidad victimista y nos lleva por un camino que es totalmente contrario.

Cambia tu enfoque

Vivir en medio de circunstancias complicadas es también una oportunidad para centrarnos en cómo Dios está actuando. Normalmente, estamos en piloto automático, viviendo nuestras vidas en una monotonía basada en lo que hacemos, sentimos y pensamos. Esto cambia drásticamente cuando ocurre algo que nos saca de nuestra seguridad y satisfacción. Tenemos un trabajo que nos da seguridad económica, tenemos una familia que nos da seguridad emocional y tenemos una iglesia que nos da seguridad espiritual. Pero, cuando algo ocurre, y llega la enfermedad, alguien nos falla, o nosotros mismos fallamos, toda nuestra supuesta seguridad se resquebraja, y pensamos que toda nuestra vida está a punto de venirse abajo.

Debemos estar alerta, porque es en esas ocasiones en las que a Dios más le gusta actuar poderosamente. Cuando los problemas llamen a tu puerta, presta atención, porque Dios está actuando. En medio de las circunstancias complicadas e injustas, en las que Pablo estaba encarcelado por predicar la Palabra, y aun los supuestos hermanos aprovechaban para atacarlo, él dijo:

> Y quiero que sepáis, hermanos, que las circunstancias *en que me he visto*, han redundado en el mayor progreso del evangelio, de tal manera que mis prisiones *por la causa de* Cristo se han hecho notorias en toda la guardia pretoriana y a todos los demás; y que la mayoría de los hermanos, confiando en el Señor por causa de mis prisiones, tienen mucho más valor para hablar la palabra de Dios sin temor. Algunos, a la verdad, predican a Cristo aun por envidia y rivalidad, pero también otros *lo hacen* de buena voluntad; estos *lo hacen* por amor, sabiendo que he sido designado para la defensa del evangelio, aquellos proclaman a Cristo por ambición personal, no con sinceridad, pensando causarme angustia en mis prisiones. ¿Entonces qué? Que de todas maneras, ya sea fingidamente o en verdad, Cristo es proclamado; y en esto me regocijo, sí, y me regocijaré. (Fil 1:12-18)

¡Fíjate en la actitud de Pablo! En medio de una circunstancia en la que cualquiera (yo el primero) habría estallado en enfado contra todo lo que estaba ocurriendo, él cambió el enfoque para centrarse en lo que Dios estaba haciendo a través de eso, y lo hizo para sumarse a los esfuerzos divinos. ¿Me han metido injustamente en la cárcel? No me voy a deprimir ni a enfadar, sino a ver qué gran oportunidad me ha dado el Señor de poder hablar a los carceleros y a los otros presos del gran Salvador que tengo. ¡Ellos no habrían podido conocer a Cristo de otra manera!

¿Los demás cristianos quieren adueñarse de mi ministerio y predicar por resentimiento o envidia hacia mí? No voy a amargarme ni a pensar mal contra ellos. Lo que voy a hacer es enfocarme en cómo Dios está utilizando esta circunstancia para que aún los cristianos más egoístas y que menos quieren evangelizar ahora lo están haciendo. ¡Dios está usando mi cárcel para que, incluso los que no tenían intención de hacerlo, ahora prediquen a Cristo!

Fíjate: Al cambiar el enfoque, Pablo se dio cuenta de que, en realidad, la circunstancia había sido preparada al milímetro por un Dios bondadoso que no quiere «que nadie perezca, sino que todos vengan al arrepentimiento» (2 P 3:9). Ahora, había gente que creía el evangelio en la cárcel y fuera de ella. ¡A Dios sea toda la gloria!

Si nos hacemos las víctimas, estaremos ciegos ante lo que Dios puede estar haciendo a través de nuestras circunstancias. ¡Las lágrimas nos impedirán ver al Señor obrar! El estar quejándonos y escondiéndonos detrás de una posición de víctimas nos aleja del lugar donde podremos ver a Dios actuar poderosamente. ¡Esta mentira te atará para que no te sumes al esfuerzo divino a favor de los tuyos!

Así pues, ¡deja de tomar tan en cuenta lo que otros te hacen! A veces, vivimos obsesionados con lo que los demás piensan de nosotros, nos dicen o nos hacen. ¿Sabes una cosa? Lo que otros te hagan no es tan importante. Si te insultan, no lo tomes a pecho. Si te desprecian, no te obsesiones con ello. Tómalo en cuenta solo como una motivación más para entender que ellos también, al igual que tú y yo, necesitan la misericordia de Dios en sus vidas. Proverbios 19:11 dice: «La discreción del hombre le hace lento para la ira, y su gloria es pasar por alto una ofensa». No te tomes a mal el rechazo, no te hagas la víctima. ¡Tu gloria es pasar por alto una ofensa! En cambio, busca cómo quiere Dios que aproveches la ocasión para ser un canal de Su gracia hacia ellos. Cristo está actuando en esas ocasiones que te causan dolor, busca sus huellas de gracia y síguelas amando a los que no lo merecen, pero lo necesitan.

Sigue el mejor ejemplo

Hay una persona que sí merecía hacerse la víctima con todas las de la ley. Él fue el que más sufrió y menos lo merecía, el que más debía haber sido tratado con honores y más se le despreció. Ese es Jesucristo, nuestro Señor.

Nació en un establo y su primera cuna fue un comedero de animales, siendo el Rey del Universo. Sufrió burlas, golpes, desprecios, latigazos e insultos. Fue procesado en una pantomima de juicio y condenado a muerte en la máxima expresión de injusticia, siendo Él mismo el Juez del mundo y quien tenía poder y autoridad para condenarlos a todos. Sufrió la pena capital en una cruz, la condena reservada a los peores criminales contra el estado romano, sin haber cometido ningún pecado. Él fue la víctima por antonomasia, pero jamás ha habido nadie con menos mentalidad victimista en toda la Historia universal.

Él tenía otra mentalidad, una absolutamente opuesta al victimismo. Es Su mentalidad la que debemos seguir e imitar, no la de nuestra generación victimista. Su mentalidad era la del siervo sufriente. Fíjate cómo lo describe Pablo:

> Haya, *pues*, en vosotros esta actitud que hubo también en Cristo Jesús, el cual, aunque existía en forma de Dios, no consideró el ser igual a Dios como algo a qué aferrarse, sino que se despojó a sí mismo tomando forma de siervo, haciéndose semejante a los hombres. Y hallándose en forma de hombre, se humilló a sí mismo, haciéndose obediente hasta la muerte, y muerte de cruz. (Fil 2:5-8)

Jesús no buscó la forma en la que el mundo debería haberle dado cariño, comprensión y valor para llenarse de resentimiento y justificar sus propias acciones. Lo que hizo fue deshacerse de sus derechos y privilegios legítimos para acudir en misión de rescate. Él era y será eternamente Dios, pero eso no fue un impedimento para humillarse hasta hacerse un hombre, uno que se entregó voluntariamente por aquellos que lo estaban asesinando. Dio vida a través de Su muerte a sus propios asesinos. ¡Qué ejemplo a seguir!

Jesús, como hombre que era, también experimentaba los mismos dolores y sinsabores que nosotros sufrimos, pero eso no era un impedimento para cumplir la tarea que le había encomendado Su Padre. En Juan 4:6, el evangelista relata una de esas ocasiones en las que Jesús, cansado del camino y en la hora más calurosa del día, podría haber deseado descansar a la sombra de un árbol. Sin embargo, Él era el siervo sufriente y se encontraba en misión. No había tiempo para caprichos. Esa mentalidad le llevó a tener un encuentro con una mujer samaritana, y ese encuentro cambiaría la vida de esa mujer y comenzaría un avivamiento entre los samaritanos que impactaría la historia de su pueblo para siempre. Aquel día, Jesús sacrificó su bienestar temporal para obtener algo eterno.

Esta es la actitud que derrota al victimismo, una actitud que mira a la eternidad y pierde de vista lo temporal. La actitud del Siervo sufriente es la del que soporta las pruebas, las dificultades, los insultos y las injusticias, no porque se considere insignificante, sino porque sabe que Dios está obrando, aunque no lo vea, y que el final será glorioso. Esa es la actitud del que, «por el gozo puesto delante de Él soportó la cruz, menospreciando la vergüenza, y se ha sentado a la diestra del trono de Dios» (He 12:2). Esta es la actitud del que perdonó a los que le estaban crucificando y se burlaban de Él mientras colgaba del madero (Lc 23:34).

Cuando David escribió el célebre salmo 51, estaba en un momento terrible de su vida. Su pequeño hijo acababa de morir, a pesar de haber estado rogando a Dios durante una semana por su vida. David podría haberse amargado y podría haberse hecho la víctima delante del Dios, quien acababa de arrebatarle la vida de su pequeño. Podría haber cargado lleno de ira contra Natán, el vocero de Dios que lo señaló inequívocamente como el culpable (2 S 12:1-15). David podría haber hecho como hizo Saúl al ser confrontado por Samuel, podría haber seguido la corriente de este mundo y haber culpado a otros, podría haber justificado su pecado en base a alguna excusa que creara para la ocasión, pero no hizo nada de eso. ¿Qué hizo David?

Acudió al Señor como su única esperanza, y a la gracia divina como la única salida. David se refugió en el perdón de Dios, porque sabía que no tenía ninguna otra alternativa. Entendió completamente que, en esa ocasión, él era el verdugo, no la víctima, por lo que no tenía nada que alegar delante del Santo. El rey comprendió que lo único que le quedaba era la misericordia divina.

Así es como se huye de la actitud de víctima: corriendo a los brazos del buen Dios de brazos abiertos, arrodillándonos ante nuestro buen Padre y descansando en Su gracia. La razón es que nosotros, al igual que David, no somos las víctimas en nuestras vidas, somos los verdugos. Es cierto que, en ocasiones, sufrimos por cosas que no hemos causado, pero esa no es la imagen general. Si nos detenemos a pensar, esta es nuestra situación real: fuimos rebeldes, pecadores y malvados, pero hemos sido redimidos misericordiosamente por Cristo, perdonados, justificados y adoptados por el Dios del cielo.

No tiene sentido que andemos indignándonos cuando nos insultan, exigiendo justicia cuando nos maltratan o levantando el puño en resignación cuando no nos sentimos valorados. No tiene sentido, porque ya hemos sido valorados, abrazados y adoptados en Cristo. Dejemos a un lado la actitud de víctima y abracemos la actitud del Siervo sufriente.

CAPÍTULO 7

MEJOR, HIJOS NO

◆ *Cuando la bendición se convierte en carga*

La vida se está volviendo cada vez más complicada. Con la inflación disparada, haciéndonos más pobres cada día, con la precariedad laboral y el cambio climático, ya tengo suficiente con lo que tengo. No me vengas encima con que debo tener hijos.

No, yo no voy a tener hijos, los niños no me gustan. Me gusta viajar, y eso no se puede hacer con pequeños a mi alrededor. He visto alguna vez a parejas con niños intentando disfrutar en algún sitio, y estaban viviendo más una pesadilla que unas vacaciones. Tengo sueños en la vida, como impulsar mi carrera laboral o llegar a ser alguien importante, y eso es absolutamente imposible si me esclavizo a unos niños.

Además, soy demasiado joven, aún no he cumplido los cuarenta años. ¡Apenas comienzo a vivir! Tengo que disfrutar la vida, y con niños, como todo el mundo sabe, no se vive, como mucho, se sobrevive. Si en el futuro llegara a desear tener hijos, lo consideraría más adelante, después de que haya hecho todo lo que tengo que hacer, después de que haya ascendido en mi trabajo hasta donde deseo y después de que haya disfrutado todo lo que tenía que disfrutar.

Un ejercicio muy sencillo para comprobar esto es ir a dar una vuelta por un supermercado o centro comercial. De inmediato sabrás dónde están las familias con hijos. Se escuchan pequeños vándalos llorando, gritando, tirando cosas de los estantes, mientras sus padres gritan, cargados de ira y frustración, intentando que dejen de armar un escándalo. Lo siento mucho, pero yo no quiero formar parte de esa escena.

Además, no me gusta comprometerme. Por eso no quiero casarme, ni asumir una hipoteca, y jamás tendré hijos. No me gustan las ataduras. Prefiero gastar mi dinero en viajar, disfrutar y enfocarme en mi crecimiento personal. Prefiero hacer cualquier cosa antes que sentirme atado. Tener hijos es exactamente lo opuesto a lo que deseo en la vida. Quiero libertad y los hijos son una carga.

Es más, creo que es una irresponsabilidad traer niños al mundo. Los niños son una responsabilidad tan grande que nadie puede asumirla por completo. Tener una vida completamente dependiente de uno, día y noche, es una carga enorme, demasiado grande. Nadie debería ponerse en esa situación. Más aún con todos los problemas que existen hoy en día. La superpoblación del planeta es tal que cualquiera que tenga hijos es un insolidario que, por su negligencia, está poniendo en peligro al planeta Tierra. No hay recursos para satisfacernos a todos, y vamos a acabar con la vida en el mundo. Por ellos y por nuestro mundo, ni yo ni nadie debería tener hijos, esa es la única decisión responsable.

No, no me pidas que tenga hijos. No tengo el tiempo, el dinero, la motivación ni el compromiso, y mucho menos las ganas. No quiero esa carga en todos los sentidos. Quiero ser libre, porque así como debería estar, para poder disfrutar de la vida. Mi vida será mucho más plena y mejor sin hijos. Mejor, hijos no.

¡¡Paparruchas!!

No voy a decir que esto es lo que podrías haber escuchado en un programa de televisión o que un amigo no creyente te lo podría haber dicho mientras tomaban juntos un café (estoy convencido de que lo has escuchado de labios de alguien fuera de la iglesia). No lo voy a decir, porque es más que seguro que lo has escuchado de labios de alguien de la iglesia, incluso llamándolo espiritualidad. Es probable, incluso, que tú mismo hayas dicho (o pienses hoy en día) esto que hemos dicho. Aun así, amigo mío, tengo que decirte que esta es la mentira que creemos. Vamos juntos a buscar en nuestro *fack checker* supremo y hallar la verdad que ignoramos.

LA CRUDA REALIDAD

En España, hubo 322.075 nacimientos durante el año 2023, esto es un descenso del 2 % con respecto al año anterior.[1] ¿Estos nacimientos son muchos o pocos? Bueno, en ese año, la población española total era de casi 47,5 millones de personas.[2] Hasta donde tenemos datos, es la cifra más baja de nacimientos en España de toda la historia. ¡Solo en diez años, ha descendido el número de nacimientos en este país casi un 30 %![3] Pues bien, para entender hasta qué punto esta cifra es baja, vamos a compararla con lo que ocurrió en otro año. Si retrocedemos casi ochenta años, llegamos a la España de 1943. Saliendo de una cruenta guerra civil, mientras el país se recuperaba, se lamía las terribles heridas y enviaba una ayuda que apenas podía permitirse a la Alemania de Hitler, inmersa en la Segunda Guerra Mundial, España tenía una población de unos 26 millones de habitantes.[4] En ese mismo año, se produjeron más de 600.000 naci-

[1] Información obtenida del Instituto Nacional de Estadística, acceso el 2 de octubre de 2024, https://www.ine.es/uc/QxDYbTtq.

[2] Información recogida por Statista, acceso el 14 de julio de 2023, https://es.statista.com/estadisticas/725153/evolucion-de-la-poblacion-de-espana/.

[3] «Los nacimientos caen en España un 29 % en diez años», RTVE.es, acceso el 14 de julio de 2023, https://www.rtve.es/noticias/20190619/nacimientos-caen-espana-29-ultima-decada/1959020.shtml.

[4] Salustiano del Campo defiende que en 1940 era de 25.877.971, así que es de suponer que en 1943 sobrepasaría claramente los 26 millones de habitantes. Salustiano del Campo, «Componentes del Crecimiento de la población de España, 1940-1950», Universidad Internacional de la Rioja, acceso el 14 de julio de 2023, https://www.ine.es/inebase_historia/1943.pdf.

mientos.[5] En una sociedad destruida y arruinada por la guerra, con casi la mitad de la población actual, el número de nacimientos fue prácticamente el doble. Es decir, en las peores circunstancias posibles, marcadas por el hambre, la miseria y la opresión, cada mujer tenía, en promedio, cuatro veces más hijos que ahora.

En la actualidad, muchas personas han sustituido a los hijos por las mascotas. Seguramente conozcas a quienes han decidido no tener hijos y tratan a sus perritos como si lo fueran, llevándolos en carritos de bebés y vistiéndolos con abrigos en invierno. Según los últimos datos disponibles en España, actualmente ya hay más perros que niños menores que catorce años.[6] Los animales pueden suplir, hasta cierto punto, el impulso natural de tener hijos. Pero los perros no son niños, aunque muchos se empeñen en tratarlos como tal. El auge de los derechos de los animales, mientras millones de niños son abortados cada año, evidencia de manera brutal esta triste realidad.

La situación deja de ser una simple curiosidad para convertirse en algo profundamente preocupante cuando comenzamos a analizar algunas de las consecuencias que este hecho está trayendo (y que va a traer) para la sociedad. Los sociólogos consideran que la tasa de reemplazo[7] es de 2,1 hijos por mujer, cifra que no se logra desde 1985. Todo lo que baje de ese número implica que la sociedad no puede seguir adelante, que las muertes serán más que los nacimientos, los ancianos más que los jóvenes y que ese país está destinado a la

[5] Instituto Nacional de Estadística, acceso el 14 de julio de 2023, /https://www.ine.es/inebase_historia/1943.pdf.

[6] Según la Asociación Nacional de Fabricantes de Alimentos para Animales de compañía y el INE, hay «9.280.823 perros frente a 6.689.607». Mari Muñoz, «Más perros que hijos menores de 14 años. Así es el boom de los hogares con mascotas: "Dan amor puro a cambio de nada"», *El Mundo*, acceso el 7 de septiembre de 2023, https://www.elmundo.es/yodona/lifestyle/2023/07/08/64996c4621efa0a2608b4598.html.

[7] La tasa de reemplazo «se refiere a la fecundidad mínima necesaria para que una población cerrada (las migraciones se entienden aparte) se mantenga indefinidamente en el tiempo sin disminuir su volumen, y suele cifrarse en 2,1 hijos por mujer como promedio». Wikipedia, acceso el 03 de septiembre de 2023, https://es.wikipedia.org/wiki/Fecundidad_de_reemplazo#:~:text=La%20fecundidad%20de%20reemplazo%20se,hijos%20por%20mujer%20como%20promedio.

extinción. Un país en el que cada mujer tenga menos de 2,1 hijos en promedio está condenado a desaparecer; solo es cuestión de tiempo. En España, esa tasa es del 1,19, casi la mitad de la tasa de reemplazo que mencionan los sociólogos. Tenemos una de las tasas más bajas del planeta, incluso una de las más bajas de los países occidentales, donde la tendencia general es que esta tasa sea peligrosamente baja.[8]

En la actualidad, la mayor parte del dinero que recauda el fisco en España va a parar al pago de las pensiones de jubilación.[9] La realidad es que esta situación no hará más que empeorar, la población en edad de trabajar es cada vez más escasa, está endeudada y agobiada por impuestos, entre otras cosas. Mientras tanto, el número de jubilados sigue aumentando, sin que haya nuevas manos que se incorporen al mercado laboral. Cada vez menos trabajadores tendrán que hacer frente a mayores gastos. La situación es desastrosa y todo apunta a que solo empeorará hasta volverse insostenible. Dentro de no mucho tiempo, la sección de pañales en los supermercados será mucho mayor para ancianos que para bebés. El futuro, sin duda, es incierto y preocupante.

Detrás de todo esto hay una agenda impulsada por las más altas instancias (como mencionamos en el capítulo 4), que fomenta la «planificación familiar» (eufemismo usado para referirse al asesinato planificado y sistemático de niños mediante el aborto, llamemos a las cosas por su nombre) y el ataque contra la familia, promoviendo la homosexualidad (que, por naturaleza es estéril). Es decir, el problema no ha surgido de la nada, sino de una cuidadosa planificación de origen demoníaco que busca acabar con la familia y los niños.

---

[8] «Anexo: Países y territorios por tasa de fertilidad», Wikipedia, acceso el 14 de julio de 2023, https://es.wikipedia.org/wiki/Anexo:Pa%C3%ADses_y_territorios_por_tasa_de_fertilidad.

[9] Mónica Hernández, «Un futuro sin hijos: los nacimientos en España marcan un mínimo histórico», *Comando actualidad RTVE*, acceso el 14 de julio de 2023, https://www.rtve.es/noticias/20220616/comando-actualidad-futuro-sin-hijos-nacimientos-marcan-minimohistorico/2384124.shtml#:~:text=Espa%C3%B1a%20tiene%20uno%20de%20los,que%20marca%20un%20m%C3%ADnimo%20hist%C3%B3rico.

Hemos sido guiados por las élites hacia una situación en la que es tremendamente difícil criar hijos, para empezar, porque se nos ha instruido para considerarlos una carga que no nos podemos permitir.

Otro problema relacionado con este, y que contribuye a su gravedad, es que la edad a la que las mujeres comienzan a tener hijos es cada vez mayor (y cada año va retrasándose más y más).[10] Así, si en 1975, la edad media para la maternidad en España era de 25,24 años, en 2021 era de 32,61 años, más de siete años después. Este retraso de la maternidad hace que muchas de las mujeres que querrían tener hijos (o tener más hijos de los que ya tienen) se vean incapaces de hacerlo. La razón es que a partir de los treinta años, se va perdiendo fertilidad y cada vez es más complicado lograr un embarazo.[11] «A diferencia del hombre, la mujer nace con un número de óvulos fijo, los va gastando hasta la menopausia y a medida que pasan los años van envejeciendo», afirma el doctor Carbonero, presidente de la sección de esterilidad e infertilidad de la Sociedad Española de Ginecología y Obstetricia, «cuanto más viejas sean las células, menos capacidad tendrán de formar un embrión viable y habrá más probabilidades de abortos y de tener malformaciones cromosómicas fetales».[12]

Aunque, según el estilo de vida actual, una mujer de treinta y cinco años es aún joven, la realidad biológica no se mide por la estructura y el diseño social actual, sino por cómo hemos sido diseñados. Así, la edad óptima para tener hijos estaría en los veinte años, con los treinta

[10] El Independiente muestra, en una noticia, un cuadro interactivo donde se puede ver claramente la tendencia ascendente de la edad a la que las mujeres tienen su primer hijo en España desde 1975. *El Independiente*, «La edad media de las madres se dispara a 32,6 años en otro año con mínimo histórico de nacimientos», acceso el 03 de septiembre de 2023, https://www.elindependiente.com/sociedad/2022/06/15/la-edad-media-de-las-madres-se-dispara-a-326-anos-en-otro-ano-con-minimo-historico-de-nacimientos/#:~:text=Las%20mujeres%20espa%C3%B1olas%20tienen%20hijos,que%20no%20deja%20de%20crecer.

[11] Sara Ríos, «Las españolas posponen cada vez más la maternidad y a mayor ritmo que la media de la UE», *Noticias 20minutos*, acceso el 14 de julio de 2023, https://www.20minutos.es/noticia/2719117/0/maternidad-tardia-retraso/espana/causas-evolucion-tendencia/.

[12] *Ibid.*

como límite, ese es el rango natural. Más allá de los treinta y cinco, como es común en la actualidad, el embarazo se vuelve más comprometido y peligroso, reduciendo drásticamente las probabilidades de que sea saludable.[13] Esta situación, desde luego, causa gran dolor a muchas mujeres que desearían quedar embarazadas, pero que han esperado demasiado, por sus decisiones personales. Todos conocemos tristes ejemplos de esta situación, y ciertamente es algo muy triste.

Entonces, ¿cómo hemos llegado a esto? ¿Por qué cada vez se tienen menos hijos y tan tarde, si esto es algo objetivamente malo, tanto para la sociedad como para las familias y las propias mujeres? Como ves, la paparrucha que hoy nos ocupa es terriblemente destructiva y causa un dolor tremendo a mujeres, familias y sociedades enteras. Pero aún más terrible, esta paparrucha va directamente en contra de lo que Dios afirma para el ser humano, del diseño del Creador y de Sus órdenes sobre cómo deberíamos vivir.

EL PLAN DE DIOS

Antes de continuar, quiero dejar algo claro. De lo que voy a hablar es de la mentalidad de alguien que no quiere tener hijos por motivos equivocados y una visión distorsionada de la bendición de Dios. No estoy hablando de las parejas que, por cuestiones biológicas, no les es posible tenerlos ni de hombres y mujeres que no están casados. Hay muchas parejas que pueden decidir si tienen hijos o no (y esta paparrucha les empuja a negarse a hacerlo), pero hay otras que no tienen esa opción. Sería injusto y cruel el hecho de que no tengan hijos, cuando no es biológicamente posible para ellos. Varios buenos amigos y queridos hermanos están en esa situación, y no quiero que piensen que, si Dios no les da hijos, les falta algo, están fallando en su fe o no están cumpliendo Su voluntad. Tampoco quiero que crean que, si Dios no les permite tener hijos, es porque los ama menos o porque han pecado en algún sentido o porque son el objetivo de alguna maldición. Puede ser, sencillamente, que Dios no quiera que

---

[13] *Ibid.*

tengas hijos por alguna razón que Él conoce. Entiendo que puede ser frustrante y doloroso, y puedes encontrar consuelo en Cristo y en tus hermanos, pero no te preocupes, Sus planes siempre son mejores.

Teniendo esto en cuenta, en Génesis 1:26-27, encontramos la narración de la creación del ser humano. Ya hemos hablado de algunos aspectos que hacen que estas palabras divinas sean tan importantes. Ahora quiero que nos enfoquemos en las órdenes que Dios dio inmediatamente después de crear a Adán y Eva. En el versículo 28, el texto dice: «Y los bendijo Dios y les dijo: Sed fecundos y multiplicaos, y llenad la tierra y sojuzgadla; ejerced dominio sobre los peces del mar, sobre las aves del cielo y sobre todo ser viviente que se mueve sobre la tierra».

En este versículo, Dios le da al hombre cinco órdenes (hay cinco verbos en modo imperativo): sed fecundos, multiplicaos, llenad la tierra, sojuzgadla y ejerced dominio. Por medio de estas cinco órdenes, Dios encomendaba dos tareas esenciales a los hombres: que tuvieran hijos y que trabajasen la tierra, es decir, que crecieran y conquistaran. La unión del hombre y la mujer debía traer multiplicación, y esa multiplicación debía repercutir en un bien para el mundo entero. Si te das cuenta, cada una de las órdenes que Dios da a los hombres depende necesariamente de que ellos tengan hijos. Esto es evidente con las tres primeras (sed fecundos, multiplicaos y llenad la tierra), pero para cumplir la segunda parte, también era necesaria la fecundidad. Al estar Adán y Eva solos en el mundo, no podían sojuzgarla ni ejercer dominio sin la multiplicación. Necesitaban a más seres humanos para lograr tamaño encargo divino, y la reproducción era la herramienta para lograrlos. En otras palabras, no existe un mandamiento más importante para los primeros hombres que el de tener hijos. Ese fue el primer y gran mandamiento que Dios dio al ser humano al principio.

Este primer gran mandamiento viene dado por Dios como una bendición. Dios «los bendijo» al darles estas órdenes (Gn 1:28). El concepto de la fecundidad (tener hijos) y la idea de la bendición es algo que está íntimamente unido en la Biblia, especialmente en el libro de Génesis. La próxima vez que leas este libro, fíjate: casi en cada ocasión que se menciona la bendición, se está hablando de descendencia. Los dos conceptos están tan íntimamente vinculados que son prácticamente indistinguibles. Cuando los hermanos «bendijeron a Rebeca», le dijeron: «Que tú, hermana nuestra, *te conviertas en millares de miríadas*, y posean tus descendientes la puerta de los que los aborrecen» (Gn 24:60, énfasis añadido). Cuando Isaac despidió a su hijo Jacob, le dijo: «Y el Dios Todopoderoso te bendiga, *te haga fecundo y te multiplique*, para que llegues a ser multitud de pueblos» (Gn 28:3, énfasis añadido). De la misma forma, cuando Jacob bendijo a su hijo José, le dijo «el ángel que me ha rescatado de todo mal, bendiga a estos muchachos (Manasés y Efraín, los hijos de José), y viva en ellos mi nombre, y el nombre de mis padres Abraham e Isaac; y *crezcan para ser multitud* en medio de la tierra» (Gn 48:16, énfasis añadido). Así pues, según vemos una y otra vez en la Biblia, no solo es un mandamiento de Dios, sino que también es una bendición del Altísimo.

¿QUÉ ES UNA BENDICIÓN?

Pero, espera un momento. ¿Puede ser que una bendición de Dios consuma mis recursos, mis energías y mi paciencia? ¿No será que la bendición es algo que hace que mi vida sea más cómoda, y no todo lo contrario? Quizá tenemos un concepto muy distorsionado de lo que es y lo que no es la bendición.

Tener hijos es algo muy costoso, demanda una atención constante durante muchos años, es cierto. Es algo que nos lleva al límite de nuestra paciencia, que muchas veces nos pone nerviosos, nos hace sentir miedo por su seguridad y su futuro. Tener hijos es sacrificado, porque demanda de mí que no preste atención a lo que me gustaría hacer, sino a lo que mis hijos necesitan. Tener hijos es sufrido, porque hace que deje de prestar atención a mi bienestar, y comience a prestarlo al de otra persona. ¿Es posible que una bendición sea un inconveniente para que se cumplan mis planes? ¿Puede ser una bendición de Dios algo que va a restar disfrute, economía y libertad a mi vida?

Hermanos, creo que, en base a nuestros deseos egoístas y nuestra falta de comprender lo que dice la Biblia, hemos confundido lo que Dios quiere con lo que a mí me gustaría que ocurriera, hemos confundido bendición divina con capricho egoísta. Y, ¿sabes una cosa? La bendición de Dios no es que Él me dé lo que a mí me gustaría recibir. Elifaz, el amigo de Job, le dijo: «He aquí, cuán bienaventurado es el hombre a quien Dios reprende; no desprecies, pues, la disciplina del Todopoderoso» (Job 5:17). Es decir, el recibir algo que no se desea de parte de Dios (en ese caso, Su disciplina) es algo que debe ser recibido con alegría, porque es una bendición de lo alto.

David también reconoció esta verdad cuando dijo: «Pon tu delicia en el Señor, y Él te dará las peticiones de tu corazón» (Sal 37:4). El rey salmista no está diciendo que Dios nos va a dar lo que nosotros deseemos, Dios no es nuestro mayordomo, como ya hemos hablado. Lo que está diciendo es que, primero, nosotros debemos tratar de poner nuestros deseos en el Señor, que lo que más busquemos sea cumplir Su voluntad. Entonces, Él cumplirá Su voluntad en nosotros y, haciéndolo, cumplirá nuestro deseo de que Su voluntad sea hecha. En otras palabras, nuestro mayor deseo no debe ser que obtengamos lo que nuestro corazón nos pide (estabilidad, sanidad, tranquilidad, sosiego y unas buenas vacaciones), sino cumplir la voluntad de Dios. Es ahí donde radica la auténtica bendición celestial.

Ya hablamos un poco acerca de las Bienaventuranzas que dio nuestro Señor en el Sermón del Monte (capítulo 2). Allí, Jesús anuncia que la auténtica bendición de Dios vendrá, no para el que busca que se cumplan sus propios deseos, sino para el que reconoce que es de Dios de quien depende (Mt 5:3-12). De nuevo, la bendición no es el que se cumplan nuestras apetencias, sino que Dios cumpla Su voluntad sobre nosotros.

Yo creo que uno de los mejores ejemplos de esta realidad lo tenemos en el caso de Pablo. Según él mismo afirma, «Y dada la extraordinaria grandeza de las revelaciones, por esta razón, para impedir que me enalteciera, me fue dada una espina en la carne, un mensajero de Satanás que me abofetee, para que no me enaltezca» (2 Co 12:7).

Parece ser que el apóstol tenía alguna dolencia que le molestaba y por la que rogaba a Dios, para que le sanara. El apóstol podría haber pensado que la bendición divina habría pasado por ser librado del dolor y la incomodidad que le dificultaba tener una vida tranquila, pero Dios le respondió que no. Ese no era el plan de Dios, y la bendición divina pasaba por permitir que Pablo sufriera de esa dolencia. ¿Por qué daría Dios a Pablo la «bendición» de seguir sufriendo?

Por una parte, para que Pablo no se creyera que él era alguien espiritualmente superior, merecedor de mayor honra, por lo que Dios le había revelado y, por otra, para que Pablo aprendiera a descansar en el poder de Dios en medio de las circunstancias: «Y Él me ha dicho: Te basta mi gracia, pues mi poder se perfecciona en la debilidad» (2 Co 12:9). La respuesta de Pablo a lo que le dijo Dios es el paradigma de lo que nosotros debemos responder ante cualquier situación complicada que Dios permite que atravesemos: «Por tanto, muy gustosamente me gloriaré más bien en mis debilidades, para que el poder de Cristo more en mí» (2 Co 12:9).

Dios nos bendice con cosas que, aunque nos resulten incómodas, nos ayudan a ser quienes Él quiere que seamos. Su bendición no es nuestro capricho ni es un seguro que nos hará la vida más fácil. De hecho, rara vez la bendición de Dios coincide con lo que yo quiero para mí. Pero, aunque no sea lo que me gustaría en un principio, sus bendiciones son exactamente lo que necesito. «Porque mis pensamientos no son vuestros pensamientos, ni vuestros caminos mis caminos —declara el Señor. Porque *como* los cielos son más altos que la tierra, así mis caminos son más altos que vuestros caminos, y mis pensamientos más que vuestros pensamientos» (Is 55:8-9). Su bendición no es mi capricho porque Él me ama y sabe más que yo.

LOS HIJOS SON UNA BENDICIÓN

Un entrenador permite (e incluso fomenta) que el deportista sufra, porque sabe que eso hará que sus músculos y su técnica crezcan. Un maestro permite (e incluso fomenta) que su alumno sufra resolviendo problemas que parecen demasiado complicados, porque sabe que eso le hará crecer en conocimientos y perspicacia. Un padre permite (e incluso fomenta) que su hijo se enfrente a situaciones que le hagan tomar decisiones complicadas, aunque sufra, porque sabe que así aprenderá lo que significa la responsabilidad. De la misma manera, Dios permite (e incluso fomenta) que nosotros afrontemos el dolor y el sufrimiento, porque sabe que eso hará que nos agarremos más a Él y crezcamos en la sabiduría de lo alto.

Es precisamente en este sentido que los niños son una bendición. Es cierto que te hacen gastar mucho dinero, tiempo, esfuerzo y paciencia. Es cierto que te arrebatan hasta el último de los segundos de tus días durante largos años, pero son una bendición del cielo. De hecho, algunas veces, mi esposa me pregunta el porqué de mi insistencia en decir que los niños son una bendición, cuando pierdo los nervios tantas veces con ellos. Yo tengo que recordarme a mí mismo que mis hijos son una bendición porque no quiero, por nada del mundo, que una situación puntual o mis sentimientos cambiantes y necios me hagan olvidar esa realidad, y es que soy muy afortunado y bendecido de ser su padre. Ellos ciertamente son un regalo del Señor.

¿Cómo pueden ser una bendición? Quiero enumerarte algunas razones (desde luego, sería imposible contarte todas) por las que yo he experimentado que tener hijos es una gran bendición. Quizá tú puedas encontrar algunas más.

Tener hijos es una bendición del cielo porque, al ver cómo todo cuesta cada vez más y mi sueldo da para cada vez menos, me empuja a acudir más a Dios y a confiar más en Él en el sentido económico. A veces, tengo la tentación de pensar que mi salario viene de la nómina que recibo. Yo estoy contratado por mi iglesia como pastor, así que puedo parecer especialmente espiritual si pienso que la iglesia me paga el salario. Eso es cierto de determinada manera, Dios usa a mi iglesia para darme el sustento para mi familia. Pero, en última instancia, dependo de Él. El pago de mi hipoteca depende de Él, el dinero para comprar comida para mi familia depende de Él. El tener hijos (especialmente en un tiempo extremadamente caro para tenerlos, como es el actual) me ayuda a entender que dependo de Él. Yo intento ser un buen administrador con lo que Él me da, pero, aun cuando venga un pago que yo no pueda afrontar, Él es mi sustentador, y esa es una realidad sumamente tranquilizadora. Una realidad que me ayuda a recordar el tener hijos, así que ellos son una bendición.

Tener hijos es una bendición divina porque me ayuda a buscar fuerzas en Cristo cuando ya no me quedan. Es cierto que los niños pequeños pueden consumir tu paciencia, vitalidad y energía (quizá, cuando sean adolescentes, será aún peor), pero eso puede convertirse en una gran bendición si mi fatiga me lleva a buscar a Dios en oración como la fuente de mi energía, vitalidad y paciencia. Si tus hijos te llevan a situaciones límites, en las que te ves obligado a acudir a Cristo para salir adelante, realmente te están empujando en la dirección correcta. Caer de rodillas ante el Señor siempre es lo mejor que podemos hacer, así que mis hijos son una bendición.

Tener hijos es una bendición de lo alto porque me ayuda a estar más atento a lo que la sociedad donde ellos van a crecer dice y hace. Afrontémoslo: la sociedad se está encaminando a pasos agigantados a un punto al que da miedo mirar. Solo de pensar que mis niños tendrán que enfrentarse a los desafíos que se están gestando ahora mismo da mucho más que vértigo. ¿Qué puedo hacer por ellos? Después hablaré de algo más que puedo hacer por ellos, pero, en relación con la sociedad, puedo enseñarles a discernir la verdad y la mentira, para que sepan tomar buenas decisiones, y puedo orar por ellos con todo mi corazón. Puedo orar por mi país, por sus amigos, por los que serán sus cónyuges. Mi preocupación por su futuro me hace orar por cosas que realmente importan, y eso es algo tremendamente bueno, así que mis hijos son una bendición.

Tener hijos es una bendición de Dios porque me ayuda a buscar ser la mejor versión de mí mismo. Yo no quiero vivir la vida como un necio (demasiado tiempo he pasado haciéndolo), pero mucho menos quiero hacerlo delante de ellos. Ya tienen suficientes malos ejemplos a su alrededor. Yo quiero, con todas mis fuerzas, ser el hombre al que mi hijo mire para entender cómo debe ser un varón de

Dios, como debe amar a su esposa y cuidar a los suyos. Quiero ser el hombre al que mis hijas miren para entender cómo debe ser el futuro esposo con quien se casen. En definitiva, quiero ser quien debo ser, aunque aún no lo haya conseguido (la verdad es que me falta demasiado), pero quiero conseguirlo. Quiero ser mi mejor versión, así que debo acudir al Padre, que puede seguir transformando mi corazón, por medio del Espíritu Santo, para ser más como el Señor Jesucristo. Tener hijos es una herramienta en manos de Dios para empujarme a rendirme a Él para buscar ser quien debo ser, así que mis hijos son una bendición.

Tener hijos es una bendición incalculable porque me ayuda a dejar de lado mi orgullo. Entre las muchas cosas que debo cambiar, el orgullo ocupa uno de los primeros puestos, pero Dios me ha regalado a tres preciosos hijos que me ayudan en este sentido. Ahora, entiendo que no debo buscar mi bienestar por encima de todo, porque su bienestar va antes que el mío. Entiendo que no debo defender mis derechos por encima de todo, porque sus derechos van por delante de los míos. Dios usa a mis hijos para que comprenda que mis caprichos, mi tiempo libre y mi dinero no están ahí para ser usados conforme a mis deseos, sino para el bien de otros, dejando de lado mi orgullo, así que mis hijos son una bendición.

Tener hijos es una bendición maravillosa porque me ayuda a no tener tiempo ocioso y planificar mejor mis prioridades. Al igual que muchos hombres, tengo un problema con tener demasiado tiempo libre, y es que me hecho a perder. Soy perfectamente capaz de tirar mi vida a la basura, si me dejo llevar con mi tiempo de ocio. Pues bien, Dios me ha dado a tres preciosas bendiciones que llenan mi tiempo con actividades, pinturas, bailes, paseos, lecturas y llantos. Eso me empuja a organizar de la mejor manera posible cada uno de los segundos que tengo disponibles y, ¿sabes? ¡Tengo tiempo hasta de escribir libros, cosa que antes no tenía! Tener hijos me ha ayudado a sacar lo máximo de cada segundo que puedo dedicar a cada cosa, y a valorar mi tiempo de una mejor manera que como lo hacía antes, así que mis hijos son una bendición.

Tener hijos es una bendición de mi Padre porque me ayuda a entender el amor incondicional e inagotable que un padre puede tener por sus hijos. Dios nos ha dado un amor natural e incondicional por nuestros hijos. Solo alguien tremendamente depravado no amaría a sus hijos, en cualquier circunstancia y en todo momento. No hay nada que ninguno de mis hijos pueda hacer para que deje de amarlos, como no hay nada que tuvieron que hacer para obtener mi amor. Sí, pueden hacerme enfadar, puede que los castigue o que en un momento determinado les alce la voz, pero no hay absolutamente ninguna decisión, ningún desprecio o ninguna falta que pueda hacer que ellos dejen de ser mis queridos hijos, y que yo deje de amarlos como tales. Ese es el mejor recordatorio para mí de la seguridad del amor y de la aceptación de mi Padre celestial. «Porque estoy convencido de que ni la muerte, ni la vida, ni ángeles, ni principados, ni lo presente, ni lo por venir, ni los poderes, ni lo alto, ni lo profundo, ni ninguna cosa creada nos podrá separar del amor de Dios que es en Cristo Jesús Señor nuestro» (Ro 8:38-39). El amor de mi Padre es eterno, perfecto e incondicional. No hice nada para merecer ese amor, y no hay nada que pueda separarme de Él, Dios usa a mis hijos para recordármelo, así que mis hijos son una bendición.

Tener hijos es una bendición excelente porque me ayuda a entender el sacrificio total y abnegado por alguien a quien amas solo porque es tu hijo. Yo, al igual que cualquier padre normal, lo daría todo por cualquiera de ellos. De la misma manera, mi Padre celestial lo dio todo para que yo pudiera llegar a ser Su hijo. Él entregó a Su precioso, valioso y maravilloso Hijo Jesucristo para ser sacrificado en una horrible cruz y pagar por mi perversión. No existe forma alguna en que podamos entender la magnitud del amor de Dios al entregar a la Luz del mundo en sacrificio por pecadores como nosotros. Sin embargo, tener hijos, por quienes daríamos cualquier cosa, nos ayuda a comprender que Su amor es eterno, incondicional e inmutable, así que mis hijos son una bendición.

Tener hijos es una bendición para mi vida porque me ayuda a entender que las bendiciones de Dios no me hacen necesariamente la vida más fácil, sino que me acercan más a Cristo. El entender que mis hijos son una bendición de parte de mi Señor, que busca lo mejor para mí y me da lo que necesito, me hace tener un mejor concepto de lo que es una bendición. Por medio de mis hijos, Dios me ayuda a dejar de ser tan caprichoso, egoísta, perezoso e ignorante, y me enseña que Él está interesado en mi santidad, no tanto en mi comodidad, así que mis hijos son una bendición.

Este tiempo, con tres niños pequeños, es un tiempo muy agotador, de incertidumbre económica y de tener los nervios a flor de piel constantemente. Cuando me casé con mi esposa, pasamos nuestra luna de miel en un pequeño apartamento que alquilamos durante un par de días en una ciudad cercana. Nos hubiera gustado hacer algo más elegante, visitar otros países o hacer un crucero, pero nos consolamos pensando que, al año siguiente, tendríamos el dinero suficiente para hacerlo. Pues bien, han pasado 10 años y todas nuestras vacaciones se han centrado en visitar a los abuelos de uno y otro lado (mi familia vive cerca de Portugal, al oeste de España, y la de mi esposa, en Barcelona, al noreste), en viajes en coche con niños llorando durante horas. Desde entonces, la lista de lugares que nos gustaría visitar y de vacaciones soñadas no ha hecho más que crecer. Cuando veo a algunos amigos que me envían fotografías de sus vacaciones en distintos países, de las cosas fantásticas que están visitando y cómo lo están pasando, puedo sentirme tentado a pensar que estoy tirando mi vida a la basura. Cuando eso me pasa, tengo que obligarme a parar y pensar las cosas correctamente.

Mis hijos son una bendición de parte de mi Dios, una bendición tan grande que ningún viaje, ninguna comodidad ni ninguna tranquilidad van a pagar jamás. La realidad es que no tengo ninguna necesidad de irme de crucero por el mar Caribe, pero necesito todo lo que Dios me da por medio de esos tres pequeñitos para ser quien debo ser. Este tiempo, con todas sus incertidumbres, sus pérdidas de paciencia, sus intranquilidades y sus carencias, es el mejor tiempo de mi vida, en el que Dios más está trabajando conmigo. Sin vacaciones, sin descansos y sin paciencia, este es el tiempo en el que soy más feliz y tengo una vida más plena. Mis hijos son uno de los grandes regalos que Dios me ha dado, y ser su padre es uno de los grandes honores que Él me ha otorgado, un honor que no merezco. Ellos son preciosos, dan alegría a mi vida y me ayudan a salir adelante cuando ya no puedo más. Son un instrumento en manos de mi Señor para empujarme a dar pasos en la buena dirección.

Todo para decirte esto: no permitas, por ninguna razón, que nadie te diga que tener hijos no es una bendición de Dios. No te engañes pensando que, teniendo un par de perritos, estás cumpliendo con este mandamiento de alguna forma. No permitas que el mundo te engañe gritándote que es más importante viajar, comprar o tener cualquier cosa que tener hijos, porque esa mentira solo pretende robarte lo que Dios te quiere dar. No permitas que el enemigo te robe la bendición con sus mentiras.

EL REGALO DEL SEÑOR (SALMO 127)

Me gustaría terminar de desenmascarar esta paparrucha haciendo un comentario acerca de, quizá, el texto más célebre en la Biblia sobre la bendición que es tener hijos: el Salmo 127. Normalmente, solo se mencionan los versículos del 3 al 5, pero creo que es muy interesante que entendamos en qué contexto estaba Salomón diciendo lo que decía acerca de los hijos y, más aún, cuando la mentira que intenta desenmascarar es la misma que nosotros estamos creyendo. En cierto sentido, Salomón está tratando de develar la misma paparrucha a la que nos enfrentamos hoy en día.

> Si el Señor no edifica la casa, en vano trabajan los que la edifican; si el Señor no guarda la ciudad, en vano vela la guardia. Es en vano que os levantéis de madrugada, que os acostéis tarde, que comáis el pan de afanosa labor, pues Él da a su amado *aun mientras* duerme. (Sal 127:1-2)

En estos dos versículos, Salomón describe un problema, y es que, no importa lo que hagamos, cómo lo planifiquemos, lo que nos esforcemos o las intenciones que tengamos, si no incluimos a Dios en la ecuación, estamos perdidos. No importan los materiales de construcción que usen los albañiles, si no se cuenta con Dios, esa casa está destinada a la destrucción. Da igual el entrenamiento y equipamiento de los guardias que custodian los muros, sin Dios, esa ciudad está sentenciada a ser arrasada. No importa lo metódicos que seamos o lo que nos esforcemos en que se cumplan nuestros sueños, al final del camino, solo nos alcanzará la muerte y todos esos sueños acabarán desbaratados. Sin embargo, Dios «da a su amado *aun mientras* duerme» (Sal 127:2). Lo más importante no es nuestra inteligencia, nuestros títulos universitarios, nuestra cuenta corriente o los viajes que podamos hacer, lo más importante es que tomemos en cuenta a Dios y Su voluntad para nosotros. Sin Él, nada de lo demás importa. Con Él, nada de lo demás importa.

Esa es la mentira que nosotros también creemos: que la sabiduría, la filosofía, los estudios y los proyectos complejos de los «expertos» del gobierno pueden tener éxito sin contar con la sabiduría divina. Pero esa mentira tiene patas muy cortas, en seguida se muestra tal cual es. Y esta es la realidad que tenemos delante de nosotros: sociedades muriendo, familias sufriendo y mujeres sintiéndose vacías y acabadas por no poder tener el hijo que tanto desean. Da igual lo bonita que pueda parecer la mentira de este mundo, es una mentira que, al igual que los edificadores y los soldados en el salmo, está abocada al fracaso.

Así pues, ahora Salomón se propone mostrar la clave para resolver este problema, y describe esta solución como un regalo de parte del Señor:

> He aquí, don del Señor son los hijos; *y* recompensa es el fruto del vientre. Como flechas en la mano del guerrero, así son los hijos *tenidos* en la juventud. Bienaventurado el hombre que de ellos tiene llena su aljaba; no será avergonzado cuando hable con sus enemigos en la puerta. (Sal 127:3-5)

Puede parecer extraño que, ante el problema que describe Salomón, indique que la solución consiste en el regalo de Dios que son los hijos. Resultará extraño, a menos que recordemos cuál es el primer y gran mandamiento que Dios hizo al hombre: que tuviera hijos. Es decir, Salomón usa el tener hijos como el resumen de lo que es la vida de alguien que quiere honrar a Dios y obedecer Su Palabra. Es decir, en contraste con el albañil o el soldado del primer versículo que, aunque sean muy capaces en sus oficios, no cuentan con Dios en sus vidas, el éxito auténtico lo tendrá alguien que sí toma en cuenta lo que Dios dice, comenzando por tener hijos.

Salomón describe a los hijos «Como flechas en la mano del guerrero» (Sal 127:4). Fíjate en la imagen: anteriormente, Salomón hablaba de un guardia que protegía la ciudad, ahora habla de un guerrero con arco y flechas. Un soldado, por muy diestro que sea, si usa un arma cuerpo a cuerpo, como una espada o una lanza, no puede llegar mucho más allá de su propio brazo para defender lo que le importa o atacar a su enemigo. Sin embargo, un arquero, puede llevar hasta donde su ojo le permita ver, y es capaz de golpear a cualquiera que esté mucho más allá de él mismo.

Nuestro mundo nos engaña haciéndonos pensar que, si tenemos hijos, no podremos llegar a nada, no podremos alcanzar nuestros sueños. Nos engaña diciéndonos que los niños son una carga, un lastre para nuestras vidas y nuestras expectativas. La realidad que nos muestra este salmo es que los hijos son lo que nos puede hacer llegar mucho más allá de lo que podríamos llegar por nosotros mismos. No hay un ejercicio más productivo para la sociedad o para cumplir nuestros propios sueños que invertir concienzudamente en nuestros hijos, para que ellos sean las flechas que Dios nos permita lanzar hacia adelante, mucho más allá de lo que podríamos alcanzar jamás. Es cierto que cuesta dinero, es cierto que empleas tiempo y energías. Todo eso es más que cierto, pero no es una pérdida, sino una inversión.

En cuanto a cómo deberíamos hacer la inversión, también podemos meditar en la imagen que nos muestra Salomón. Cuando el soldado salía a la batalla y llenaba su aljaba de flechas, las tenía bien preparadas. Había afilado la punta, las plumas estaban listas y la firmeza del asta de la flecha había sido comprobada. En otras palabras, el arquero se había esforzado al máximo para dar la mejor preparación a cada una de las flechas que iba a lanzar. Esa es la manera en que los padres debemos preparar a nuestros hijos. La inversión que debemos hacer en ellos debe ser intencional y sabia, buscando la guía divina en las páginas de la Biblia y persiguiendo el bien mayor de nuestros hijos más que nuestra propia comodidad. Si lo hacemos así, y encomendamos a nuestros hijos al Señor, podemos confiar en que Él va a hacer lo demás. Ellos serán armas precisas y útiles, no en nuestras manos, sino en manos del Señor de los ejércitos.

Fíjate en el cambio de paradigma que esto significa: podemos pasar de estar amedrentados por el mal que la sociedad puede hacer a nuestros hijos a estar invirtiendo y confiados en que ellos van a ser armas que Dios use para cambiar la sociedad. ¡Ya no temeremos al mundo, sino que el mundo debería temer lo que Dios hará por medio de ellos! Así es el cambio tan tremendo que Dios puede hacer al tener hijos y criarlos en el temor del Señor. ¿Quieres cambiar el mundo? Encomiéndate y encomienda a tus hijos a Dios, y verás lo que es una familia piadosa en las diestras manos del Señor de los ejércitos.

La situación se pone aún más interesante, ya que la imagen que nos presenta Salomón nos lleva a otra más espectacular. Imagínate: esos hijos, en los que hemos invertido, por quienes hemos orado, a quienes hemos entrenado y para quienes hemos intentado ser de buen ejemplo, llegarán a ser padres. Es decir, no «solo» es que estemos lanzando flechas, sino que estaremos lanzando flechas que, a su vez, ¡lanzarán más flechas! Al criar a nuestros hijos en el temor del Señor, también estaremos criando a los que criarán a nuestros nietos, así que estamos sembrando para una cosecha que no tiene límites. Tener hijos e invertir en ellos no solo cambia vidas, sino que tiene un poder multiplicador que puede, a lo largo del tiempo, cambiar naciones enteras.

La última imagen que Salomón presenta es que el que tiene hijos no será avergonzado cuando hable con sus enemigos en la puerta. La puerta de las ciudades era el lugar donde se llevaban a cabo las transacciones comerciales, se hacían acuerdos y se firmaban pactos. Pues bien, si tengo que hablar con mis enemigos para buscar una salida en una situación complicada, no es lo mismo aparecer delante de ellos solo que hacerlo acompañado de diez jóvenes fuertes que son mis hijos. Ellos serán mi ejército personal e intimidarán a cualquiera que quiera engañarme.

¿Qué significa esto? Que, al contrario de lo que nos dice esta paparrucha, tener hijos no nos resta productividad, sino que la multiplica. Tener hijos, aunque pueda parecer, durante un periodo, una pérdida de tiempo y energía, produce algo mucho mayor, algo que será muy útil en el futuro, cuando más lo necesite. Esto era muy evidente antiguamente, cuando no había planes de jubilación ni asistencia pública, y los hijos eran la única seguridad que alguien podía tener de ser atendido en la vejez. Pero hoy en día, aunque el gobierno haya ocupado el papel de los hijos en ese sentido, la realidad no ha perdido su vigencia. Tener hijos no es una pérdida, sino una ganancia, aunque el mundo nos grite lo contrario.

Por cierto, si piensas que no necesitas a los hijos para que te cuiden en la vejez, porque eso lo hará el gobierno, mejor será que vayas dejando esa idea de lado, porque las pensiones de jubilación son sencillamente insostenibles. Personalmente, no tengo ninguna esperanza de cobrar un solo céntimo de jubilación porque, a este ritmo, en poco tiempo no habrá trabajadores a los que robar para costearla. Si quieres sobrevivir en tu vejez, más te vale tener hijos y criarlos bien, como ocurría antes.

La sociedad nos grita que hay otras maneras de hacer las cosas, que no debemos tener hijos en la juventud porque nos arruinarán la diversión y el desarrollo que necesitamos. Nuestros familiares nos dicen que tener hijos es una pérdida de tiempo, dinero y energía. Pero nosotros no debemos seguir el esquema de la sociedad, ni siquiera de nuestra familia, si este es contrario a lo que Dios ha dado. Hacer las cosas a nuestra manera, sin contar con Dios en la ecuación de nuestra vida, es lo que este salmo demuestra ser una insensatez y el camino directo al abismo. Así pues, debemos seguir la manera de Dios. En otras palabras: debemos buscar tener hijos.

CUANDO LOS NIÑOS VIENEN MAL

Es cierto que, desde muchos puntos de vista y, mirando a las cosas que estimamos en nuestra sociedad, como la comodidad o el disfrute, los niños pueden venir muy mal. Quizá te encuentras en una situación en que llegar al final de mes es una misión casi imposible o, incluso, te has quedado embarazada sin estar casada y tener un niño arruinaría tus sueños, ilusiones y reputación. Quiero hablarte de la llegada de un niño que parecía todo menos una bendición.

Una jovencita judía estaba prometida con un buen hombre. En su mente, se acumulaban las ilusiones, los proyectos y las ganas de formar una familia, amar a su marido y tener una vida feliz y normal. Pero todas esas ilusiones se tambalearon y resquebrajaron cuando le anunciaron que iba a tener un bebé, aunque aún no estaba casada, y sin que su prometido fuera el padre. El desastre y la destrucción de sus planes e ilusiones estaba servido. Como puedes imaginar, estoy hablando de María, la madre de Jesús.

Sabemos que ella aceptó la bendición (Lc 1:38) con una actitud que muchos no habríamos tenido: dando gracias a Dios por el privilegio que tenía. Aun así, desde luego que ella sabía el precio que tendría que pagar por esa bendición. Quizá sus sueños saltaron por los aires ese día, pero la razón fue que Dios estaba construyendo algo mucho más grande, una bendición mayor de lo que hubiera podido imaginar: ser la madre del Mesías de Israel, el Salvador del mundo.

El Dios del cielo se hizo un bebé pequeñito que tuvo que aprender a andar y a hablar. Al hacer eso, honró a los niños como nada podría haberlo hecho. Jesús haciéndose un niño es la prueba máxima de que los niños son una bendición.

«Y el Niño crecía y se fortalecía, llenándose de sabiduría; y la gracia de Dios estaba sobre Él» (Lc 2:40). Cuando crecía, Jesús dio cada paso con un objetivo en la mente: ser entregado como sacrificio en nuestro lugar, ser el cordero de Dios. Lo hizo para que cualquiera que creyera en Él tuviera vida eterna (Jn 3:16). Pero lo hizo para que, los que clamaran a Él, lo hicieran como niños, con confianza y humildad (Mt 18:3), o no pudieran entrar en absoluto.

Al hacerlo así, Jesús cambió completamente la mentalidad de la época en cuanto a los niños, y también quiere cambiar la nuestra. El valor que Él dio a los niños no tenía nada que ver con el pensamiento de que los niños son propiedad del padre, que tiene incluso derecho de vida y muerte sobre ellos.[14] Tampoco tiene relación con nuestro pensamiento de que los niños son una incomodidad o una carga innecesaria. Según Su ejemplo y Sus mandamientos, los niños son especialmente valiosos, los hijos son una enorme bendición, y el querer obedecer a Dios sinceramente en una cultura como la nuestra debería implicar estimar a los hijos de la misma manera que nuestro Señor lo hace.

[14] Esta era la concepción en el mundo romano.

CAPÍTULO 8

PUEDES SER LO QUE QUIERAS

◆ *Menos lo que eres*

Vivimos en un mundo avanzado, donde hemos dejado atrás los prejuicios morales y culturales que antes nos ataban y oprimían. Ahora podemos ser lo que queramos. Ya no estamos obligados a seguir la senda que otros han trazado ni a convertirnos en lo que otros esperan de nosotros. No, ahora, por fin, somos libres de elegir quiénes queremos ser.

Así pues, puedes ser abogada o astronauta, solo tienes que elegir. Puedes ser hombre o mujer. Ahora bien, puedes permanecer soltera o casarte…

Eh… no, espera. Mejor no. No, no puedes casarte. Olvida lo que he dicho. No puedes casarte, porque eso solo limitaría tu libertad y tu capacidad de ser lo que quieras. Mejor no lo hagas, no te encadenes. Puedes ser lo que quieras, menos aquello que te robe la libertad.

Pero bueno, aparte de eso, puedes hacer lo que quieras. Eso sí, puedes hacer saltos en *bungee* o escribir un libro (cualquier tonto puede escribir un libro). Puedes comer carne de cerdo, un filete de proteína vegetal o un puñado de larvas criadas en granjas. ¡Eres libre! Puedes comprarte un perro o tener un hijo…

Eh… no, mejor que no. No, no tengas hijos. Imagina que no he dicho eso último. Tener hijos solo limitaría tu libertad y tu capacidad de ser y hacer lo que quieras, y eso es lo único que no puedes hacer. Jamás des un solo paso que te encadene. Tú me entiendes.

El mundo que, felizmente, hemos dejado atrás, es un mundo que ha sido esculpido a golpes por el heteropatriarcado. Ese mundo de antaño, había sido diseñado para oprimir a las mujeres y someterlas debajo de la bota del hombre. El heteropatriarcado es el producto de la maldad, el egoísmo y la presión de los hombres, así que hay que terminar por liquidarlo para que las mujeres, al fin, puedan ser y hacer lo que deseen sin trabas ni cadenas.

Además, el heteropatriarcado también ha sido una carga para los hombres. A través de este sistema de opresión, se les decía que debían ser más hombres, es decir, más duros, rudos, apáticos y opresores, pero eso no es verdad. Cualquier hombre puede dejar de lado el peso muerto de su hombría y ser más femenino, es decir, más empático, emocional, espiritual y real. La única manera en que un hombre puede ser salvado de su propia masculinidad tóxica es dejándola de lado y abrazando la feminidad. La única forma en que el hombre puede ser mejor es siendo menos hombre.

En definitiva, dejando atrás la realidad que nos oprimía, nos robaba la libertad y el alma, podemos ir en busqueda de nuestra auténtica libertad, una libertad sin restricciones ni cadenas. Así, podremos vivir plenamente nuestras vidas y ser (casi) todo lo que queramos, ya me entiendes…

¡¡Paparruchas!!

Esta paparrucha nos habla de lo que podemos ser y de lo que podemos hacer, y de las razones para ello. Este es uno de los grandes temas hoy en día, un tema al que nos tenemos que enfrentar, no solo como iglesia, sino también a nivel personal y familiar. En el capítulo 4 ya hablamos bastante de nuestra identidad y vas a ver que, en cierto sentido, esta paparrucha tiene mucho que ver con aquella. En cualquier caso, esta es la mentira que creemos, ahora vamos a ver la verdad que ignoramos.

DE SEXOS Y ROLES

De la misma manera que comenzábamos diciendo en la paparrucha del capítulo 4, me gustaría recordarte algo tremendamente útil, especialmente viviendo en nuestra sociedad: nuestra identidad no proviene de nuestro trabajo, condición social, etnia o religión. No está basada en nuestros logros o fracasos. No la deciden nuestros padres, los gobernantes, nuestros amigos, ni siquiera nosotros mismos.

Es Dios el que ha decidido nuestra identidad. Cuando Él nos creó, impuso en nosotros Su imagen, y así lo hizo al crearnos siendo hombres o mujeres: «Creó, pues, Dios al hombre a imagen suya, a imagen de Dios lo creó; varón y hembra los creó» (Gn 1:27). En otras palabras, la distinción entre hombre y mujer, no solo es evidente en nuestros cuerpos y está escrita en el ADN de cada una de nuestras células, sino que también es una realidad *teológica*, porque viene como consecuencia de la imagen divina que portamos. Aunque muchas personas a nuestro alrededor intenten negarlo, y traten de limitar el ser hombre o mujer a una decisión que podamos tomar, esa es una mentira que atenta contra nosotros, pero también contra Dios mismo.

Ahora, una cosa es hablar de nuestro sexo y nuestra identidad como hombres o mujeres, y otra cosa es hablar de los *roles* asociados a esa identidad. Me explico, una mujer es una mujer, se ponga la ropa que se ponga, pero si vemos en las noticias una imagen de un mercado en Kabul, veremos que las mujeres van vestidas con un burka (prenda que le cubre el cuerpo entero, apenas dejando unos pequeños huecos para que pueda ver), mientras que aquí en España van con pantalones y camiseta. En su cultura, las expectativas que se tienen de las mujeres imponen que vistan de esa manera, pero en la nuestra la expectativa es diferente. A eso es a lo que me refiero.

Cada cultura tiene ciertas expectativas o roles que se supone que deberían cumplir los hombres y las mujeres. Las diferencias religiosas, culturales o sociológicas hacen que algunas culturas tengan determinados roles asociados a las mujeres y otras culturas tengan otros. Estos roles, vinculados al sexo de cada persona, son una expresión específica de cada cultura. No representan cómo deberían ser las cosas, sino simplemente cómo se han establecido. De hecho, el movimiento feminista, tan poderoso hoy en día, surgió como reacción en contra de los roles asociados a las mujeres en el mundo occidental durante el siglo xx. Se cuestionaba la expectativa de que las mujeres no deberían salir a trabajar, sino quedarse al cuidando de los niños y de la casa, mientras que los hombres debían proveer el sustento familiar trabajando en la fábrica. La idea era que, al ser construcciones sociales, los roles de género debían renovarse, reinventarse y ajustarse para favorecer la libertad y la igualdad.

Dicho así, eso es absolutamente cierto. Una cosa es el rol asociado a un género y otra es el género en sí. El hecho de que una mujer sea una mujer no implica que deba saber planchar una camisa o hacer un buen guiso; eso tiene que ver con construcciones sociales, no con su ADN. Que pensemos que un hombre debe saber cambiar una rueda y una mujer remendar un calcetín no es lo que la Biblia dice, sino que es un «constructo social».[1] En otras palabras, es algo que nosotros hemos decidido, no que Dios ha decidido. Es muy importante que entendamos qué es lo que dice la Biblia y qué es lo que nos viene por medio de nuestra cultura, para estar en condiciones de desenmascarar esta paparrucha.

Con esto no estoy diciendo que esté mal que una mujer lave los platos o que un hombre conduzca el automóvil. Los roles asignados a cada género no tienen por qué ser algo necesariamente malvado, pero sí debemos estar dispuestos a aceptar la realidad de que quizá las dinámicas que hemos heredado de nuestros padres pueden cambiar, y que todo lo que no esté legislado en la Biblia es susceptible de revisión, siempre que lo hagamos siguiendo una mentalidad informada

---

[1] Un constructo social es «un producto de la cultura que genera cada sociedad. Los utilizamos para hacer referencia y dar significado a fenómenos que construimos en base a nuestras creencias para poder interactuar entre nosotros y gestionar mejor la realidad y el mundo en el que vivimos». En otras palabras, un constructo social es algo que una sociedad acepta como cierto, pero que no tiene por qué serlo. *Psicología y mente*, «¿Qué es un constructo social? Definición y ejemplos», acceso el 6 de septiembre de 2023, https://psicologiaymente.com/cultura/que-es-constructo-social

por el consejo de la Palabra de Dios, es decir, siempre que lo hagamos sabiamente. Nuestras expectativas y nuestra visión de lo que es un hombre y una mujer debe estar informado por la Biblia, no por cualquier otra ideología o tradición, sea cual sea.

Para comprender contra lo que lucharon las feministas del siglo pasado y para que entendamos de dónde venimos y a dónde vamos en este sentido, vamos a hacer un pequeño viaje en el tiempo para trazar la historia de los roles de género en occidente.[2] Antes de la Revolución industrial, lo más común era que los hombres estuvieran en casa porque allí es donde estaba su trabajo. Ya sea que tuvieran un taller, un pequeño comercio o una granja, su lugar de trabajo estaba junto a su familia. El hombre y la mujer estaban juntos en el hogar, donde criaban a sus hijos y trabajaban. Quizá, con la excepción de marinos, soldados o comerciantes, el lugar natural del hombre estaba junto a su mujer y sus hijos. Allí, compartía con los suyos las labores propias del hogar y las del trabajo.

Este modelo sigue vigente en muchos lugares del mundo y, en otros, lo ha estado hasta hace muy poco. Mi madre, sin ir más lejos, me cuenta cómo era el modelo de su familia cuando era pequeña y su padre cultivaba las tierras familiares en Torrijo del Campo, en la provincia de Teruel. Por ejemplo, me cuenta que, cuando llegaba la temporada de la cosecha del azafrán, ella, junto con su hermana, su madre y, por supuesto, su padre, dedicaban todos sus esfuerzos durante tres meses para trabajar unidos, pues gran parte del sustento anual de la familia dependía de esa cosecha. Es normal que los padres tuvieran tareas diferentes a las madres, porque los hombres tienen más fuerza y las mujeres estaban muchas veces ocupadas con las tareas propias de la maternidad (embarazadas, amamantando o cuidando niños. A menudo, las tres cosas a la vez), pero ambos funcionaban como un equipo en el trabajo y en la crianza de sus pequeños.

---

[2] Lo que intento hacer es resumir muy brevemente esta historia que narra Pearcey de una forma sólida, documentada y apasionante. Nancy Pearcey, *The Toxic War on Masculinity: How Christianity Reconciles the Sexes* (Grand Rapids, MI: Baker Books, 2023), 71-225.

Todo esto cambió con la llegada de la revolución industrial. Entonces, los hombres salieron de su casa para ir a la fábrica a «ganar el pan». La familia se rompió y el lugar del hombre pasó a ser el del negocio (un mundo duro, áspero y varonil) mientras que el hogar pasó a ser el reino de las mujeres (un mundo cálido, bello y confortable). Las mujeres ahora eran las encargadas de cuidar a los niños, así que ellas tenían que ser empáticas, amables y espirituales. Los hombres debían lidiar con temas económicos y ser la fuerza bruta, así que su carácter tenía que reflejar esta realidad. Así, el paradigma de cómo debería ser un hombre y una mujer fueron moldeándose hasta establecer un patrón que, tristemente, es el que nosotros hemos visto toda nuestra vida.

Que el hombre llegue a casa de trabajar (no sin antes pasar un rato por el bar) y se siente a ver el fútbol tomando una cerveza mientras su esposa termina de bañar a los niños y le tiene la cena preparada no es el ideal que Dios tenía en mente cuando creó al hombre y a la mujer. El rol que hemos asignado a cada género, sencillamente, es una invención, un «constructo social». Uno que poco tiene que ver con el ideal bíblico.

Fue contra esos roles asignados durante la revolución industrial contra lo que estalló la revolución feminista. Las mujeres protestaban en contra del hecho de que ellas se hubieran quedado en casa, con todo lo que eso conlleva, mientras que el hombre vivía su libertad afuera. Así que, ¿cuál fue la solución que propusieron? Podrían haber buscado que el hombre volviera a casa y se involucrara más con los niños, o buscar la manera de cambiar el paradigma económico y social para que los hombres pudieran regresar a sus familias. Pero no, su respuesta no fue que los hombres volvieran al hogar, sino que ellas también querían salir de casa. La solución propuesta fue que las mujeres seguirían el camino de los hombres y también abandonarían sus casas y saldrían a trabajar afuera, porque así ellas también serían como hombres.

Yo crecí teniendo a mi madre conmigo. Mi padre era policía municipal en Béjar y, entre su trabajo y las largas horas en el bar, al final, era mi madre la que cuidaba de mí y de mis hermanos. ¡Gracias a Dios que, al menos, ella estaba! Ahora, la sociedad está estructurada para que ya no esté el padre *ni* la madre. Para terminar de complicarlo todo, la sociedad ha cambiado de tal manera que, si mis padres podían vivir con el modesto sueldo de policía de mi padre, y sacar adelante a tres hijos, ahora es necesario que los dos padres trabajen para, de alguna manera, poder salir adelante ellos mismos (ya ni hablamos de tener hijos, como veíamos en la anterior paparrucha). El mundo nos empuja a que el hombre y la mujer salgan de casa para trabajar.

Muchas mujeres de hoy en día tienen la mentalidad de que ya no deben seguir siendo las sumisas que se quedan en casa y se sacrifican por el bien de su marido y de sus hijos. Ahora, ellas deben saltar por encima de quien sea para luchar por su propio bienestar y conquistar sus propios sueños, igual que un hombre.

Si te das cuenta, lo que es un hombre y una mujer ha quedado completamente trastocado por los pasos dados por esta sociedad que no ha comprendido lo que dice Dios acerca del hombre y la mujer. La masculinidad, según nuestro mundo, es algo tóxico. Los hombres no lloran, no muestran sentimientos ni deben pensar en nada más que en su trabajo, en la productividad y que nadie se interponga en su camino. Si queda algún hueco libre en su mente, desde luego, lo dedicarán a su propio disfrute personal, en el que buscarán a señoritas con las que desfogarse y amigos con los que divertirse.

La mujer es vista como una guerrera que debe abrirse paso a arañazos para recuperar los derechos que le han sido arrebatado, y debe hacerlo utilizando los medios que hagan falta. La mujer es más inteligente, más capaz, más sentimental y más espiritual que el hombre, así que debe luchar con uñas y dientes en contra de esta sociedad para que todo el mundo acepte su superioridad.

¿CÓMO ES UN HOMBRE?

Como hemos estado viendo, la solución para entender cuál es la visión bíblica de un hombre y una mujer, no consiste en ir a ver qué es lo que hacían nuestros padres, porque ellos también lo estaban haciendo mal (quizá, no tan mal como nosotros, pero lo hacían mal). Lo que debemos hacer, como siempre, es abrir las páginas de nuestra agencia de verificación (la Biblia), para que nos muestre la realidad.

Podríamos pensar que la responsabilidad bíblica del hombre se limita a trabajar, pagar facturas y encontrar un refugio adecuado para su familia. Y es verdad que el trabajo forma parte de lo que un hombre debe hacer. Por ejemplo, vemos que, cuando Adán y Eva fueron castigados por su pecado, Dios castigó a Adán en relación con su trabajo: «...maldita será la tierra por tu causa; con trabajo comerás de ella todos los días de tu vida. Espinos y abrojos te producirá y comerás de las plantas del campo. Con el sudor de tu rostro comerás el *pan* hasta que vuelvas a la tierra...» (Gn 3:17-19). Pero Dios no pretendía que el hombre trabajase *solo*. Dios quería que el hombre y la mujer fueran *un equipo* en su tarea de tener hijos y de trabajar.

Uno de los textos donde podemos ver más claramente las expectativas que Dios tiene de los hombres es Efesios 5:25-33. Pablo mira a Cristo como el referente de lo que debería ser un hombre, y mirando Su ejemplo, saca una sorprendente conclusión: los rasgos distintivos del hombre deberían ser *la entrega y el sacrificio* por los suyos. Es decir, la antítesis de la masculinidad no es la feminidad, ni el sentimentalismo. La antítesis de la masculinidad es el egoísmo. Si el mundo dice que el hombre debe mirar por sí mismo antes que cualquier otra cosa, Dios dice que el hombre debe anteponer a su esposa e hijos antes que a sí mismo, y hacerlo sin dudar un instante. Pero, quizá, lo que más puede sorprendernos de este sacrificio es la palabra que Pablo usa como mandamiento supremo para el hombre: «Maridos, *amad* a vuestras mujeres, así como Cristo amó a la iglesia y se dio a sí mismo por ella» (Ef 5:25, énfasis añadido). El hombre debe amar a su esposa. El hombre no debe ser frío, apático o ajeno, no, el hombre debe amar hasta doler. Y la muestra principal de ese amor debe ser el sacrificio, el darse por los suyos.

Hombre, tu objetivo no debe ser el buscar lo tuyo, sino lo de los demás, específicamente lo de tu familia. Si hay alguien que debe sacrificarse por los demás, ese eres tú, y jamás debes delegar este privilegio y este honor que Dios te da. ¿Qué significa esto en la vida real y cotidiana?

Tu prioridad no debe ser tu trabajo, sino tu familia. Sé que suena a tópico, pero esto es algo que constantemente debemos recordar. Si tener un «mejor» trabajo significa que estarás más alejado de tu familia, tu deber es sacrificar tu carrera y proyección laboral por los tuyos. Ellos no deben sacrificarse por ti, y echarte de menos para que tú subas escalones en tu carrera laboral soñada. Todo lo contrario, eres tú el que debe sacrificarse por ellos.

Padre, estate con tu familia. Tus hijos te necesitan, tu empresa no. El signo distintivo de la inmensa mayoría de los presos que pueblan las cárceles es que no tuvieron a sus padres (sí, hablo de padres, no de madres) cuando eran pequeños.[3] Tu presencia en casa es vital para tus hijos, y nada ni nadie va a poder reemplazarte. Tus pequeños no necesitan una videoconsola mejor, ni una casa más grande, ni un nivel de vida más alto. Ellos te necesitan a ti a su lado, dándoles de tu tiempo y atención. Dentro de veinte años, los únicos que van a recordar que dedicaste tu vida al trabajo, no serán tus compañeros, ni tu jefe, serán tus hijos.

Hay un engaño que solemos aceptar en este sentido. Pensamos que podemos reemplazar la cantidad del tiempo que podríamos pasar con nuestros hijos con un poco de «tiempo de calidad». ¿Qué significa esto? Que, aunque casi no estemos en casa porque estamos buscándonos la vida afuera, podemos compensar llevando a nuestros hijos al parque de atracciones o gastar mucho dinero en unas vacaciones que jamás olvidarán. Olvídate de eso, es una mentira cara. Tu dinero empleado en vacaciones o en regalos caros tampoco va a reemplazar tu presencia en sus vidas.

---

[3] «Las investigaciones han revelado una y otra vez que la forma más evidente de predecir si un niño terminará entre rejas es si fue criado por solo un progenitor. La privación del padre tiene un mayor impacto que la raza, la pobreza o la educación... Los niños criados por padres tradicionalmente masculinos generalmente no cometen crímenes. Los niños sin padre son los que cometen crímenes». *Ibid.*, 192. (Traducción del autor).

Por otro lado, puede ser que la familia esté pasando una mala racha a nivel económico. Puede ser que una serie de malas decisiones hayan acabado en una deuda que hace que la situación sea insostenible. Si la familia lo necesita, tú debes ser el que se sacrifique buscando un trabajo más incómodo. Si hay alguien que debe salir a buscar un segundo trabajo, o remangarse y trabajar limpiando retretes, aunque tu oficio sea de ingeniero informático, ese eres tú. Tu familia te necesita, así que tu prioridad siempre debe estar en sacrificarte por ellos en lo que sea que necesiten.

Pablo ordena a los maridos que la manera de amar a sus esposas debe ser «como a sus propios cuerpos» (Ef 5:28). A diferencia de lo que podríamos pensar, aquí Pablo no está diciendo que primero debemos amar a nuestros propios cuerpos, para después amar a nuestras mujeres. Lo que hace es presuponer (con razón) que nosotros amamos a nuestros cuerpos. Si voy a la nevera por yogures para postre y veo que solo queda uno del sabor que a mí me gusta, no lo saco primero. Lo que hago es sacar yogures para mi mujer y mis hijos, sin incluir el que me gusta. Es más, por si acaso, lo meto más para el fondo, para que no lo vea mi hija mayor y se le antoje el yogur que yo quiero. Después, cuando ellos ya están comiendo, saco el mío, para que nadie me lo quite. ¿Por qué hago esto? Porque amo a mi propio cuerpo y me gusta consentirme. Pues bien, eso, que me sale naturalmente, por mi egoísmo pecaminoso, es lo que Dios me pide que haga voluntariamente, aunque no me salga de forma natural. Dios me exige que escoja voluntaria y alegremente sacrificarme por mi mujer y por mis hijos.

Cuando era pequeño, mis padres me decían: «cuando seas padre, comerás huevos». Esto significa que el padre tiene determinados privilegios de padre. Bien, el primero y más importante que tienes con los tuyos es el de sacrificarte por ellos. Es decir, si tienes hambre y te apetece comerte ese filete (o ese huevo), pero es el último y tus hijos también tienen hambre, debes sacrificarte por ellos.

Es verdad que normalmente tenemos interiorizado el hecho de que nosotros somos quienes debemos preocuparnos de que nuestra familia tenga todo lo necesario a nivel físico, es decir, que tengan qué comer, dónde vivir y qué ponerse. Pero no es menos verdad que también debemos preocuparnos por ellos a nivel emocional y espiritual. Se nos vende que los hombres no son empáticos, pero eso no es a lo que Dios nos llama. Quizá tú eres más arisco que tu esposa, pero Dios te llama a amarla, ese es precisamente el mandamiento que te ha sido encomendado (Ef 5:25, 33). Dios te ordena que ames a tu esposa, no sencillamente que le des lo suficiente para que sobreviva.

Es más, Dios te llama también a enseñar y entrenar a los tuyos a nivel espiritual. Cuando Dios sacó a los israelitas de Egipto, les dijo: «Y estas palabras que yo te mando hoy, estarán sobre tu corazón; y diligentemente las enseñarás a tus hijos, y hablarás de ellas cuando te sientes en tu casa y cuando andes por el camino, cuando te acuestes y cuando te levantes» (Dt 6:6-7). Dios estaba hablando a los hombres, como cabezas y líderes de las familias que había redimido, ellos debían ocuparse de que sus hijos supieran lo que Dios había hecho por ellos y lo que esperaba de ellos, esa era su responsabilidad. Esta tarea debía ser compartida con la madre, aunque la responsabilidad última era del padre.

En Proverbios 1:8, Salomón dice: «Oye, hijo mío, la instrucción de tu padre, y no abandones la enseñanza de tu madre». Quizá hayas escuchado a alguien que intenta saber cuál es la diferencia entre la «instrucción» y la «enseñanza» para entender cuál es la tarea del padre y cuál es la de la madre en la crianza del niño. No es así como funciona. Este texto es poético, y los hebreos no hacían rimar los sonidos en sus poesías, como hacemos nosotros. Ellos hacían rimar las ideas, y esto es lo que está haciendo aquí el gran Salomón. Es decir, «la instrucción de tu padre» rima con «la enseñanza de tu madre», son básicamente sinónimos. En otras palabras, lo que está haciendo el autor es ordenar al hijo a que atienda e interiorice profundamente todo lo que le enseña tanto su padre como su madre, porque ambos son los instrumentos que Dios quiere usar para enseñarle cómo vivir. Así pues, es tarea de ambos progenitores el enseñar a los hijos, pero, como hombre, es tu responsabilidad que se lleve a cabo.

Sé que no apetece y que parece que el tiempo se escapa entre las manos, pero es tu responsabilidad organizar a tu familia para poder tener un rato juntos en el que lean la Biblia, hablen de lo que les preocupa y les enseñes a distinguir la verdad de la mentira. Entiendo que quizá no es lo tuyo, o que no sabes muy bien qué decir. Para eso precisamente Dios ha puesto a los líderes en la iglesia, para «capacitar a los santos para la obra del ministerio» (Ef 4:12). Busca ayuda, busca el tiempo, organízalo todo y dedícate al bienestar espiritual de los tuyos.

Otra oportunidad que tienes para sacrificarte por tu familia es que, si es necesario, renuncies a tu tiempo libre por ellos. Entiendo perfectamente que la vida puede ser muy estresante, que el jefe te tiene muy oprimido y que los niños cansan, pero Dios te llama a sacrificarte por tu esposa, no a que ella se sacrifique por ti. Esto significa que debes dejar a un lado esa partida en la computadora con tus amigos o el rato que dedicas a ese pasatiempo para salir al parque con los niños, permitiendo que tu esposa pueda descansar un rato tranquila y darse un baño relajante. Te lo aseguro, ella lo necesita y es tu privilegio el poder sacrificarte para dárselo.

Otra de las formas en que debemos estar dispuestos a sacrificarnos por nuestras esposas es en el plano físico. El hecho claro, en la mayoría de los casos, es que el hombre es más fuerte que la mujer, además de más agresivo. Es normal, Dios nos ha diseñado así. Nuestra musculatura, naturalmente, está más desarrollada y nuestras hormonas nos hacen ser más agresivos. Ahora bien, Dios no ha hecho esto para que nos aprovechemos de las mujeres, ni muchísimo menos. La realidad es exactamente la opuesta. Dios ordena al hombre que siga el ejemplo de Cristo y que sigamos su ejemplo cuando Él «se dio a sí mismo por ella» (Ef 5:25).

Es cierto que la mayoría de las veces, la ocasión para sacrificarnos por nuestras esposas tiene más que ver con nuestra actitud o con un sacrificio en cuanto a tiempo o energías. Pero el hecho claro es que Jesús se entregó *físicamente* por la Iglesia, y nosotros debemos seguir ese ejemplo. Cuando los enemigos de los judíos amenazaban con destruir Jerusalén en tiempos de Nehemías, él mandó a los hombres: «No les tengáis miedo; acordaos del Señor, que es grande y temible, y *luchad* por vuestros hermanos, vuestros hijos, vuestras hijas, vuestras mujeres y vuestras casas» (Neh 4:14, énfasis añadido). Es posible que no suelas tener que arriesgar físicamente tu vida para salvar a los tuyos, pero, en caso de que sea necesario, no debes dar un paso atrás ni te debe temblar el pulso. Si hay alguien que amenace físicamente a tu esposa, tu deber máximo es protegerla, aun a costa de tu propia integridad física. Dios te ha dado más fuerza y más agresividad, y te lo ha dado, no para aprovecharte de tu mujer, sino para protegerla, y protegerla hasta la muerte, si es necesario. El llamado a ser hombre es un llamado a ser valiente, estimando la vida de los tuyos muy por encima de la tuya propia.

Quiero aprovechar para decir algo, y espero que quede lo suficientemente claro. El hecho de que Dios te haya hecho más fuerte que tu esposa no tiene nada que ver con que te aproveches de ella, mucho menos que la golpees. De hecho, eso es exactamente lo opuesto a lo que un hombre debe hacer. Hombre, no existe ninguna razón, absolutamente ninguna, por la que se te permita golpear a tu esposa o amedrentarla aprovechándote de tu mayor fuerza o fiereza. Si luchas con controlar tu ira, escapa de tu esposa cuando te enfades y arrepiéntete del mal que hayas podido causar. Además, busca ayuda lo antes posible y comprométete con todo tu corazón delante de Dios y de alguien que te vigile y ante quien rindas cuentas, para luchar firmemente contra ese pecado. Jamás, bajo ningún concepto, vuelvas a poner una mano encima a tu esposa (ni a ninguna otra mujer) para lastimarla.

Es en este sentido que Dios llama al hombre a ser cabeza de su mujer (Ef 5:23). El liderar, según los parámetros de Jesús, no tiene nada que ver con lo que el mundo dice que es liderar:

> Y *Jesús* les dijo: Los reyes de los gentiles se enseñorean de ellos; y los que tienen autoridad sobre ellos son llamados bienhechores. Pero no es así con vosotros; antes, el mayor entre vosotros hágase como el menor, y

> el que dirige como el que sirve. Porque, ¿cuál es mayor, el que se sienta *a la mesa* o el que sirve? ¿No lo es el que se sienta *a la mesa*? Sin embargo, entre vosotros yo soy como el que sirve. (Lc 22:25-27)

El parámetro de Jesús es claro, el liderazgo bíblico no es una oportunidad para ser servido, sino para servir. El liderazgo no es un pedestal sobre el que subirse, sino un llamado a sacrificarse voluntariamente. El hombre no debe reclamar el liderazgo para sí. Fíjate que Pablo en ningún momento le dice al hombre que debe exigir lealtad o sumisión de parte de la mujer. Lo que debe hacer el hombre es comportarse como el líder que Dios le llama a ser, y la forma de hacerlo es sirviendo a su esposa. Así lo vivió Jesús mismo cuando se ocupó de la labor más baja, destinada a los más humildes siervos, cuando lavó los pies de sus discípulos (Jn 13:1-20).

Hombre, Dios te llama a arrepentirte de tu egoísmo y apatía hacia los demás. Él te llama a dar un paso al frente y a amar de una manera sacrificial a tu esposa y a tus hijos, renunciando a lo que piensas que te pertenece para darte por entero a los tuyos. Esto no significa rechazar tu masculinidad, sino todo lo contrario. Abraza tu masculinidad, la masculinidad verdadera: la de Jesucristo, el mayor ejemplo de entrega por amor, quien se dio a sí mismo por aquellos a quienes amaba, en especial por Su esposa, la Iglesia.

El niño dice: «cuida de mí». El hombre dice: «yo cuidaré de ti». Ese es el mayor llamado del hombre, el de sacrificarse y darse libre y voluntariamente por el bien de los suyos. Hombre, ese es tu gran llamado.

¿CÓMO ES UNA MUJER?

De la misma manera que hemos hecho con el hombre, vamos a acudir a la Biblia. Para comprender cómo es una mujer, no debemos acudir a los alegatos de las feministas ni al ejemplo de nuestras madres, sino a las instrucciones del Diseñador de la feminidad. Así pues, ¿cómo es una mujer según la Biblia?

Para comenzar, quiero poner mucho énfasis en una realidad patente en la Escritura: la mujer ha sido hecha a imagen de Dios, así que tiene todo el honor, valor y dignidad correspondiente a este hecho (Gn 1:26-27). Dios no creó al hombre a Su imagen, y a la mujer a la imagen del hombre. Dios creó al hombre y a la mujer a Su imagen, así que el valor de ambos es igual. Quizá esto pueda parecer algo obvio y poco importante hoy en día, pero esta concepción es completamente ajena en cualquier otra cosmovisión que no sea la cristiana. En el imperio romano, la práctica general era que los padres se quedaran con los hijos varones y abandonaran a la muerte a las recién nacidas, porque las consideraban menos valiosas que los niños. De hecho, una de las razones por las que el cristianismo floreció entre las mujeres era precisamente el valor que la Palabra de Dios da a las mujeres.[4]

Pablo deja esto bien claro cuando afirma que «No hay judío ni griego; no hay esclavo ni libre; hombre ni mujer, porque todos sois uno en Cristo Jesús» (Gá 3:28). Pablo no está diciendo que ya no existen diferencias biológicas entre hombres y mujeres, ni es una vindicación de la «ideología de género» o una afirmación de que todo lo que la Biblia dice acerca de las diferencias entre hombres y mujeres va a dejar de tener efecto. Lo que Pablo está diciendo es que las mujeres son valiosas, infinitamente valiosas, exactamente igual que los hombres. John Piper dice: «Cada mujer con la que te cruzas por la calle es una potencial reina del cielo porque ha sido creada en la imagen del que es Rey del cielo».[5]

Uno de los aspectos de la feminidad que la sociedad ve (aunque malinterpreta perversamente) y la Biblia afirma claramente es que la mujer debe ser bella. La belleza es uno de los aspectos que caracterizan a las mujeres, según el diseño divino. Ahora, la belleza que Dios espera de las mujeres no tiene nada que ver con el maquillaje, la ropa cara o el contoneo de caderas. Pedro dice: «Y que vuestro adorno no sea externo: peinados ostentosos, joyas de oro o vestidos lujosos,

---

[4] *Ibid*, 136.

[5] John Piper, «Are Men Superior to Women?», *Desiring God*, acceso el 8 de septiembre de 2023, https://www.desiringgod.org/interviews/are-men-superior-to-women.

sino *que sea* el yo interno, con el adorno incorruptible de un espíritu tierno y sereno, lo cual es precioso delante de Dios» (1 P 3:3-4).

Mujer, quiero decirte algo, algo que quizá no hayas escuchado muchas veces: eres preciosa, absolutamente bella y valiosa. Lo eres, aunque no sea lo que te parezca ver en el espejo cada día. Lo eres, aunque todos a tu alrededor opinen otra cosa. Lo eres, aunque no te aprecies, ni te aprecien. No necesitas pasarte horas maquillándote para dar una impresión determinada (y no digo que esté mal maquillarse). No necesitas vestir de forma provocativa, ni andar de forma que trates de que los hombres giren la cabeza para mirarte. No solo no lo necesitas, sino que da la falsa sensación de que tú estás hecha para ser deseada sexualmente, como un muñeco del que aprovecharse, cosa que es rotundamente falsa. Pero tú eres mucho más que eso. Tú eres preciosa, diseñada a conciencia por el mismo Señor del Universo, con el propósito de amarte y de hacer de ti una valiosa hija del Rey. No te conformes con ser carnaza para los deseos lascivos de hombres babosos. Hacer eso es despreciar lo que Dios ha hecho y pisotear tu enorme valor como Su criatura.

Dios quiere que te preocupes por tu belleza, pero no por *esa* belleza. Él quiere que inviertas en tu forma de ser, en tu manera de hablar y en la ternura de tu corazón mucho más de lo que inviertes en maquillaje, ropa, dietas y gimnasios, porque eso es mucho más importante. De nuevo, no quiero afirmar que lo físico no es importante o que esté mal que busques estar bella exteriormente (hablaremos de ello en el capítulo 9), solo digo que la belleza interior es en lo que te debes concentrar. Dios no quiere que cualquiera que te vea se fije en tus pechos para admirarlos ni en tu ropa para desearla. Él quiere que los que están a tu alrededor (especialmente tu marido y los que tienes más cerca), se fijen en tu manera de ser, en tu resolución en momentos difíciles, en tus respuestas cuando alguien te habla mal…, y digan: «¡esta mujer es preciosa, me encanta su forma de ser!». Esa es la correcta belleza y es ahí donde debes invertir tus esfuerzos.

El modelo de la mujer de hoy en día es una mujer combativa, cínica y brutal. Se supone que tú, mujer, debes luchar, pasando por encima de quien haga falta, para retomar los derechos que te han sido arrebatados por el hombre, así que no debes dar tregua. No es así como Dios quiere que seas. Él quiere que transformes tus reivindicaciones en motivos de oración y tu amargura en dulzura. Él quiere que seas un deleite para los que están a tu alrededor, que los demás deseen acercarse a ti porque les dices la verdad con amor, porque saben que pueden confiarte un secreto, que no vas a ir a decírselo a nadie a sus espaldas. Dios quiere que seas Su embajadora, una embajadora preciosa y dulce, que trate a los demás como personas valiosas.

Mujer, Dios te llama a arrepentirte de tu amargura, de tu cinismo y de tu hablar a espaldas de otros. En cambio, Él te llama a entender que te creó para ser medicina para los tuyos y a buscar tener la más alta belleza porque reflejas a un Dios cuyo corazón es compasivo y amante. Dios te llama a abrazar tu feminidad, y no a intentar ser quien no eres.

¿Cómo vas a lograr esta belleza? Debes acudir a Dios constantemente. Solo Él puede hacer que seas la clase de mujer que quiere que seas. Proverbios 31:30 dice: «Engañosa es la gracia y vana la belleza, *pero* la mujer que teme al Señor, esa será alabada». Si te fijas en el contraste, lo opuesto de buscar la belleza física está en temer al Señor, es decir, en reconocer quién es Él y quién eres tú. ¿Quieres vivir la belleza que Él quiere que tengas? Necesitas pasar tiempo con Él, que es el más hermoso. David decía que su máximo deseo era el de «contemplar la hermosura del Señor…», y para eso, debía habitar «en la casa del Señor todos los días de mi vida…» (Sal 27:4). La clave para contemplar su hermosura y vivirla en nuestras vidas está en pasar tiempo con Él, escuchando Su voz al leer Su Palabra y hablándole por medio de nuestra oración.

Ahora, en cuanto a la expectativa que Dios tiene para la mujer dentro del matrimonio, Pablo da unas directrices: «Las mujeres *estén sometidas* a sus propios maridos como al Señor» (Ef 5:22). Entiendo que ahora nos estamos metiendo en tierras resbaladizas, pero Pablo es claro en el sentido de que Dios ha establecido una autoridad sobre la mujer, y que esa autoridad es su marido.

La razón que Pablo arguye para defender la autoridad del hombre dentro del matrimonio no tiene nada que ver con una visión social específica ni con un machismo patológico del apóstol. Todo lo contrario, la razón es sencillamente teológica. Pablo dijo a los corintios que «la cabeza de todo hombre es Cristo, y la cabeza de la mujer es el hombre, y la cabeza de Cristo es Dios» (1 Co 11:3). Así como Jesús, el Hijo, se somete a Su Padre, la mujer debe someterse a su marido. Fíjate que el Hijo es absolutamente Dios, igual que el Padre, ambos tienen la misma dignidad y valor, ambos merecen la misma adoración, porque ambos son Dios en toda Su esencia. Sin embargo, ambos tienen funciones diferentes, y en esta dinámica, el Hijo se somete al Padre, sin perder un ápice de dignidad ni valor por el camino. Esa es la imagen que Dios da a la relación entre la mujer y su esposo, la de dos personas igualmente valiosas y dignas, que, sin embargo, tienen funciones diferentes, siendo el hombre el responsable sobre su esposa y ella la que se sujeta a él.

Como hablábamos de lo que Dios espera del hombre, esta autoridad no es una tiranía, sino más bien una responsabilidad de buscar el máximo bien de la mujer aún a costa del suyo propio. El hombre ha sido llamado a servir a su esposa, a amarla (ese es el mandamiento específico que recibe en Efesios 5:33). Ahora, a la mujer se le llama a aceptar ese amor como siervo líder de la casa, y a aceptar su liderazgo por el bien de la familia y el suyo propio.

Mujer, debes respetar la autoridad que Dios le ha dado a tu marido porque, al hacerlo, estás demostrando sumisión a Dios mismo. En Efesios 5:22, Pablo dice que, así como las mujeres se someten a sus propios maridos, deben someterse al Señor. Es decir, el someterte a su marido es equivalente a someterte al Señor. Cuando Él, la máxima autoridad, pone otra autoridad sobre nosotros, al someternos a esa autoridad, nos estamos sometiendo a la autoridad divina. Por ejemplo, si yo dejo a mis hijos al cuidado de su abuela, y les digo que deben obedecerla en mi ausencia, si ellos quieren obedecerme a mí, deben obedecerla a ella. De igual manera, la mujer debe someterse al liderazgo amoroso de su marido, porque al hacerlo, estará sometiéndose al liderazgo amoroso de Cristo. Esa es la razón por la que Dios llama a la mujer a someterse a su marido (Ef 5:33).

Esto no es algo que le reste dignidad a la mujer ni que haga que sea menos valiosa. El estar bajo la responsabilidad de su marido no la degrada, todo lo contrario, la bendice y la dignifica. Dios ha puesto esta autoridad sobre ti, no para acallarte ni menospreciarte, sino para protegerte y liberarte, porque Él sabe qué es lo mejor para ti. Así que, lo que Dios espera de ti es que te sometas voluntariamente al liderazgo que ha puesto, que ores por él y que seas su «ayuda idónea» (Gn 2:18).

Ahora, con esto que estoy diciendo, no quiero que interpretes que tu papel es aguantar estoicamente al lado de un hombre violento, mujeriego o que está abandonado a alguna adicción. Tu labor está en ayudarle a luchar contra su pecado, y el ocultarlo (maquillarte para esconder los golpes que te propina, por ejemplo), es lo opuesto a ayudarle a luchar contra su pecado. Si estás en una situación complicada, en la que no sabes cómo seguir adelante, busca ayuda pastoral o, si es necesario, busca ayuda policial. Bajo ningún concepto confundas la sumisión bíblica con esconder la perversidad de tu marido debajo de la alfombra. Si lo amas y lo respetas, no le permitirás seguir con un estilo de vida nocivo para él, para ti y para tus hijos.

Para terminar, hablando de la expectativa que Dios tiene para las mujeres, quiero mencionar algo tremendamente importante, una capacidad biológica única con la que has sido creada: tener hijos. Para hablar de esto, quiero referirme a uno de los versículos que, quizás, puede sonar más difícil para las mujeres en un principio. Aun así, creo que, una vez lo comprendamos, es uno de los que más luz puede arrojar para desenmascarar esta paparrucha: 1 Timoteo 2:15. Este versículo dice así: «Pero (la mujer) se salvará engendrando hijos, si permanece en fe, amor y santidad, con modestia». Estoy convencido de que alguno de ustedes ha arqueado la ceja al leer este versículo. ¿Realmente Pablo está diciendo que la mujer se salva teniendo hijos? ¿Es que los hombres se salvan por fe en Cristo, pero las mujeres lo hacen teniendo hijos?

La realidad es que la palabra que se usa para salvación en griego no solamente se usa para la salvación del infierno eterno. Pasa lo mismo en español, cada vez que yo digo el verbo «salvar» no estoy hablando de la salvación eterna y en ir al Cielo.[6] Por ejemplo, si yo digo: «me he salvado por los pelos», no estoy diciendo que unos pelos han sido mis libertadores que me han redimido de mis pecados y ahora voy a ir al cielo, eso sería tonto e ilógico. Lo que estoy diciendo es que he sido librado por poco de alguna situación incómoda o dolorosa. Así pues, no debemos, cada vez que vemos el verbo «salvar» en la Biblia, pensar inmediatamente en que está hablando del ser librado del infierno.

¿Quieres conocer un buen truco para saber si un pasaje en concreto habla de la salvación del infierno, o de alguna otra cosa, cuando se usa el verbo «salvar»? Pues mira, sabemos que la única condición para ser salvos eternamente es la fe en Cristo, así lo dice claramente la Biblia (Ef 2:8-9). Así que, cada vez que veas la palabra «salvar» en la Biblia, piensa: ¿cuál es la condición para esta salvación? Si es alguna otra cosa que no sea la sola fe en Jesús, no está hablando de la salvación eterna.

En este caso, Pablo le está diciendo a Timoteo que la mujer será salvada «engendrando hijos». Es decir, la condición para esta salvación no es la fe en Cristo, sino tener hijos, así que no está hablando de la salvación del infierno eterno. Fácil, ¿verdad?

Entonces, ¿de qué está diciendo Pablo que la mujer será salvada si tiene hijos? Para responder a esta pregunta, tenemos que echar un vistazo al contexto: ¿de qué está hablando Pablo? En los versículos anteriores, vemos que Pablo está hablando del orden en la iglesia y el papel de la mujer dentro de este orden. De nuevo, Pablo no da razones sociales, sino teológicas. En este caso, su razón tiene que ver con el orden en la creación y el orden en la caída.

---

[6] Esta palabra puede hablar de «preservar o rescatar de desastres y peligros naturales», «salvar de la muerte», «ser liberado de una enfermedad» o «preservar en buenas condiciones», entre otras cosas. Arndt et al., *Greek-English Lexicon*, s.v. «κοινωνία, ας, ἡ». (Traducción del autor).

En Génesis 2, vemos el orden en que Dios creó al hombre y la mujer: Dios creó al hombre (Gn 2:7), y de su costilla, creó a la mujer (Gn 2:21-22). Así pues, el orden que Dios estableció en la creación es este: Dios – hombre – mujer. Ahora, Pablo habla de lo que ocurrió en Génesis 3, y ahí da el orden en que ocurrió la caída: «Porque Adán fue creado primero, después Eva. Y Adán no *fue el* engañado, sino que la mujer, siendo engañada completamente, cayó en transgresión» (1 Ti 2:13-14). Es decir, con la caída en pecado, el orden se trastocó completamente, invirtiéndose respecto al orden que Dios había establecido: La serpiente – mujer – hombre. La posición de Dios había sido usurpada por la serpiente, y la mujer había tomado el liderazgo del hombre. Todo estaba patas arriba. ¿Cuál fue el origen de todo este problema? Que la mujer escapó de la autoridad del hombre y se dejó engañar por las trampas de Satanás (la serpiente).

Ahora podemos entender lo que le estaba diciendo Pablo a Timoteo con respecto a las mujeres: la manera en que pueden ser salvadas de las mentiras que el enemigo le dice es adhiriéndose a los límites y atendiendo a las responsabilidades que Dios le ha dado. Así es como la mujer puede escapar de todas las terribles consecuencias de intentar sortear la autoridad dada por Dios, rebelándose contra Él. Es decir, Pablo está diciendo, como antes comentábamos, que la autoridad que Dios dio al hombre no es para oprimir a la mujer, sino para liberarla. De la misma manera, cumpliendo los mandamientos que Dios ha dado a la mujer (ejemplificado y cristalizado aquí en el de tener hijos) es la forma en que la mujer puede huir de las mentitas y las trampas de Satanás.

En el capítulo anterior, hablamos de la gran mentira de que los hijos no son una bendición, sino una carga. Ahora, Pablo habla específicamente a las mujeres. Con un lenguaje contundente, Pablo dice que, el tener hijos no solo es una bendición, sino que es un precioso regalo que Dios les ha dado para salvarlas de ser engañadas y de no llegar a ser quienes su Diseñador estableció que debían ser.

Mujer, esta mentalidad de que no querer tener niños, aunque sea desastrosa en muchos niveles para los hombres, es especialmente mortal para ti. Lo es porque te engaña en cuanto a tu misma esencia, lo que eres. Esto lo vemos claramente en nuestro mundo, como analizábamos brevemente antes, hablando de la razón de ser del feminismo. El énfasis actual en que la mujer no debería tener hijos porque eso la esclaviza, es una idea que tiene detrás la malvada mentira de que las mujeres deberían ser como los hombres.

Ser mujer lleva incluido ser madre. Lo llevas en los genes, lo llevas en tu cuerpo, lo llevas en tu alma. Se te dice que puedes ser lo que quieras, excepto madre y esposa, ¡pero esa es una mentira que te desnaturaliza! Dios no te creó con pechos para mostrarlos por la calle y seducir a los hombres. Dios no te hizo las caderas más anchas para contonearlas y atraer miradas hacia ellas. Solo deberías tratar de atraer la mirada de un hombre, y ese es tu marido. Aparte de eso, la única razón por la que tienes el precioso cuerpo que tienes es porque Dios quiere que seas madre. Es así de sencillo. De nuevo, no quiero menospreciar a mujeres que no pueden tener hijos por causas biológicas ajenas a su control o si no está casada. Pero, con esa excepción, tu mentalidad jamás debería dejarse llevar por la mentira de debes ser como un hombre.

Uno de los aberrantes objetivos de la agenda feminista hoy en día está en eliminar la palabra «madre» por la de «progenitor gestante».[7] La razón que se esgrime es que el nuevo lenguaje debería ser más tolerante e «inclusivo» hacia las personas transexuales y homosexuales que quieran ser padres mediante adopción. El resultado, no obstante, es que se desnaturaliza completamente a las mujeres y se les roba algo tan precioso como necesario, el ser madre. No hay una palabra ni un concepto más bello, no hay nada más femenino ni que dé más valor a una mujer que el ser madre. Te quieren robar uno de los regalos más hermosos que Dios te ha dado. No se lo permitas por nada del mundo.

---

[7] Europa Press Sociedad, «La Ley Trans también cambia el Código Civil para eliminar "madre" y "padre" e incluir "personas" o "progenitor gestante"», acceso el 19 de septiembre de 2023, https://www.europapress.es/sociedad/noticia-ley-trans-tambien-cambia-codigo-civil-eliminar-madre-padre-incluir-personas-progenitor-gestante-20230216173811.html.

Mujer, jamás llegarás a ser un hombre. Gracias a Dios, eres una mujer, una especialmente preciosa y valiosa. No intentes ser algo que no eres, porque si intentas ser como un hombre, como mucho, llegarás a ser una mala mujer. Solo podrás convertirte en una mujer que rechaza quién es y se rebela contra el plan divino para su vida. Dios te ha creado como eres por una muy buena razón. Abrázalo, vívelo y honra a tu Dios al hacerlo.

SÉ QUIÉN ERES

Esta paparrucha intenta borrar lo que es un hombre y una mujer, animándote a ser lo que quieras, excepto quien realmente eres. La Biblia te anima a hacer exactamente lo contrario, a vivir «de una manera digna de la vocación con que habéis sido llamados» (Ef 4:1). Así pues, lo que Dios te pide es que vivas de acuerdo con la manera en que te ha creado, porque Él nunca hace las cosas mal. Lo mejor que puedes hacer es buscar en el manual que ha dejado tu Diseñador diciendo cómo quiere que seas la mejor versión de ti mismo.

Ahora, para llegar a ser quien debes ser, hay un problema insalvable por nosotros mismos, y ese es nuestro pecado. Es la rebelión en contra de Dios que, sencillamente, no quiere aceptar Su plan y vivir debajo de Su voluntad y autoridad. Así que, el primer paso debe pasar necesariamente por la cruz. Necesitamos un Salvador como Jesús. Necesitamos al que murió en nuestro lugar, pero también necesitamos a un Líder como Él, que nos ayude a deshacernos de la maldad que nos impide aceptar Su voluntad. Él envió al Espíritu Santo (Jn 14:16) para que estuviera en nosotros y nos ayudara, en el día a día, a vivir la realidad de Su diseño para nosotros. De esa manera, podremos llegar a vivir la identidad que Él nos ha dado, la de príncipe o princesa del cielo que nos ha hecho por medio de Jesús.

El mundo nos grita que esta verdad nos va a encadenar, que tenemos que ser libres de ser quien nosotros deseemos, en nuestro perverso corazón (Jer 17:9, ver capítulo 2). Pero Jesús dijo bien claro que «todo el que comete pecado es esclavo del pecado» (Jn 8:34). Así que esa no es libertad. Negar cómo nos ha hecho el Diseñador cósmico es una esclavitud malsana a un amo tirano que solo busca nuestra destrucción y muerte. Esa no es libertad, es ruina garantizada.

En cambio, El Salvador dijo: «conoceréis la verdad, y la verdad os hará libres» (Jn 8:32). Es la verdad sobre quiénes somos, y es el vivir esa verdad, lo que verdaderamente nos libera. Específicamente, ¡es Cristo el que nos libera (Jn 8:36)! No te dejes engañar por este mundo de fuegos artificiales. Confía tu salvación a Cristo, pero también confíale tu forma de vivir.

CAPÍTULO 9

VIVE TU FE PARA TI

La religión como mentira útil

Oh, así que eres de los que van los domingos a la iglesia. ¡Qué bueno! Me alegro mucho de que así sea. Creo que es algo muy importante, no solo para ti, sino para todas las personas, desde luego que sí. Del mismo modo, me alegro enormemente por todos los fieles que van cada domingo a una parroquia católica, por todos los judíos que van los sábados a las sinagogas o los musulmanes que van los viernes a las mezquitas. Eso es algo muy bueno.

La religión es algo bueno, desde luego que sí. La fe nos ayuda a interpretar la vida, a tener respuestas y alivio para el dolor del alma y tener un sostén en medio de la angustia. Las religiones dan cohesión a las naciones y paz a los pueblos. Hace que los creyentes sean mejores personas y que la sociedad mejore, ¿qué duda cabe? Por eso, me alegro mucho de que haya religiones y de que haya gente como tú, religiosa, que tiene fe.

Ahora, hay algo que quiero que quede claro desde el minuto uno: la religión no tiene nada que ver con el mundo real. La religión no habla de las cosas que son verdaderas o ciertas, sino de las cosas que son buenas y dan esperanza o significado. Para ponerlo en palabras que todos comprendamos: la religión no es ciencia.

Yo creo en la ciencia, en lo que se puede investigar, medir, palpar y comprobar. Tú, en cambio, crees en la religión. Insisto, es algo muy bueno y loable, tremendamente noble, pero no debes dejarte engañar, la religión trata con el mundo de los valores, las esperanzas y la moral. Es bonito, pero no es cierto: es una mentira útil.

Repito, no quiero ofenderte ni desilusionarte, porque lo cierto es que estoy de tu lado. No deberíamos tratar la religión como algo que podamos comprobar, sobre lo que debamos discutir, mucho menos pelearnos, como tantas veces ha ocurrido a lo largo de la historia. No pasa nada cuando ves en la televisión que se ha encontrado alguna prueba que refuta lo que dice la Biblia, o algo por el estilo, porque eso no tiene nada que ver con la religión. Para conocer certezas, miramos a la ciencia, porque para eso está. En cambio, para encontrar esperanza y valor, miramos a la religión. Si comprendes esto, jamás tendrás miedo de que alguien te desilusione en tu bella creencia. Da igual si Jesús no resucitó, da igual si los israelitas jamás fueron liberados de Egipto ni cruzaron el mar Rojo. Eso no importa, porque no se trata de eso. No se trata de hechos, sino de fe. La religión es buena porque es útil, pero no porque sea verdad. La verdad está en la ciencia.

Así que puedes escoger ser evangélico o mormón, budista o wiccano, ¡da igual! Solo debes entender que tus creencias no son reales, aunque sean preciosas, insisto. Por lo tanto, no debes dejar que esas creencias salgan a la calle y se interpongan en el camino de otras personas con otras creencias. Me explico: tu fe te dice que el aborto es malo. ¡Estupendo, no abortes! Estoy dispuesto a defender tu derecho a tener hijos fuertes y robustos, tienes todo el derecho de hacerlo, de acuerdo con tus creencias. Pero lo que no se puede consentir es que intentes imponer tus creencias, sacándolas de esa esfera privada, subjetiva y personal de tu casa y tu iglesia, para influir en la vida política, sanitaria o de la educación de los demás. Tu fe no debería tocar la política, por nada del mundo, porque esa fe es mentira (mentira útil, preciosa y maravillosa, insisto), pero mentira, a fin de cuentas.

La sociedad debe estar basada en la verdad, tu fe no tiene cabida en ella. Así que, vive tu maravillosa y falsa fe como te dé la gana, pero no toques nada con ella. Vive tu fe para ti, disfrútala, duerme bien con tu conciencia limpia y deja al resto del mundo en paz. A fin de cuentas, solo crees en una mentira útil.

¡¡Paparruchas!!

Como estás pudiendo comprobar, esta paparrucha es prima hermana de la que tratamos en el primer capítulo, donde veíamos el falso evangelio de la tolerancia. De hecho, en cierto sentido, podríamos considerar que la paparrucha que nos ocupa en este capítulo es madre de aquella. En cualquier caso, todos hemos escuchado y sufrido este tipo de comentarios que buscan encerrarnos en nuestras casas, blandiendo la paparrucha de que nuestra fe no tiene nada que ver con la realidad, así que lo mejor es vivirlo en privado. Quizá, incluso tú mismo simpatizas con alguna de las afirmaciones que he hecho al presentar la paparrucha. Sea como sea, esta es la mentira que creemos, ahora vamos a ver la verdad que ignoramos.

UNA REALIDAD ROTA

Hoy en día, elegir religión es como escoger plato en un restaurante o unas zapatillas nuevas. Es un área de la vida en la que se considera aceptable actuar de forma arbitraria, sin tener en cuenta ningún otro aspecto más que cómo nos sentimos o qué nos apetece en cada momento. Para ir a una parroquia católica o a una iglesia evangélica puedes dejarte llevar por tus gustos, estado de ánimo o incluso por la decoración o iluminación del centro de culto en cuestión.

¿Por qué ocurre esto? La mayoría de la gente no mira al mundo ni a la espiritualidad como un sistema que explica el mundo, como algo que puede ayudarnos a responder a las grandes preguntas de la vida. En cambio, la mayoría de la gente elige su espiritualidad como algo que satisface sus necesidades emocionales y los ayuda a tratar con asuntos personales, como perder peso, dejar de fumar o ganar autoconfianza.

Noah Harari, uno de los ideólogos más influyentes de la Agenda Globalista, lo afirma así: «No hay dioses en el universo, no hay naciones, no hay dinero, ni derechos humanos, ni leyes, ni justicia fuera de la imaginación común de los seres humanos».[1] Es decir, tanto la religión como otras cosas, como los derechos humanos, son solamente una gran mentira en la que todos debemos creer para ser felices y que la sociedad funcione. Pero, a fin de cuentas, no forman parte del mundo real.

Siguiendo esa lógica, como es normal, no es bueno que hablemos de asuntos religiosos fuera de nuestras casas y lugares de culto. No está bien que andemos intentando imponer nuestro criterio sobre asuntos no científicos, porque esos asuntos son totalmente subjetivos y personales, así que el intentar convencer a otros es un acto de opresión y de imperialismo espiritual (hablamos de esto en el capítulo 1). Por ejemplo, algunos de mis amigos de la juventud tenían una norma que usaban siempre que yo estaba cerca: no se habla de religión. Después de todo, no tiene sentido, según esta lógica. Hablar de religión es solo hablar de gustos, esperanzas y valores que nada tienen que ver con el mundo real.

Esta misma lógica también nos lleva a otra idea, una que es terriblemente peligrosa y que muchos cristianos están comprando y poniendo en práctica. Hablo de pensar que no debemos hablar de temas religiosos a nuestros hijos, mucho menos llevarlos a la iglesia, porque «cada uno debe escoger sus propias creencias libremente». Es cierto que cada uno de tus hijos debe tomar una decisión personal sobre si van a creer en Jesús para su salvación y para servirle, pero eso no es algo que ellos deban hacer en el vacío. Tú debes ser un elemento de enorme importancia para que ellos tomen esa decisión de manera positiva.

De hecho, la situación es peor aún de lo que podríamos pensar en un principio. Si no hacemos todo lo posible por ayudar a nuestros hijos a tomar una buena decisión respecto a Cristo, eso no significa que estarán exentos de influencias que los empujen a tomar una decisión en algún sentido. Si nos negamos a influenciar a nuestros hijos en asuntos espirituales, solo tendrán la influencia perniciosa de un mundo que está totalmente en contra de Dios. Solo escucharán las

[1] Harari, *Sapiens*, 41.

mentiras de una sociedad que, como trato de demostrar una y otra vez en este libro, busca engañarlos de todas las formas posibles.

Padre, tu responsabilidad como cristiano es la de ser modelo y portavoz de Dios hacia tus hijos. Moisés dijo a los israelitas: «Y enseñadlas (mis palabras) a vuestros hijos, hablando de ellas cuando te sientes en tu casa y cuando andes por el camino, cuando te acuestes y cuando te levantes» (Dt 11:19). Lee la Biblia a tu hijo, ayúdale a ver cómo es la forma en que realmente funciona el mundo, contradiciendo la densa red de mentiras que la sociedad ha tejido. Vigila lo que están viendo en la televisión y no dejes pasar una sola mentira o media verdad sin dejarles saber exactamente en qué sentido están intentando engañarlos. Lleva a tus hijos a la iglesia. Si es necesario, oblígalos a ir a las reuniones, ¿por qué no? ¡Eres su padre/madre! Esta sociedad inundada de mentiras, está tratando de influir en la mente y el alma de tus hijos para mal, ¿piensas que no debes trabajar con todas tus fuerzas en influirlos para bien?

La base para esta paparrucha es que, mientras que la ciencia trata con la verdad objetiva, lo que se puede saber sin lugar a dudas, la teología está basada en preferencias personales y privadas. Es decir, el mundo se ha dividido en dos reinos, el de la verdad objetiva, científica y comprobable, y el de los valores subjetivos, personales y espirituales. La realidad ha sido partida y separada en dos reinos irreconciliables entre sí.[2] Albert Einstein decía: «La ciencia se basa en hechos, no en juicios de valor; la religión expresa valores, pero no puede hablar de hechos».[3] Eso lo decía un científico de la talla de Einstein, pero no es el único que piensa esto. El pastor evangélico Martin Luther King Jr., célebre defensor de los derechos de los afroamericanos, decía algo parecido: «La ciencia trata principalmente con hechos; la religión trata principalmente con valores».[4] En otras palabras, si quieres la verdad, ve a la ciencia; si quieres esperanza, ve a la religión. Como ves, esta división de la realidad ha entrado de lleno

---

[2] Pearcey, *Total Truth*, 20-21.

[3] *Ibid.*, 27.

[4] *Ibid.*

en la iglesia y ahora nosotros también la entendemos así, como una guerra entre dos reinos irreconciliables entre sí.

Esta mentira es tan profunda que la profesora de la Houston Christian University y una de las autoras cristianas más reconocidas, Nancy Pearcey, dice: «La separación estricta entre los hechos y los valores es la clave para desbloquear la historia de la mente occidental moderna».[5] Esta división entre el mundo físico, de los hechos, y el mundo espiritual, de los valores, es lo que explica la manera en que pensamos hoy en día.

Esta división nos lleva, inexorablemente, a denigrar a uno de los dos reinos en los que hemos dividido el mundo.[6] Por ejemplo, durante el siglo XVIII, el auge de la revolución industrial y científica llevó a muchos a pensar que la ciencia era el método único y exclusivo para conocer la verdad, negando cualquier otro método para entender cómo funciona el mundo.[7] Este movimiento provocó una reacción en contra (el Romanticismo), que puso su énfasis en el idealismo filosófico, «la doctrina de que la realidad consiste fundamentalmente en la mente o el espíritu».[8] Quizá todas estas ideas profundas te están despistando un poco. Para resumir: hemos dividido el mundo en dos reinos en guerra, el de lo material y el de lo espiritual.

El hecho es que, esta división de la realidad, nos empuja a vivir vidas fragmentadas. En la vida privada, vamos el domingo a la iglesia, leemos la Biblia en nuestro hogar, y hablamos de asuntos

---

[5] Nancy Pearcey, *Salvemos a Leonardo: Un llamado a resistir el asalto secular de la mente, la moral y el significado* (Nashville, TN: B&H Publishing Group, 2024), 25.

[6] Aunque «el dualismo venga en diferentes formas, casi siempre favorece un aspecto de la realidad creada y devalúa el polo opuesto. El dualismo es un ejemplo del pensamiento apóstata, que siempre comienza cuando el hombre pecaminoso se aparta de la adoración al único Dios verdadero y absolutiza un aspecto del orden creado». En otras palabras, al denigrar un aspecto de la creación divina, elevamos el otro aspecto a la categoría de Dios. P Andrew Sandlin, «Dualism: "Christian" Enemy of Christian Culture», *Christian Culture*, acceso el 20 de septiembre de 2023, (Traducción del autor). https://docsandlin.com/2015/10/11/dualism-christian-enemy-of-christian-culture/#_ftn1.

[7] Pearcey, *Salvemos a Leonardo*, 91.

[8] *Ibid.*

piadosos con aquellas amistades con las que debemos ser «espirituales». Vivimos nuestra espiritualidad en el reino subjetivo de los valores en el plano personal. Sin embargo, cuando salimos a la vida pública del trabajo, los negocios, la educación y la política, tenemos que dejar de lado nuestro reino subjetivo y entrar en el reino de los hechos y de la verdad. Muchas veces, echamos en cara a nuestros jóvenes que sean unas personas dentro de la iglesia y otras completamente diferentes con sus amigos. Les reprochamos que hablen de una forma diferente con gente que no es de la iglesia. Pero, la realidad es que no es algo exclusivo de los jóvenes. De hecho, es lo más lógico que podemos hacer si pensamos que el mundo está dividido en estos dos reinos opuestos entre sí. La oposición entre los hechos y los valores se ha convertido en un obstáculo para que vivamos vidas integrales y completas. Esta división de la realidad nos conduce a una vida incoherente y falsa.

Cuando los cristianos leemos versículos como «El principio de la sabiduría es el temor del Señor» (Sal 111:10), interpretamos esa sabiduría como la capacidad de hacer cosas estrictamente religiosas, pensamos que el salmista solo habla de sabiduría espiritual. Nada tiene que ver con la vida real: con mis decisiones sobre qué trabajo o carrera escoger, o con quién casarme. Pero este versículo, al igual que toda la Biblia, no habla únicamente de lo que hay que decir o hacer en el recinto de la iglesia, sino con cada aspecto de la vida y del conocimiento a través de las lentes de la verdad de Dios. Es decir, la Biblia tiene todo que ver con nuestras posiciones en cuanto a política, ciencia, negocios, arte o familia.

Se supone que al restringir la religión al reino de los valores subjetivos, estamos defendiéndola. A fin de cuentas, da igual lo que la ciencia o la arqueología descubran, da igual que se demuestre que la Biblia es mentira, el cristianismo estará a salvo en su reino espiritual de fantasía. Quizá, para algunos, esté bien que su fe pueda ser intocable, y que nadie tenga el poder de destruirla, aunque tenga pruebas irrefutables en su contra. Es algo así como hacer que los niños sigan ilusionados cada año esperando a que Papá Noel les traiga los regalos de Navidad. Para muchos padres, es mejor no sacarles de esa linda y entrañable ilusión, aunque sea rotundamente falsa, porque eso los hace ser felices y tener esperanza.

Pues bien, ese niño engañado que cree en una mentira preciosa no soy yo, ni debería serlo ningún cristiano. Un día, hablando con un chico, me dijo: «Hay un documental que vi hace unos días que destruye por completo el cristianismo. Me da mucha pena por ti, por eso prefiero que no lo veas». Yo le contesté: «No, por favor. Enséñame ese documental. ¡No quiero dedicar mi vida a seguir una mentira!». Si el cristianismo es mentira, prefiero saberlo lo antes posible para dedicar mi vida a algo que sea auténtico. En el capítulo 1 hablábamos de que el cristianismo es verdad, así que no debemos tener miedo a enfrentar supuestas pruebas en su contra. La Biblia no está únicamente en el reino de los valores. Por el contrario, está bien asentada en la verdad, hasta el punto de que se pueden buscar pruebas para su veracidad y falsedad.

Si piensas que el cristianismo pertenece al reino subjetivo de los valores de forma exclusiva, habrás cedido en un punto vital a esta mentalidad, y esto te robará toda capacidad de presentar testimonio y defensa de tu esperanza (1 P 3:15). Esa es una de las tristes consecuencias de esta división del mundo entre el reino de los hechos y el de los valores: «disuelve instantáneamente el contenido objetivo de cualquier cosa que digamos, y no tendremos éxito al introducir contenido de nuestra creencia en la discusión pública, a menos que encontremos primero la manera de atravesar esa puerta».[9] Cuando intentas hablar con un amigo sobre cómo Cristo puede salvarlo de sus pecados, él lo interpreta automáticamente como si estuvieras hablando del reino de los valores, de algo subjetivo, personal y, esencialmente, una mentira. Es bueno para ti, porque tú tienes esa fe, pero no tiene nada que ver con él ni con el mundo exterior a tu fantasía personal. Lo primero que debemos hacer es renunciar a esta mentira, para luego buscar la forma de cambiar la mentalidad de quienes nos rodean. La meta es que comprendan que no solo hablamos de

[9] Pearcey, *Total Truth*, 22.

valores o de moral, sino también de hechos reales y rotundos, por los cuales merece la pena vivir y morir.

DUALISMO CRISTIANO

Un diccionario define el dualismo como «la creencia de que hay dos principios coeternos, uno en conflicto con el otro, como la materia y… el espíritu, o el bien y el mal».[10] Esa es, pues, la palabra que define la realidad de los dos reinos de los que hablamos. El mundo está dividido en dos principios básicos, antagónicos y que nada tienen que ver el uno con el otro: el físico y el espiritual. Esta filosofía es la base de nuestra paparrucha.

Esto no es nuevo, para nada lo es. De hecho, esta filosofía es una vieja conocida del cristianismo. Es, por ejemplo, la forma en que los gnósticos definieron el mundo. Los gnósticos fueron los grandes enemigos del cristianismo durante los primeros siglos después de Cristo.

Comprender exactamente qué creían los gnósticos requeriría mucho más que este libro, pues sus enseñanzas variaban mucho entre escuelas y maestros. Aun así, en algo estaban de acuerdo todos, que el cuerpo y el mundo físico no eran buenos, ya que no había sido creado por el Dios supremo.[11] Percibían la salvación como la liberación del mundo material por medio de un conocimiento secreto que solo tenían unos pocos iniciados. Esta salvación, en esencia, se trataba de la liberación de lo físico para volver a lo espiritual, el reino que había creado el supremo Dios.[12] Los gnósticos creían que el mundo

---

[10] Norman L. Geisler, *Baker Encyclopedia of Christian Apologetics* (Grand Rapids, MI: Baker Books, 1999), «Dualism». (Traducción del autor).

[11] Aunque hubo muchos maestros y escuelas diferentes dentro de los gnósticos, había varias ideas que compartían en común. Entre estas ideas estaba «la enseñanza de que la humanidad y la tierra fueron creadas, no por el Padre de Jesús», sino por un dios menor, el Demiurgo (el dios sanguinario del Antiguo Testamento). Él fue el creador de todo lo físico, por lo que el mundo físico era «inherentemente defectuoso e incapaz de salvación». David W. Bercot, *A Dictionary of Early Christian Beliefs* (Peabody, MA: Hendrickson Publishers, 1999), «Gnostics, Gnosticism». (Traducción del autor).

[12] *Ibid.*

espiritual era superior y que debía ser alcanzado, mientras que el mundo material, al que consideraban ponzoñoso y despreciable, solo representaba un lastre que impedía la plenitud espiritual. Tristemente, muchas de las herejías a lo largo de la historia de la iglesia tienen su raíz en esta concepción dualista propia de los gnósticos.

De hecho, como habrás podido comprobar, la cosmovisión del mundo de la que hablamos en la paparrucha con la que ahora lidiamos tiene mucho que ver con esta concepción gnóstica. Nosotros los cristianos, lamentablemente, seguimos en demasiadas ocasiones, creyendo las mentiras que esparcieron los gnósticos hace casi dos milenios. Me gustaría, en esta sección, que entendamos que esta división de la realidad en estos dos reinos en guerra no tiene nada que ver con la realidad que vemos en la revelación bíblica.

En Génesis 2:7, cuando Dios creó al hombre, dice que lo formó «del *polvo* de la tierra, y sopló en su nariz *aliento* de vida» (énfasis añadido). La creación del hombre es, desde luego, muy especial. No es pura materia, como lo es un animal. Tampoco es puro espíritu, como lo es un ángel. El hombre es un ser híbrido: parte espíritu y parte materia. Dios lo creó usando polvo de la tierra (materia) y aliento de vida (espíritu). Esa es la razón por la que nosotros somos tanto materia como espíritu. No somos una cosa o la otra, somos las dos al mismo tiempo.

¿Quién no ha escuchado decir que el cuerpo es la cárcel del alma? Quizá, en el funeral de un ser querido, se ha mencionado la idea de que el cuerpo que está en el ataúd no es la persona en sí, sino que es su «cascarón», algo así como una pieza de carne prescindible que sirve como vehículo temporal del alma. En cualquier caso, la idea es que lo espiritual es lo único que realmente importa. Pues bien, amigo, ese pensamiento es puramente gnóstico (o platónico), no es bíblico.

Fíjate lo que le dice Dios a Adán cuando lo castiga por el pecado: «con el sudor de tu rostro comerás *el* pan hasta que vuelvas a la tierra, porque de ella fuiste tomado; pues *polvo eres*, y al polvo volverás» (Gn 3:19, énfasis añadido). No le dice que el polvo (la parte material del ser humano) es una cárcel para el alma, o un pedazo de carne, uno especialmente odioso. No, le dice que el hombre *es* polvo, que esa es su identidad. El cuerpo no es un añadido ni un accesorio transitorio, es parte intrínseca de quien el hombre es. Dios le está diciendo a Adán que el hombre *es* su cuerpo, no que *tenga* un cuerpo.

Quizá esto choque con lo que entiendes acerca del «cuerpo y el espíritu», tal y como se trata en otros pasajes de la Biblia. Por ejemplo, como mencionábamos en el capítulo 2, Pablo argumenta que «el deseo de la carne es contra el Espíritu, y el *del* Espíritu *es* contra la carne, pues estos se oponen el uno al otro, de manera que no podéis hacer lo que deseáis» (Gá 5:17). ¿No está diciendo Pablo que nuestro cuerpo es malo y se opone a nuestro espíritu, que es bueno? Pues la verdad es que no. En Romanos 7:5-6, Pablo dice que «mientras estábamos *en la carne*, las pasiones..., actuaban en los miembros de nuestro cuerpo a fin de llevar fruto para muerte. Pero ahora hemos quedado libres de la ley, habiendo muerto a lo que nos ataba, de modo que sirvamos en la novedad del Espíritu...» (énfasis añadido). Lo que Pablo está llamando «carne» no es el cuerpo físico. En cambio, él llama «carne» a la antigua naturaleza pecaminosa que todos teníamos antes de conocer a Cristo, aquella que está caracterizada por «las pasiones pecaminosas» (Ro 7:5). En contra de nuestra carne no está nuestra alma, sino el Espíritu Santo que ha sido derramado y ahora habita dentro de los creyentes. Así pues, la guerra no es entre la materia y el espíritu (el reino de los hechos y el de los valores), sino entre quien yo era antes de conocer a Cristo (pecador, egoísta e impío) y quien soy ahora, con la ayuda del Espíritu Santo (santo, desinteresado y piadoso).

BONDAD DE LA MATERIA

No estoy negando que exista el reino espiritual o el físico. La Biblia habla de ambos, como hemos visto. Lo que estoy diciendo es que tanto el reino espiritual como el material son creación de Dios. Ambos son igualmente buenos y no están en conflicto entre ellos, sino todo lo contrario. Ambos están coexistiendo, y nosotros mismos formamos parte de ellos. No somos espíritu *o* cuerpo, somos espíritu *y* cuerpo.

Nosotros, como religiosos que somos, tendemos a poner énfasis excesivo en el reino espiritual, restando importancia a lo físico, pero esa no es la perspectiva que nos enseña la Biblia. Habiendo entendido que nuestra naturaleza es tanto espiritual como material, me gustaría dar una serie de pruebas a favor de la bondad de nuestro cuerpo. Dios nos creó como seres espirituales, ¿qué duda cabe? Pero también nos creó como seres físicos, y nuestro cuerpo no es un extra, sino una parte intrínseca de quiénes somos.

Después de crear a Adán y Eva, como decíamos antes, como seres que aúnan lo físico y lo espiritual, Dios les dio una serie de mandamientos: que tuvieran hijos y que sometieran a la naturaleza (Gn 1:26-28). Todos estos mandamientos que encontramos en Génesis 1:28 son netamente físicos. Es decir, Dios encargó al hombre en un principio, que se ocupase de asuntos puramente materiales, aunque con una perspectiva puramente espiritual (obedeciendo al Señor, Gn 2:16-17). Fíjate si es importante el reino físico que la principal tarea que Dios dio al hombre tiene que ver con él.

Esto quiere decir que el trabajo físico no es una pena impuesta por Dios. En cambio, el trabajo físico es una bendición y un mandamiento (Pr 14:23) que nos hace ser más como Dios (Tit 3:14). Tu empleo es la manera en que Dios te da el sustento, así que debes dar gracias a Dios por él. También es una manera de servir a Cristo. Pablo dice:

> Siervos, obedeced en todo a vuestros amos en la tierra, no para ser vistos, como los que quieren agradar a los hombres, sino con sinceridad de corazón, temiendo al Señor. Y todo lo que hagáis, hacedlo de corazón, como para el Señor y no para los hombres. (Colosenses 3:22-23)

Una de las sorprendentes maneras en que podemos servir al Señor es trabajando duro en nuestro puesto laboral. Fíjate: puedes adorar a Dios sirviendo un café, poniendo ladrillos o enseñando matemáticas tanto como lo haces el domingo cantando canciones en tu iglesia. Lo puedes hacer porque eres tanto espíritu como cuerpo.

Creo que una de las formas más grandes en que podemos ver que Dios valora el reino físico la encontramos en el más grande misterio de la historia: la Encarnación del Hijo de Dios en Jesús de Nazaret. Imagínate: el Dios eterno, omnipresente, omnipotente y totalmente espíritu (Jn 4:24), se hizo «carne, y habitó entre nosotros» (Jn 1:14). No es que Jesús pareciera un hombre (como, por cierto, creían algunos gnósticos), sino que era, es y será un hombre para siempre. Que el Dios del cielo se hiciera un hombre, con todas las consecuencias, quiere decir que Él se hizo un ser híbrido como nosotros. Jesús tuvo y tiene un cuerpo físico.

Además, durante Su ministerio terrenal como un hombre completo (con un cuerpo físico, con necesidades físicas y haciendo trabajo físico en un lugar geográfico en concreto), Jesús se ocupó de las necesidades físicas de las personas que le rodeaban: alimentó a las multitudes (Mr 6:30-44), sanó a los enfermos (Mt 4:23-24; 9:35; 14:34-36; 15:19-31), e incluso resucitó a los muertos (Lc 8:49-50; Jn 11:38-44). Es decir, no solo Él mismo tenía un cuerpo físico, sino que mostró la importancia del cuerpo al preocuparse y ocuparse de que los que le rodeaban estuvieran bien físicamente.

Después de Su resurrección, Jesús mostró su cuerpo físico, con las cicatrices del suplicio, a Sus discípulos (Jn 20:27). Más adelante, en Apocalipsis 5:6, se describe a Jesús como un cordero inmolado. Lo que esto nos dice es que Jesús no tomó el cuerpo físico como un accesorio del que desprenderse en cuanto tuviera la más mínima oportunidad, sino que, en su plena humanidad, siempre tendrá un cuerpo. ¿Qué manera hay de valorar más grandiosamente lo físico que el mismo Dios del Universo haciéndose hombre, un hombre que tendría cuerpo para siempre?

De hecho, la resurrección corporal de Jesús es una pieza fundamental de la historia de la redención.

Pablo define así el evangelio:

«...que Cristo murió por nuestros pecados, conforme a las Escrituras; que fue sepultado y que *resucitó* al tercer día, conforme a

> las Escrituras; que *se apareció* a Cefas y después a los doce; luego se apareció a más de quinientos hermanos a la vez, la mayoría de los cuales viven aún, pero algunos ya duermen; después *se apareció* a Jacobo, luego a todos los apóstoles, y al último de todos, como a uno nacido fuera de tiempo, *se me apareció* también a mí». (1 Co 15:3-8, énfasis añadidos)

Muchas veces nos enfocamos en el hecho de la muerte de Jesús, y con toda la razón del mundo, pues es en Su muerte que nosotros tenemos vida. Pero también deberíamos prestar mucha atención a Su resurrección corporal y física.

De hecho, este fue uno de los puntos del cristianismo que más difícil fue de aceptar por los politeístas que lo escuchaban por primera vez. En el primer siglo, decir que el mundo físico era tan importante y tan positivo que Dios mismo se hizo un hombre, con cuerpo real, era algo inaudito. Además, el aprender que la mayor esperanza no está, en ser transportado al mundo espiritual, sino en resucitar físicamente y vivir en la tierra, era un sinsentido de proporciones astronómicas.[13] El que una religión aplaudiera la bondad de la materia era algo tan contracultural entonces como lo es ahora. Esa es la razón por la que Pablo pudo predicar sin problemas en Atenas, y tener una audiencia considerable, hasta que mencionó «la resurrección de los muertos». En ese momento, «algunos se burlaban, pero otros dijeron: Te escucharemos otra vez acerca de esto» (Hch 17:32).

Y es que, al igual que con la muerte y la resurrección de Jesús, la historia de la redención no termina con nuestra justificación

[13] En las culturas paganas que rodeaban al judaísmo, y después al cristianismo, «el lenguaje de "resurrección" no se usó para denotar "vida después de la muerte" en general, o cualquiera de los fenómenos que ocurren dentro de tal vida. La mayoría de los antiguos creían en la vida después de la muerte; muchos de ellos desarrollaron… complejas y fascinantes creencias al respecto y prácticas en relación a ella; pero, aparte del judaísmo y el cristianismo, no creían en la resurrección física». Mark Driskoll, «Resurrección #2: ¿Cómo veían los pueblos antiguos la otra vida?», *Real Faith*, acceso el 9 de octubre de 2023, https://realfaith.com/es/daily-devotions/resurrection-2-how-did-ancient-people-view-the-afterlife/.

espiritual. Todos los que hemos confiado en Cristo como nuestro salvador, hemos sido justificados (Ro 5:1-3), pero aún no ha terminado nuestra historia. Tan importante es el reino físico que la culminación de la historia de la redención no ocurrirá hasta que el cosmos, nuestros cuerpos incluidos, sean también resucitados para la eternidad.

La Biblia arranca con las palabras: «En el principio, Dios creó los cielos y la tierra» (Gn 1:1) y termina con una imagen de «un cielo nuevo y una tierra nueva» (Ap 21:1). La historia que arranca en la tierra, termina en la tierra. Jamás dejaremos de ser seres físicos, como Jesús tampoco dejará de serlo. De hecho, el final de nuestra historia, a diferencia de lo que creían los filósofos y religiosos griegos (o los gnósticos), no está en que nosotros nos convirtamos en espíritus y vayamos al cielo, sino que el cielo bajará a nosotros. En Apocalipsis 21:9-37, Juan se esmera en describir la gloriosa ciudad celestial, la Nueva Jerusalén. Pues bien, el propósito de la ciudad celestial no es que nosotros ascendamos a ella, sino que ella descienda a la nueva tierra, para que nosotros vivamos una vida física para toda la eternidad, cuando el cielo baje a la tierra.

Cuando Cristo regrese, nosotros también resucitaremos, de la misma manera que Él. Pablo llama a la resurrección de Jesús «primicia» de la nuestra (1 Co 15:20-21). En otras palabras, en base a que Su tumba está físicamente vacía, la nuestra también lo estará. La resurrección no es una manera alegórica de hablar de ser llevado al cielo, o entrar en la gloria. No es la muerte vista desde un punto de vista espiritual, sino la inversión total y absoluta de la muerte. Es el proceso que Cristo comenzó al resucitar corporalmente, en el que la misma muerte es destruida, junto con su terrible poder: «cuando esto corruptible se haya vestido de incorrupción, y esto mortal se haya vestido de inmortalidad, entonces se cumplirá la palabra que está escrita: DEVORADA HA SIDO LA MUERTE en victoria. ¿DÓNDE ESTÁ, OH MUERTE, TU VICTORIA? ¿DÓNDE, OH SEPULCRO, TU AGUIJÓN?» (1 Co 15:54-55). La resurrección es la máxima afirmación de que Dios es el Creador y el redentor, no solo del espíritu, sino también de la materia.

ECOLOGISMO BÍBLICO

Una de las maneras más obvias en las que podemos vivir la realidad de que lo físico es importante es cumpliendo uno de los primeros mandamientos que Dios dio a la humanidad. En el capítulo anterior hablábamos de la bendición y el deber de tener hijos, ahora estamos hablando de la bendición y el deber de ocuparnos de cuidar y trabajar la naturaleza que el Creador ha hecho. Como representantes divinos, nuestra labor es la de ejercer una bondadosa labor de representación divina, en el sentido de mejora del mundo que nos ha sido confiado. Como Sus representantes, debemos cuidar la naturaleza que Él ha creado.

Anteriormente (capítulo 4), hablábamos de la religión ecologista, la que propone que la naturaleza es una diosa y al hombre es un cáncer que está destruyéndola. Pues bien, ahora estoy hablando de algo completamente opuesto. Dios no es la naturaleza, Él es el Creador de la naturaleza, y no depende de ella para absolutamente nada (Gn 1:1), sino todo lo contrario. La naturaleza depende enteramente de Él. Pero eso no quiere decir que al Creador le dé igual lo que ocurre con Su creación. Dios está muy interesado en Su creación. Él ama a sus criaturas y quiere lo mejor para ellas. Esa es la razón por la que puso al hombre (la cúspide de Su creación) como Su representante ante la naturaleza. El cometido del hombre era el de actuar en lugar y en nombre de Dios delante del resto de Su creación (Gn 1:26-27).

Fíjate: Dios tomó una tierra «sin orden y vacía» (Gn 1:2) y la ordenó (Gn 1:3-13) y la llenó (Gn 1:14-31). Ahora, al poner en esta obra de arte a Su representante, el hombre, espera que haga lo mismo. Dios quiere que ordenemos la naturaleza (cuidándola y trabajándola) y que la llenemos (teniendo hijos). Dios se preocupa del cuidado de la naturaleza de tal manera que ha puesto a la pieza central, el objeto de Su más puro amor, el hombre, como el mayordomo a su cuidado.

Así pues, una de las maneras más claras y evidentes en que nosotros podemos luchar en contra de esta paparrucha es siendo conscientes de que debemos cuidar el planeta. De nuevo, no estoy hablando de que debamos sumarnos a la locura colectiva, guiada por intereses comerciales, políticos y tiránicos, impulsados por la Agenda Globalista. No estoy diciendo que debas comprarte un coche eléctrico[14] para luchar contra «el calentamiento global» (uno de los mayores timos de nuestro tiempo)[15], ni que dejes de comer carne de animales para consumir gusanos (¡que Dios me libre de tamaña atrocidad!). Tampoco estoy defendiendo que paguemos aún más impuestos «verdes» para subvenciones que vengan a engrosar las cuentas de empresas que dicen que van a defender al mundo, mientras usurpan cada vez más recursos económicos y naturales. Lo que estoy diciendo es que debes honrar la naturaleza, amarla y respetarla, porque ha sido creada por tu Señor. Es decir, no solamente no debes ensuciar el campo o el mar, sino que tú debes ser el que lo limpia si lo ve sucio.

Pero, la manera en que nosotros debemos honrar la voluntad del Creador en relación con la naturaleza no es dejándola sin tocar, sino mejorándola. Dios no le dice a Adán que dejen el mundo como si no vivieran hombres, sino que la naturaleza lo note, pero para bien.

---

[14] El tener al coche eléctrico como una pieza central de la lucha contra el llamado «cambio climático» es una enorme estafa. La forma de obtener la energía eléctrica suele provenir de fuentes altamente contaminantes, los coches requieren de materias primas para su fabricación cuya extracción es igualmente nociva, por no hablar del sufrimiento humano de niños trabajando como esclavos en países africanos para conseguir esas materias primas. Además, el propio vehículo, cuando termina su vida útil, se convierte en un residuo altamente contaminante y no reciclable. César Vidal y Lorenzo Ramirez, «La gran mentira del coche eléctrico y su papel en la nueva tecnocracia digital», *El Gran Reseteo, CesarVidal.tv*, acceso el 21 de septiembre de 2023 (contenido de suscripción), https://www.cesarvidal.tv/videos/la-gran-mentira-del-coche-electrico-y-su-papel-en-la-nueva-tecnocracia-digital.

[15] No niego que exista un cambio climático real. En cambio, soy escéptico respecto a que el hombre sea el generador de dicho fenómeno. A lo largo de la historia, ha habido diferentes cambios climáticos naturales, sin intervención humana. A pesar de las mentiras que se difunden sin freno a través de los medios de (des) información, la realidad es que el supuesto consenso científico que defiende que la emergencia climática ha sido creada por el hombre es un enorme fraude. Así lo deja en evidencia, por ejemplo, un manifiesto firmado por más de 1600 científicos, incluidos varios premios Nobel. Puedes consultarlo aquí (en inglés): «There is no Climate Emergency», *Clintel.org*, acceso el 29 de septiembre de 2023, chrome-extension://efaidnbmnnnibpcajpcglclefindmkaj/https://clintel.org/wp-content/uploads/2023/08/WCD-version-081423.pdf.

La ecología no debe basarse en que el hombre es malo y debe tocar lo menos posible, sino en que el hombre tiene el altísimo llamado de honrar a Dios por medio del cuidado y la mejora de la naturaleza. Tengo un buen amigo que se ha especializado en la permacultura[16] y, entendiendo un poco lo que hace, me asombra la forma en que el hombre puede mejorar la naturaleza, conocerla y someterla en el mejor sentido de la palabra, ejerciendo una benevolente mayordomía hacia lo que Dios nos ha legado.

De hecho, el cuidado de la naturaleza no tiene sentido alguno, a menos que hayamos recibido ese encargo del propio Creador, tal y como afirma la Biblia. Así lo señala Greg Koukl, profesor de apologética de la universidad Biola:

> Durante millones de años, la Madre Naturaleza ha venido vomitando humos nocivos y gases venenosos a la atmósfera de la Tierra, y ha sembrado el paisaje de cenizas y lava. En realidad, la condición más «natural» del universo es la muerte… Distintas razas se han ido extinguiendo a un ritmo constante desde el comienzo de los tiempos, los fuertes han suplantado a los débiles. ¿Por qué no iban a hacerlo? Todos están en una lucha por la supervivencia, en un baile de destrucción que alimenta el proceso evolutivo. Que gane el mejor.[17]

Lo que Koukl pretende dejar en evidencia es que, partiendo de una visión darwinista y naturalista, es decir, una visión que solo acepta el reino físico, no se puede llegar al convencimiento de que debemos cuidar el planeta y a los animales. La realidad es exactamente la

[16] La permacultura es «un tipo de sistema de diseño agrícola», basado en «los principios del ecosistema natural, donde se intenta seguir apropiadamente los ritmos naturales medioambientales». Es decir, es el intento de hacer que la naturaleza funcione de la mejor forma posible, utilizando conceptos de «diseño ecológico, diseño ambiental, ingeniería ecológica, construcción y gestión integrada de recursos hídricos». «Descubre qué es y cómo funciona la permacultura», *Aquae Fundation*, acceso el 21 de septiembre de 2023, https://www.fundacionaquae.org/wiki/que-es-permacultura/.

[17] Koukl, *Tácticas,* 163-64.

opuesta: el darwinismo enseña que una especie animal progresa mediante la muerte de los demás, defiende una guerra a garra y colmillo. En la lucha por la supervivencia, solo deben sobrevivir los mejores y más aptos. Según esta lógica, no hay sentido alguno en tratar de preservar especies en peligro de extinción. Todo lo contrario, para ser fieles al espíritu de la evolución, lo que deberíamos es permitir, e incluso, fomentar, que los que están en peligro de extinción mueran. De esa manera, los más aptos tendrán el paso libre para triunfar en esta guerra sin cuartel.

Sin Dios, sin la realidad espiritual que presenta la cosmovisión bíblica, no nos queda razón alguna para cuidar el planeta. Sin embargo, la Biblia nos enseña que ese es precisamente nuestro deber, porque así nos lo ha encomendado nuestro Diseñador, y el Creador de todo el resto del cosmos. Dios nos ha creado con el firme propósito y la encomendación directa de que cuidemos el planeta. Seguir Su diseño y mandamiento es la gran razón que explica nuestra preocupación por el medio ambiente.

Este mundo «no es un bien pasajero; es una obra de arte» diseñada y creada por nuestro Padre celestial.[18] Nuestra labor es cuidar Su creación en Su nombre. A Dios le importa el mundo físico, le importa Su creación, así que le importa lo que hagamos con la naturaleza. Tiene un sentido bíblico pleno el preocuparnos por mejorar la naturaleza.

CUIDA DE TU CUERPO

Otra de las formas más evidentes en que podemos poner en práctica el aprecio por el reino físico es valorando nuestro propio cuerpo. Si tenemos en cuenta que somos portadores de la imagen de Dios, entenderemos que no solo nuestra parte espiritual es valiosa, también lo es la parte material. Tu cuerpo es valioso porque refleja al Creador, igual que lo hace tu alma. Eso significa que lo que hagas

---

[18] Ian K. Smith, «Why the Physical Earth Matters to God», *Crossway*, acceso el 21 de septiembre de 2023, https://www.crossway.org/articles/why-the-physical-earth-matters-to-god/.

con tu cuerpo es algo que le estarás haciendo al mismo Creador cuya imagen porta.

Pero aún hay más. Pablo habla en el Nuevo Testamento de que el cuerpo de los creyentes tiene una importancia aún mayor, porque es «templo del Espíritu Santo, que está en vosotros, el cual tenéis de Dios», por lo tanto, no somos nuestros (1 Co 6:19). El hecho de que el Espíritu Santo habite en los creyentes (1 Co 3:16) es tan espectacular que hace que el valor de nuestro cuerpo sea asimismo elevado. Si entiendes que el cuerpo es sencillamente «la cárcel del alma» o «un cacho de carne», estás insultando la morada del Espíritu Santo, ¡estás tirando piedras al Templo del Dios Altísimo! La conclusión ante esta grandísima revelación por parte de Pablo es: «por tanto, glorificad a Dios en vuestro *cuerpo* y en vuestro *espíritu*, los cuales son de Dios» (1 Co 6:20, énfasis añadido). Entiendo que este texto está tratando específicamente los pecados sexuales, pero el principio es igualmente aplicable en nuestro caso: a Dios le importa lo que hagamos con nuestro cuerpo.

No estoy hablando de que debamos volvernos locos, salir a correr un par de horas al día, comenzar una dieta estricta y dejar de ponernos azúcar en el café en este momento, para nada. Sencillamente estoy diciendo que durante demasiado tiempo la imagen del cristiano (específicamente, el pastor cristiano, para mi propia vergüenza) ha sido la de un obeso que habla de pecados como la homosexualidad o la fornicación, mientras pasa por alto completamente otros pecados como la glotonería o la autocomplacencia. No es necesario que dejes de tener barriga para ser un buen cristiano, pero sí que comprendas que lo que hagas con tu cuerpo también le importa a Dios.

ABRAZOS EN LA IGLESIA

Fue durante el tiempo del confinamiento que me lancé a escribir el que fue mi primer libro, porque sentía que la iglesia necesitaba un mensaje de esperanza en medio de ese tiempo tan desesperante.[19] Esta desesperanza parece habernos cambiado profundamente,

[19] Miguel Ángel Pozo, *Rosas por Cenizas: Un estudio bíblico Cristo-céntrico sobre*

o quizás ha dejado en evidencia algo que siempre estuvo allí, pero que necesitaba la ocasión para mostrar su feo rostro. En el capítulo 5, nos centramos en la necesidad que teníamos de formar parte de una iglesia local, pero también podemos ver que esta es una de las implicaciones más lógicas para considerar lo físico como algo importante para el cristiano.

Si solamente consideramos valioso lo netamente espiritual, reduciremos la iglesia a cantar, orar y escuchar una predicación. Es indudable que todas esas cosas forman parte de nuestra vida eclesial. Cantamos, oramos y escuchamos al pastor abrir la Palabra de Dios para conocer la voluntad divina para nuestras vidas. Pero esa no es la única utilidad que tiene la iglesia local.

El resumen que Lucas dio de la práctica de la primera iglesia es que ellos «se dedicaban continuamente a las enseñanzas de los apóstoles, a la *comunión*, al partimiento del pan y a la oración» (Hch 2:42, énfasis añadido). Ellos escuchaban la doctrina de boca de los apóstoles, oraban y celebraban la Cena del Señor, pero también se dedicaban a la comunión. La palabra griega que leemos en nuestras Biblias como «comunión» podría traducirse como «una asociación íntima que incluye intereses mutuos y el compartir» unos con otros en una «relación cercana». Tan íntima es la relación que expresa esta palabra que es la que se suele usar para hablar de la que existe entre el marido y la mujer.[20]

Es decir, la predicación es algo importantísimo en la iglesia, ¿qué duda cabe? Pero no podemos espiritualizarlo todo hasta el punto de negar que Dios nos ha llamado a ser una familia, una familia que se ama, en la que unos se preocupan por otros y buscan su bien por encima del propio. Para mí fue especialmente triste ver cómo iglesias que se caracterizaban por ser y hacerte sentir como familia se alejaban unos de otros, se tenían miedo y evitaban siquiera estar en el mismo lugar junto con un hermano. Si el miedo a una enfermedad (o unas ordenes sanitarias en relación con una enfermedad)

---

el libro de Rut (Sebring, FL: Editorial EBI, 2021).

[20] Arndt et al., *Greek-English Lexicon*, s.v. «κοινωνία, ας, ἡ».

nos arrebatan una parte esencial de nuestra identidad como iglesia, estamos fracasando de la forma más miserable posible, por mucho que lo vistamos de espiritualidad. Y no, una predicación retransmitida por una pantalla no puede ser un sustituto de la parte más física de la iglesia, una parte que necesitamos, al menos, tanto como la predicación de la Palabra de Dios.

ORACIÓN Y ADORACIÓN

Algo de lo que no se suele hablar, al menos en las iglesias a las que yo he asistido en mi vida, es de la relación que existe entre nuestro cuerpo y nuestra actitud espiritual. La realidad es que lo que hagamos con nuestro cuerpo tiene mucho que ver con nuestro corazón. El mundo no está dividido en dos reinos antagónicos y opuestos entre sí, como defiende esta paparrucha, de hecho, lo que hagamos con nuestro cuerpo afecta a nuestra alma, así como nuestra alma afecta a nuestro cuerpo.

Imagina que estás dando un paseo por la playa, pisando con tus pies desnudos la cálida arena, mientras las pequeñas olas te refrescan. Al alzar la vista, ves a una pareja que está viendo la puesta de sol, de pie, a apenas cinco metros de ti. De repente, ambos se giran para quedarse uno frente al otro, y se miran a los ojos, mientras sonríen. En ese momento, el chico sostiene en sus manos las de su pareja, mientras hinca una rodilla en el suelo, mojándosela con el agua del mar. Ella abre los ojos cargados de sorpresa e ilusión como jamás los había abierto en su vida. No has escuchado una sola palabra de la conversación que están teniendo en ese momento, pero sabes exactamente lo que está ocurriendo, el mensaje está claro, y lo está diciendo todo con sus gestos.

Al hincar su rodilla ante ella, el chico está mostrando devoción, amor y deseo hacia ella. Está emitiendo un mensaje muy tierno, pero también está dejando claro que es una persona de carácter firme, que no tiene miedo a la responsabilidad, a comprometerse y a mirar hacia el futuro, mientras sostiene las manos de su amada. Pero, además, ahora él está en una posición más baja que ella, por estar arrodillado. Se está humillando ante una mujer, se está ensuciando y mojando, no lo hace con una actitud de derrota, sino como una sumisión voluntaria, alegre y expectante. Su humillación ante ella es, en realidad, una victoria para él. Al estar arrodillado, su capacidad de visión es mucho más limitada. Es más vulnerable, pero eso no es importante para él. No hay nada en su mundo aparte de esa mujer que lo mira emocionada, y el futuro que quiere pasar a su lado. El resto del mundo podría, fácilmente, desaparecer, porque todo lo que vale en esta vida está sostenido en sus manos que la aferran firmemente.

Esa posición: esa rodilla hincada y mojada, esa mirada con una mezcla de esperanza y expectación, esas manos entrecruzadas, hablan mucho más alto y claro sobre el contenido de sus corazones de lo que podría hacer cualquier discurso. No necesitas escuchar una sola palabra para saber exactamente qué ocurre en esa situación o cuáles son sus sentimientos. No lo necesitas porque sus cuerpos (reino físico) están hablando de lo ocurre a un nivel mucho más interno (reino espiritual).

Lo mismo ocurre con nuestra actitud ante de Dios. En numerosas ocasiones, vemos a los siervos de Dios arrodillarse para orar. Por ejemplo, cuando los otros sátrapas tendieron una trampa a Daniel para acabar con él, le encontraron en su casa, como hacía siempre, «arrodillándose tres veces al día, orando y dando gracias delante de su Dios» (Dn 6:10). El profeta se arrodillaba siempre para orar, porque entendía que su posición corporal tiene mucho que decir sobre su actitud espiritual. El vínculo entre el cuerpo y el alma es muy estrecho. De la misma forma, Jesús, en sus peores momentos, cuando estaba en Getsemaní, se puso de rodillas para rogar a Su Padre (Lc 22:40-44). Él también entendía este vínculo entre el cuerpo y el alma.

Cuando el Señor hizo un pacto con David, prometiéndole que establecería «el trono de su reino para siempre» (2 S 7:13), David fue y «se sentó delante del Señor» (2 S 7:18). El sentarse delante de Él indicaba su dependencia hacia Dios, además, David entraba a la tienda divina y se ponía bajo la hospitalidad y la protección del Señor con ese sencillo gesto.[21] Vemos también que, cuando Salomón estaba dedicando el Templo al Señor, «se puso delante del altar del Señor en presencia de toda la asamblea de Israel y *extendió las manos al cielo*» (1 R 8:22, énfasis añadido). Con ese gesto, Salomón indicaba una dependencia total de las bondades divinas, no de sus propias fuerzas.

Con estos ejemplos, mi única intención es que comprendamos que este vínculo entre cuerpo y espíritu existe, y que podemos usarlo correctamente. Hay momentos en nuestras vidas en que queremos instruir a nuestra alma a que se humille delante de Dios, y podemos hacerlo orando de rodillas ante Él. Ese gesto ayudará a nuestro corazón a tener una actitud mejor. Esto no quiere decir que *debamos* orar arrodillados, ni que *debamos* levantar las manos al cantar, pero sí que es algo que puede ayudarnos en determinadas ocasiones, porque esa conexión entre cuerpo y corazón está ahí.

Ahora, lo más importante en cuanto a nuestra oración o adoración no es la disposición de nuestro cuerpo, sino la disposición de nuestra alma. Nuestra postura interna es lo más importante para acercarnos a Dios, y el cuerpo solamente es valioso en la medida en que ayuda al alma a alinearse con lo que el Señor pide de nosotros.

EL CRISTIANISMO ES REAL

Una de las consecuencias más importantes e impactantes del desenmascaramiento de esta paparrucha es que desencadena el poder del cristianismo. Esta mentira intenta dejarnos recluidos en nuestras casas y en nuestros locales haciéndonos pensar que nuestra fe no tiene nada que ver con el mundo real, pero la verdad es absolutamente opuesta. Hay gran poder en entender que nuestra fe no es una mentira útil.

En el capítulo 1, veíamos que el cristianismo es real, no sencillamente una creencia más entre muchas. Su total credibilidad se sustenta en hechos históricos verificables o refutables. Específicamente, la veracidad de nuestra fe depende de la realidad histórica (en el

[21] Fred H. Wight, *Usos y costumbres de las tierras bíblicas* (Grand Rapids, MI: Editorial Portavoz, 1981), 69-71.

reino físico) de que Jesús fue ajusticiado, sepultado y resucitó al tercer día. Y lo cierto es que tenemos pruebas mucho más que creíbles de que esos tres eventos ocurrieron en la vida real.

Esto significa que nuestro mensaje no debe restringirse al «mensaje religioso» (reino espiritual), porque esa división de la realidad en dos reinos opuestos y antagónicos entre sí es mentira. El cristianismo es verdad en el sentido más amplio de la palabra. No dejes que lo reduzcan a una mentira útil.

El decir que un bebé dentro de la matriz materna tiene tanta dignidad y valor como su madre es verdad, no una opinión religiosa, es la verdad. El decir que es una aberración castrar a un niño sano y sentenciarle a una vida de esclavitud de medicamentos y depresión por querer «cambiar de sexo» sigue la lógica más elemental, no una serie de valores subjetivos. El negarse a aceptar el exterminio de ancianos porque ya no son valiosos para la sociedad, mucho menos a aceptar que a eso le llamen «muerte digna» no es una opinión basada en prejuicios, es la única postura aceptable, basada en la realidad de que el ser humano tiene valor por el mero hecho de serlo. No te acobardes porque te digan que, al ser religioso, no puedes opinar sobre ciertos asuntos «del mundo real».

A fin de cuentas, lo que nosotros necesitamos no es un parche en el corazón. No necesitamos una mentira útil que nos ayude a dormir mejor por las noches o enfrentar la muerte con esperanza. La situación del ser humano es de extrema urgencia ante la inminencia del juicio divino, que no tendrá por inocente al culpable (Nm 1:18). Ninguna mentira va a servir de nada a los que están condenados a la sentencia eterna. No necesitas una mentira útil, necesitas un Salvador.

Si nuestra situación es tan dramática como pone la Biblia, y nuestra naturaleza es tanto física como espiritual, necesitamos a un Salvador, pero no cualquier salvador. Necesitamos a un Salvador como Jesucristo que, siendo Dios eterno, se hizo un hombre (Fil 2:5-8), tomando nuestra doble naturaleza física y espiritual, para redimirnos de una forma integral mediante Su muerte y resurrección. Esa era la única manera de que, tanto nuestra alma como nuestro cuerpo, pudieran ser salvados del pecado y seamos capaces de disfrutar de él para siempre.

Nuestro Salvador murió realmente y derrotó de forma definitiva y certera a la muerte, para que nosotros podamos tener vida. Al igual que Su tumba está vacía, la nuestra un día lo estará. Nuestro futuro está junto al Señor, en una nueva Tierra perfecta, en un nuevo y resucitado cuerpo, como el de nuestro Señor y Salvador. Ese es nuestro destino.

CAPÍTULO 10

VIVE Y DEJA VIVIR

Rangos de muerte

Hay algo en lo que he estado pensando últimamente. Todos los cristianos son unos hipócritas, porque ellos critican y condenan a los homosexuales o a quienes se acuestan con su novia sin haber pasado por el altar, mientras que justifican a los mentirosos o a los que hablan mal de otros a sus espaldas. A fin de cuentas, ¿qué hay más «cristiano» que hablar mal de alguien cuando no está presente? Quizá lo camuflen como un «motivo de oración» o algo por el estilo, pero sigue siendo un chisme, destinado a hacer daño y a deteriorar la confianza en una persona en concreto.

Poner a unos pecadores por delante de otros, en rangos o niveles de pecado, hace que unos sean considerados como impuros o malvados, y otros como justificados delante de Dios y los hombres. Es como si Jesús hubiera muerto solo por algunos pecados. Si tú has cometido alguno de los otros pecados, de los peores, tienes la sentencia asegurada al infierno terrible y eterno. Pero, ¿cuáles son los pecados peores y cuáles son los no tan malos? Para cada persona, el pecado terrible es el que él mismo no comete, y el pecado permisible es en el que suele «caer». ¡Qué casualidad! En definitiva, y como venía diciendo desde el principio, todos los cristianos son unos hipócritas.

La actitud del cristiano es la de señalarse unos a otros, mientras afirman que ellos no son tan malos como los señalados. A fin de cuentas, no se acuestan con señoritas, no beben (mucho) alcohol y odian a muerte a los homosexuales. ¡Seamos serios! Todos tenemos cosas de las que avergonzarnos, todos tenemos cadáveres en el armario. No podemos ponernos tan dramáticos con lo que hacen los demás, mientras nuestra propia casa huele a podredumbre.

Es un hecho que hay personas que son menos bienvenidas a una iglesia que otras. Los cristianos aceptan de mil amores a alguien que viene sin problemas: que no bebe, no se droga, tiene dinero y paga impuestos. Mientras que, si ven a alguien que huele mal, lleva un pendiente con la bandera del arcoíris o se tambalea como consecuencia de alguna sustancia, se apartan, le miran con desprecio y, evidentemente, no es bienvenido a la «bonita familia» de la iglesia. Su homofobia o «sexofobia» hace que vean como peor a quien hace lo que ustedes mismos no hacen. Lo grave es que hacen esto mientras que, cuando alguien apunta hacia su propio pecado, sencillamente levantan las manos afirmando que «todos somos pecadores» y que, como Cristo ya ha pagado por lo nuestro, no es tan grave si lo seguimos haciendo.

Amigo mío, si todos los pecados son igualmente malvados y Cristo ha pagado por ellos, entonces debemos vivir y dejar vivir las vidas a los demás como ellos quieran vivirlas. La muerte de Cristo hace que no tengas derecho a decirle a nadie cómo vivir su vida, cómo amar a otros o con quiénes se pueden o no se pueden acostar. A fin de cuentas, su Salvador dijo «Consumado es», es decir: la deuda ha sido saldada. ¿A quién le importa a cuánto asciende la deuda de cada uno? Si tu Salvador ya lo ha hecho, vive y deja vivir. No mires el pecado de nadie. Deja a cada uno hacer lo que le venga en gana. Esa debería ser la correcta actitud cristiana.

¡¡Paparruchas!!

Quizá te has sentido muy identificado con algunas partes de esta presentación de la paparrucha. La verdad es que esta es una de esas mentiras en las que la verdad se mezcla con la mentira y es necesario hacer un trabajo de cirujano que, con el bisturí, aparta la falsedad de lo que es cierto. O, según la analogía que estamos utilizando, es necesario que usemos nuestra agencia de verificación suprema (la Biblia) para que aprendamos a distinguir qué hay de verdad y qué de mentira.

¿Es verdad que la Biblia habla de rangos de pecado? ¿Hay pecados peores que otros? Si es así, ¿podemos rechazar a unos y aceptar a otros en base a si practican este pecado o el otro? ¿Es el perdón que logró Cristo al morir por nosotros un salvoconducto para seguir viviendo como nos dé la gana, sabiendo que todo está pagado? ¿Hay pecados que, si los cometemos, estaremos condenados al infierno eterno, sin importar lo que hagamos después? Vamos a responder a todas estas preguntas en relación con esta paparrucha.

En definitiva, esta es la mentira que creemos. Ahora vamos a ver la verdad que ignoramos.

RANGOS DE MUERTE

Una postura muy común hoy en día es decir que todos los pecados son iguales, que no hay distinción alguna en ningún sentido. Incluso hay una cita que se usa para probarlo: «Porque cualquiera que guarda toda la ley, pero tropieza en un *punto*, se ha hecho culpable de todos» (Stg 2:10). ¿Es eso cierto? ¿Es igual en todos los sentidos decir una mentira que matar a un vagabundo? Esta postura entra en confrontación directa con las palabras de Jesús, cuando dijo a Pilato: «Ninguna autoridad tendrías sobre mí si no te hubiera sido dada de arriba; por eso el que me entregó a ti *tiene mayor pecado*» (Jn 19:11, énfasis añadido).

Grados de pecado en la teología católica

Desde los primeros siglos de la iglesia, los teólogos distinguían entre diferentes tipos de pecado. Tertuliano, a finales del siglo II y principios del siglo III d. C., ya realizaba esta distinción.[1] También Agustín

[1] Tertuliano hablaba de pecados mortales «por el efecto que producen en el pecador», siendo el homicidio, el adulterio o la blasfemia algunos de los pecados que entraban en esta clasificación. Salvador Vicastillo, «La clasificación de los pecados según Tertuliano», *Salmanticensis 57 (2010)*, 299-301.

de Hipona habla de «pecados leves», contraponiéndolos a los pecados graves.[2] Así que, desde el comienzo, existió la concepción de que, en efecto, no todos los pecados son iguales *en cierto sentido*. Pero fue en la Edad Media cuando se fabricó la distinción entre «pecado venial» y «pecado mortal» que ha llegado hasta nosotros.[3]

Para entender un poco en qué consiste esta distinción de pecados, tenemos que comprender un cómo funciona la teología católica en cuanto a los sacramentos. Es precisamente en este punto donde estriba la diferencia entre los pecados veniales y los mortales. En otras palabras, cuando hablamos de pecados mortales, hablamos de algo mucho más profundo que el propio concepto del pecado. Para los romanos, un pecado mortal es la destrucción de lo que se logra mediante los sacramentos.

Según la Iglesia Católica Romana, los sacramentos[4] son «como fuerzas que brotan del Cuerpo de Cristo» y «acciones del Espíritu Santo».[5] Estos sacramentos tienen la función de servir de «sello» por el cual el cristiano participa del sacerdocio de Cristo, además de permanecer «para siempre en el cristiano como disposición positiva para la gracia, como promesa y garantía de la protección divina y como vocación al culto divino y al servicio de la Iglesia».[6] En resumen, ellos piensan que los sacramentos son los que «confieren la gracia» de Cristo al fiel.[7]

---

[2] Agustín de Hipona, *In epistulam Ioannis ad Parthos tractatus*, 1:6.

[3] Stephen Wellum, «Grados de pecado», *Coalición por el Evangelio*, acceso el 24 de septiembre de 2023, https://www.coalicionporelevangelio.org/ensayo/grados-pecado/.

[4] Los siete sacramentos, según la teología Romana son: el bautismo, la confirmación, la penitencia, la eucaristía, las órdenes sagradas, el matrimonio y la Extremaunción. Ángel Pazos-López, «Siete Sacramentos», Universidad Complutense de Madrid, acceso el 24 de septiembre de 2023, https://www.ucm.es/bdiconografiamedieval/siete-sacramentos#:~:text=Los%20escritos%20de%20Pedro%20Lombardo,sagradas%20%C3%B3rdenes%2C%20matrimonio%20y%20extremaunci%C3%B3n.

[5] *Catecismo de la Iglesia Católica*, 2.2:116, acceso el 24 de septiembre de 2023, https://www.vatican.va/archive/catechism_sp/p2s1c1a2_sp.html.

[6] *Catecismo de la Iglesia Católica*, 2.2:1121, acceso el 24 de septiembre de 2023, https://www.vatican.va/archive/catechism_sp/p2s1c1a2_sp.html.

[7] *Catecismo de la Iglesia Católica*, 2.2:1127, acceso el 24 de septiembre de 2023, https://www.vatican.va/archive/catechism_sp/p2s1c1a2_sp.html.

Para abreviar y aclarar, la teología romana establece que los sacramentos son algo así como el vaso a través del cual se canaliza la gracia de Dios para la salvación y preservación del fiel. Los sacramentos son el medio por el cual un creyente puede recibir el favor divino para poder alcanzar su propia salvación. Piensa en ello como un sistema de premios por puntos. Tienes, en el momento de nacer, cero puntos, pero necesitas cien puntos para poder llegar a ser salvo e ir al cielo.

Al ser bautizado por el cura en la parroquia de tu pueblo cuando eras un bebé, no solamente obtienes tus primeros puntos, sino que entras en el «concurso» cuyo premio es la misma salvación. Por el mero hecho de estar bautizado, se te garantiza que, a la larga, llegarás a obtener los puntos necesarios para el boleto al cielo. ¿Cómo obtienes los demás puntos? Fácil, solo tienes que participar todo lo posible de los sacramentos, que son el medio a través del cual obtienes esos puntos. Si, al morir, no has llegado a tener todos los puntos necesarios para tu salvación, participando del resto de los sacramentos, pasarás el tiempo necesario penando en el Purgatorio, y así podrás completar tu cartilla y ganarte el pasaporte al cielo.

Para lograr los cien puntos necesarios para la salvación, el creyente tiene acceso a algunos «atajos», como son las indulgencias.[8] La idea es que, así como hay algunos de los fieles (la inmensa mayoría) que necesitan una buena temporada en el purgatorio para lograr los puntos necesarios, hay otros (los santos, la virgen y Cristo) que obtuvieron un excedente de puntos, que ellos llaman «el tesoro de las satisfacciones» y que administra directamente la Iglesia de Roma. Así, ellos pueden decidir usar parte de esos puntos extra para dar un pequeño empujón a un fiel en su carrera hacia el cielo (indulgencia parcial) o le aportan todos los puntos necesarios para su salvación (indulgencia plenaria).[9]

---

[8] «La indulgencia es la remisión ante Dios de la pena temporal por los pecados, ya personados en cuanto a la culpa, que un fiel dispuesto y cumpliendo determinadas condiciones consigue por mediación de la Iglesia, la cual, como administradora de la redención, distribuye y aplica con autoridad el tesoro de las satisfacciones de Cristo y de los santos». *Catecismo de la Iglesia Católica*, 2.4:1471, acceso el 25 de septiembre de 2023, https://www.vatican.va/archive/catechism_sp/p2s2c2a4_sp.html.

[9] *Ibid.*

¿Dónde entran los diferentes tipos de pecado dentro de este sistema basado en los sacramentos? Si hemos cometido un pecado «venial» (un pecado menor),[10] este «deja subsistir la caridad, aunque la ofende y la hiere».[11] Es decir, aunque es necesario confesarlos, estos pecados no conllevan a una pérdida de los puntos (es decir, de gracia) necesarios para la salvación. Solo es un pequeño bache en la carrera a la gloria. Nada serio.

En cuanto a los pecados mortales,[12] estos son los que «destruye la caridad en el corazón del hombre por una infracción grave de la ley de Dios; aparta al hombre de Dios, que es su fin último y su bienaventuranza, prefiriendo un bien inferior».[13] En otras palabras, el pecado mortal te descalifica, te elimina del concurso y te devuelve a la casilla de salida, en la que pierdes todos los puntos acumulados y te encuentras en un estado de condenación. La única manera de poder volver a entrar a la carrera por la salvación es acudiendo al sacramento de la reconciliación (la penitencia).[14] El pecado mortal es un rechazo intencional y flagrante de los mandamientos que impide que la gracia de Dios, canalizada por los sacramentos, pueda actuar, así que sentencia al pecador al suplicio eterno.

Los reformadores del siglo XVI no elevaron la voz contra el hecho de que hubiera, en cierto sentido, diferentes tipos de pecado, sino en contra de este sistema sacramental enseñado por la iglesia de Roma. Todo este sistema se basa en una extensa evolución teológica ocurrida a lo largo de los últimos dos milenios, lo que

---

[10] Algo como «una charla irreflexiva o risa inmoderada». *Catechism of the Catholic Church,* 2nd ed. (Washington, DC: United States Catholic Conference, 2000), 454.

[11] *Catecismo de la Iglesia Católica*, 3.8:1855, acceso el 25 de septiembre de 2023, https://www.vatican.va/archive/catechism_sp/p3s1c1a8_sp.html.

[12] Hay tres condiciones que hacen que un pecado sea mortal: «Es pecado mortal lo que tiene como objeto una materia grave y que, además, es cometido con pleno conocimiento y deliberado consentimiento». *Catecismo de la Iglesia Católica*, 3.8:1857, acceso el 25 de septiembre de 2023, https://www.vatican.va/archive/catechism_sp/p3s1c1a8_sp.html.

[13] *Ibid.*

[14] *Catecismo de la Iglesia Católica*, 3.8:1856, acceso el 25 de septiembre de 2023, https://www.vatican.va/archive/catechism_sp/p3s1c1a8_sp.html.

hace que las creencias de los romanistas de hoy en día no tenga absolutamente nada que ver con lo que pensaban los Padres de la Iglesia, mucho menos lo que dice la Biblia. Esa es la razón por la que vamos a analizar qué dice la Palabra de Dios en cuanto a las distinciones de pecado y cómo esto puede ayudarnos a desenmascarar esta paparrucha.

TODO PECADO ES MORTAL DELANTE DE DIOS

De nuevo, para entender la verdad en cuanto a casi cualquier cosa, debemos volver al principio. En este caso, el comienzo del pecado lo encontramos en los primeros capítulos del libro de Génesis. Recuerden que Dios había creado a Adán y Eva para que fueran sus embajadores ante la Creación (Gn 1:26-28). Es decir, Dios nos creó para que lo representáramos y demostrásemos cómo es el Dios altísimo de la mejor forma posible.

A todo esto, alguien más entró en escena, la serpiente. Ella engañó a la mujer, desafiándola a no tomar en cuenta la voluntad de Dios e independizarse de él. Más aún, la serpiente tentó a Eva a ser «como Dios» (Gn 3:4). El mensaje era que, a diferencia de lo que Dios les había mandado, ellos debían, no buscar dar gloria a Dios con sus acciones y con su vida, sino darse gloria a sí mismos.

El epicentro de la primera tentación, así como del primer pecado, y de todos los pecados que vinieron a continuación hasta nuestros días, se halla en la idolatría. Es decir, pecar es querer poner a otro en el lugar que solo le corresponde a Dios. La idolatría es tratar a la creación como solo se debe tratar al Creador y, por lo tanto, poner nuestra mayor lealtad debajo de algo o alguien que no sea el Único que la merece. En aquel primer pecado, los hombres buscaron inclinarse ante ellos mismos y convertirse en dioses.

Cuando Adán y Eva pecaron, descubrieron que estaban desnudos (Gn 3:7). La palabra hebrea que se traduce como «desnudo» viene de la misma raíz que la palabra que traducimos como «astuto». Precisamente, se nos dice que «la serpiente era más *astuta* que cualquiera de los animales del campo» (Gn 3:1, énfasis añadido).[15] Aquellos que habían sido creados a imagen de Dios para representarle, al pecar, se convirtieron en representantes de la serpiente, y la manera en que la representaron fue trayendo maldición y muerte a ellos mismos y al mundo como consecuencia de ello.

Dios los juzgó conforme a lo que ya les había anunciado de antemano: «De todo árbol del huerto podrás comer, pero del árbol del conocimiento del bien y del mal no comerás, porque el día en que de él comas, ciertamente morirás» (Gn 2:16-17). Ellos habían cambiado su lealtad a Dios y la representación del Creador por la lealtad a sí mismos y la representación de la serpiente, así que Dios los condenó a muerte, imponiendo una maldición cósmica que aún continúa vigente.

Esta sigue siendo la realidad hoy en día. Como consecuencia de haber atentado contra el Creador, buscando usurpar Su autoridad y usar Su creación y Sus bendiciones para menoscabar Su gloria, «la paga del pecado es muerte» (Ro 6:23). La sentencia justa por nuestra idolatría no puede ser nada menos que la muerte, de la misma manera que ocurrió con nuestros primeros padres. En el capítulo 3, hablábamos de la paparrucha de pensar que por nuestros méritos merecemos algo que no sea el rechazo divino (El evangelio L'Oréal), pero la realidad es que nuestro único mérito propio es el habernos ganado la ira divina, como consecuencia de nuestra idolatría (Ro 1:18-23).

Así pues, lo grave del pecado no es el pecado en sí, sino la persona contra la que estás atentando. Moisés afirma: «¿Quién como tú entre los dioses, oh Señor? ¿Quién como tú, majestuoso en santidad, temible en las alabanzas, haciendo maravillas?» (Éx 15:11). David le admiraba así: «Tuya es, oh Señor, la grandeza y el poder y la gloria y la victoria y la majestad, en verdad, todo lo que hay en los cielos y en la tierra; tuyo es el dominio, oh Señor, y tú te exaltas como soberano sobre todo» (1 Cr 29:11). Jeremías le decía: «No hay nadie como tú,

[15] Benjamin L. Gladd, «El pecado como idolatría», *Coalición por el evangelio*, acceso el 25 de septiembre de 2023, https://www.coalicionporelevangelio.org/ensayo/pecado-idolatria/.

oh SEÑOR; grande eres tú, y grande es tu nombre en poderío» (Jer 10:6). Cuando mientes o robas, estás yendo en contra de la autoridad del que es majestuoso y temible, el «soberano sobre todo».

Este Dios es el ofendido por nuestro pecado y ante el que nos hemos rebelado. Esa es la razón por la que David podía decir, después de cometer adulterio y asesinato: «Contra ti, contra ti solo he pecado, y he hecho lo malo delante de tus ojos» (Sal 51:4). Y es que, en primer lugar y como lo más importante, su pecado estaba dirigido ante Dios, y eso era algo terrible. Él se había alzado en rebelión en contra del Creador, y no hay ninguna situación más aterradora que la de tener al Altísimo enfrente.

Quizá te refugies al decir, «a fin de cuentas, yo no he matado a nadie. Hay otros peores que yo». Atiende a esto: tu «poco» pecado ante un Dios santo y terrible es algo gravísimo, por la sencilla razón de quién es Ese ante el que has pecado, y va a traer consecuencias terribles y eternas. Esa es la razón por la que necesitamos desesperadamente a un Redentor, a un Salvador como Cristo.

Es en este sentido que podemos unirnos a Santiago, cuando dice: «Porque cualquiera que guarda toda la ley, pero tropieza en un *punto*, se ha hecho culpable de todos» (Stg 2:10). El no cumplir algún punto de la ley de Dios es estar afirmando que, al menos en ese aspecto, tú quieres seguir siendo tu propio dios, es seguir escuchando a la serpiente ancestral y pensando que tú sabes más, vales más y mereces más que el Dios que te creó y te dio Sus palabras para cumplirlas. Cuando obedecemos algunos aspectos de lo que Dios nos dice (como aquellos relacionados con la homosexualidad o con alguna cosa que nos parece más grave), pero pasamos por alto otros aspectos (como la mentira o hablar mal de otras personas a sus espaldas), seguimos poniéndonos en el lugar de Dios.

Hace algún tiempo, hablando con mi hija Alicia (ella tiene 4 años ahora), le decía que su obligación era obedecer a papá. Su respuesta fue más que esclarecedora, no solo de lo que ella pensaba, sino de lo que yo también pienso a veces. Ella me dijo: «Yo te obedezco, papá, pero es que eso no lo quiero hacer». Mi respuesta fue tanto para ella como para mí mismo: «Alicia, obedecer solo en lo que quieres no es obedecer, ¡es hacer lo que quieres!». De la misma manera, si nosotros obedecemos en algunas cosas, estamos desobedeciendo igualmente, estamos siendo idólatras de la misma manera. La única diferencia es que hemos decidido incluir en nuestro sistema de idolatría algunos mandamientos bíblicos, mientras que otros los hemos desechado porque no nos interesan. Seguimos rechazando a la autoridad divina, incluso aunque aceptemos algunos de sus puntos.

Así pues, todos y cada uno de los pecados son mortales delante de Dios. El sistema católico es engañoso al sostener que algunos pecados no atentan *tanto* contra Dios y, por lo tanto, son más «permisibles» que otros. En general, todo el sistema en el que se basan los sacramentos romanos es una descomunal y descarada mentira. Nuestro deber en relación con el pecado es huir de él (de cualquier tipo de rebelión contra Dios), pero asegurarnos que nuestra huida siempre es hacia Cristo, el que derrotó al pecado y a la misma muerte.

DIFERENCIAS ENTRE PECADOS ANTE LOS DEMÁS

Después de todo lo que hemos dicho, que todos los pecados son igualmente mortales delante de Dios, debemos señalar algo que, por otro lado, resulta obvio: hay pecados que son más graves que otros. Todos lo sabemos. No es lo mismo que alguien hable mal de ti a tus espaldas, que alguien te dé un puñetazo en las narices o que alguien mate a tu hijo. Eso es algo que resulta del todo obvio. No estoy diciendo que unos pecados sean importantes y otros sean permisibles. Ya hemos visto que todos son terriblemente importantes, en relación con Dios, pero no todos son igualmente importantes en relación con nosotros y con los demás. Vamos a ver algunas verdades bíblicas que nos muestran que hay pecados de diferente gravedad.[16]

[16] Estas verdades han sido extraídas del ensayo de Steven Wellum, «Grados de pecado», *Coalición por el Evangelio*, acceso el 27 de septiembre de 2023, https://www.coalicionporelevangelio.org/ensayo/grados-pecado/.

Para comenzar, podemos ver que, aunque todos los pecados son terribles, el asesinato tiene un tratamiento especial porque causa un mal muy específico. Dios le dijo a Noé: «El que derrame sangre de hombre, por el hombre su sangre será derramada, porque a imagen de Dios hizo Él al hombre» (Gn 9:6). Derramar la sangre de un hombre es un atentado contra Dios, porque el hombre ha sido creado a Su imagen. Así, el asesinado es matar a Dios en efigie, por lo que la sentencia debería ser proporcional al mal cometido («su sangre será derramada»). Esta orden dada a Noé, implica la creación de un sistema humano para perseguir y castigar consecuentemente al asesino, es decir, algún tipo de estado o autoridad. El que asesina a sangre fría debe ser ajusticiado. Jamás se dice tal cosa de un mentiroso o de un borracho.

En la ley de Moisés, podemos ver una diferencia entre los pecados involuntarios y los intencionales, a la hora de ofrecer ofrenda para su expiación (Nm 15:22-31). El pecado involuntario, que se hace sin darse cuenta o por ignorancia, podía ser expiado. Por el contrario, «aquel que obre con desafío» (Nm 15:30), en abierta rebelión contra Dios y Su ley, debía ser expulsado de la congregación de Israel, para extirpar esa rebelión. Así pues, también hay diferencia entre aquellos pecados cometidos por equivocación o ignorancia y aquellos cometidos de manera deliberada y rebelde.

La gravedad de un pecado también depende del conocimiento que tengamos al respecto. Jesús dijo: «¡Ay de ti, Corazín! ¡Ay de ti, Betsaida! Porque si los milagros que se hicieron en vosotras se hubieran hecho en Tiro y Sidón, hace tiempo que se hubieran arrepentido en cilicio y ceniza. Por eso os digo que en el día del juicio será más tolerable *el castigo* para Tiro y Sidón que para vosotras» (Mt 11:21-24). Los judíos tendrían mayor condenación que los fenicios de Tiro y Sidón porque ellos habían recibido más revelación, así que tenían menos excusas delante de Dios. Es decir, si vas a la iglesia, lees la Biblia, e incluso estás leyendo este libro, tienes menos excusa que alguien que no tiene la más remota idea de lo que Dios espera de él, así que tienes más culpa y tu pecado es más grave que el suyo.

Aparte, hay determinados pecados que «claman» delante de Dios. Por ejemplo, tenemos la sangre de Abel clamando contra Caín (Gn 4:10), el clamor de Sodoma y Gomorra (Gn 18; 19), el clamor de Israel «a causa de sus capataces» (Éx 3:7-10) y el clamor del jornalero contra el jefe que no le paga a tiempo (Dt 24:14-15). Mi opinión es que estos pecados que claman son aquellos en los que, la persona que debería hacer justicia o impedir la injusticia, es el que está yendo en contra del más desvalido, así que su clamor se eleva directamente al cielo. Si los que están en autoridad en este mundo, y deberían proteger a los más débiles, son los mismos que están oprimiéndolos y tratándolos injustamente, Dios se remanga y desciende desde Su trono para hacer justicia Él mismo, haciendo que Su juicio caiga con crudeza en contra de los poderosos opresores. Es decir, el pecado de aquellos que tienen una mayor autoridad, por lo tanto, una mayor capacidad para pecar, es más grave que el de aquellos cuya autoridad y capacidad para hacer mal es más limitada.

Una forma especialmente grave del usar la autoridad como un pedestal para pecar es hacerlo para ir en contra de personas que, por su inocencia o su humildad, no tienen la capacidad de presentar defensa. Jesús tenía un amor especial por los niños. Ellos son los más humildes e inocentes, los que más fácilmente se pueden manipular y a quienes es más sencillo engañar para obtener provecho. Jesús dijo: «Pero al que haga tropezar a uno de estos pequeñitos que creen en mí, mejor le sería que le colgaran al cuello una piedra de molino de *las que mueve un* asno, y que se ahogara en lo profundo del mar» (Mt 18:6). La advertencia de Cristo es seria y clarísima: el que se aproveche de la inocencia de un niño para incitarle a pecar, mejor le sería sufrir la muerte más atroz, porque Jesús mismo se encargará de darle su escarmiento. El amor de Jesús por los niños hará que ese escarmiento sea tal que, en comparación, ser echado al mar con una rueda de molino al cuello se ve como una bendición.

El mundo en el que vivimos es un lugar peligroso para los más pequeños. El colectivo LGTBI, uno de los pilares con más poder del sistema que soportamos, está dando pasos nada ocultos para que se normalice, se legisle y se fomente la pederastia.[17] ¿Quién no ha visto imágenes de un *drag queen* contando cuentos a niños en preescolar? ¿Te has informado de cómo están intentando hacer que tu hijo dude de su género, empujándolo a medicarse y someterse a procedimientos quirúrgicos de mutilación de órganos sanos? Nosotros, como iglesia y como padres, debemos ser un baluarte en la defensa de los niños (especialmente de los nuestros), porque este mundo quiere comérselos vivos, y no podemos permitírselo. Engañar a los niños aprovechando su inocencia con fines oscuros es un pecado especialmente nauseabundo para Jesús, y Él se encargará de pagar a cada uno conforme a sus obras.

Otro aspecto que hace que el pecado sea considerado como algo especialmente grave es si afecta a la iglesia en algún sentido. En ese caso, el pecado debería ser detenido inmediata y públicamente. Por ejemplo, Pablo expone el caso de un miembro de la iglesia en Corinto que se estaba acostando con su madrastra. La situación era terrible, se mire por donde se mire, pero era especialmente grave porque estaba dañando a la iglesia. Aunque Jesús ya había dejado una serie de pasos que se debían dar para parar el problema del pecado dentro de la iglesia (Mt 18:15-20), Pablo hace una excepción para este caso y les dice que deberían, en ese mismo instante, entregar «a ese tal a Satanás para la destrucción de su carne, a fin de que su espíritu sea salvo en el día del Señor Jesús» (1 Co 5:5). Pablo no estaba condenando al amante de su madrastra a la hoguera, ni este es un pasaje que conceda un pase al Tribunal de la Santa Inquisición. Por el contrario, lo que Pablo les decía es que expulsen de la iglesia a ese

[17] Sin ir más lejos, el pasado noviembre del 2022, la ministra de Igualdad del gobierno de España, Irene Montero, afirmaba que los niños «tienen derecho a tener relaciones sexuales con quienes quieran», mientras estén «basadas en el consentimiento». Es decir, que mi hija de 8 años, a la que tengo que autorizar por escrito para dar un paseo con su clase al parque de al lado del colegio, puede tener relaciones sexuales con quien ella quiera, si consiente en hacerlo. Esto es una aberración sin paliativos. «Montero: "Los niños tienen derecho a saber que pueden tener sexo con quien quieran"», *LibertadDigital*, acceso el 29 de septiembre de 2023, https://youtu.be/_-RQYQ64e7o?si=UaC-409kzFx7iF9p.

hombre, para que pueda arrepentirse y volver, una vez hubiera abandonado ese terrible pecado que estaba causando un daño tan grande a la iglesia en Corinto. De hecho, esto es lo que ocurrió, así que Pablo los anima a que lo vuelvan a recibir como hermano, pasado un tiempo (2 Co 2:5-8).

Para proteger a la iglesia del pecado que pueda dañarla, también se debe tratar de forma especial cuando los infractores son ancianos o pastores, porque su pecado afecta de lleno a toda la congregación. Cuando un líder en la iglesia continua en pecado después de haber sido reprendido en privado, la situación debe ser abierta al público «para que los demás tengan temor *de pecar*» (1 Ti 5:20). Tristemente, este no suele ser el caso, sino que muchas veces la iglesia intenta ocultar el pecado, hasta que la situación estalla y causa un daño terrible e irreparable a toda la congregación. Por esa razón, el pecado que afecta a la iglesia es más grave y debe ser tratado en consecuencia.

Por último, Pablo habla de otro tipo especial de pecado, el pecado sexual. Pablo dice: «Huid de la fornicación. Todos *los demás* pecados que un hombre comete están fuera del cuerpo, pero el fornicario peca contra su propio cuerpo. ¿O no sabéis que vuestro cuerpo es templo del Espíritu Santo, que está en vosotros, el cual tenéis de Dios, y que no sois vuestros?» (1 Co 6:18-19). El pecado sexual tiene una gravedad especial porque atenta en contra del cuerpo, y como decíamos en el capítulo anterior, el cuerpo es algo muy importante para Dios. El sexo es algo sumamente importante para el Señor, por eso le presta especial atención. Él lo diseñó y lo creó para ser algo precioso, valioso y sensacional, pero debe ser usado dentro de los parámetros que Él ha creado. Ir en contra de estos parámetros no solo es un atentado en contra de Dios, sino también en contra del cuerpo que nos ha dado.

Todos los pecados son terribles delante de Dios y merecedores de la ira y la justa condena divina contra el infractor. Ahora bien, también es cierto que hay diferentes tipos de pecado a un nivel «horizontal» (en relación con otros hombres y con nosotros mismos), que tienen una gravedad especial y deben ser tratados de una forma singular.

EL PECADO MÁS GRAVE

Después de todo lo que hemos estado viendo, podemos preguntarnos, ¿cuál es el pecado más grave? Podríamos imaginar que el pecado más grave que puede haber es el que aglutine algunos de los aspectos que hemos visto en el anterior punto. Así, si un pastor, usando su autoridad y sabiendo que está haciendo algo malo, comete un pecado sexual que afecte a la iglesia, lo tiene todo, ¿verdad? Ese sería el pecado definitivo.

¿Cuál es el pecado más grave? Jesús decía: «¿Y por qué miras la mota que está en el ojo de tu hermano, y no te das cuenta de la viga que está en tu propio ojo? ¿O cómo puedes decir a tu hermano: "Déjame sacarte la mota del ojo", cuando la viga está en tu ojo? ¡Hipócrita! Saca primero la viga de tu ojo, y entonces verás con claridad para sacar la mota del ojo de tu hermano» (Mt 7:3-5). Fíjate que Jesús se refiere al pecado propio como una «viga», mientras que considera al pecado de los demás como una «mota».

Ahora no es el momento de meternos a hablar de todo lo que podríamos sacar de este texto (que, desde luego, es muchísimo y muy útil), pero sí quiero que aprendamos algo vital en este sentido: el pecado más grave que puede haber es el mío, porque es el único del que puedo ocuparme con cierto grado de éxito, ya que es el que yo mismo he causado y lo que me impide ayudar a otros a luchar contra sus propios pecados.

Nuestra actitud en cuanto al pecado suele ser la de justificar los propios y engrandecer los ajenos. De esa manera, siempre quedaremos bien en comparación. Pero eso no es lo que Jesús dice. Él nos anima a tener una visión correcta de, primero y más importante, nuestro pecado. Nos empuja a entender que, delante de Dios, no tenemos ninguna excusa por nuestra flagrante rebeldía. De nada sirve que veamos lo malo que hace el presidente del gobierno, nuestro jefe o nuestra suegra, si nosotros no estamos entendiendo lo desesperado de nuestra situación. Quizá engañemos a otros apuntando a los que, supuestamente, hacen las cosas peor que nosotros, pero ese no es el caso con Dios. De Él no podemos burlarnos (Gá 6:7).

Pero la principal razón por la que debemos considerar nuestro pecado como el más grave, es porque precisamos ser plenamente conscientes de que necesitamos un Salvador, y eso es algo que solo comprenderemos si miramos a nuestra maldad, y no la difuminamos con lo que hacen los demás. Tu pecado es especialmente grave porque te va a llevar inexorablemente al lago eterno de fuego y azufre. Es por tu propio pecado que vas a pagar delante de Dios, no por el pecado de otros. Nuestro pecado es terrible, así que necesitamos a un gran Salvador, y ese salvador es Jesús de Nazaret.

Es posible que otras personas cometan algunas fechorías que tú no cometes. Es posible que haya otras personas que son objetivamente más malos que tú. Pero la situación es esta: todos necesitamos un Salvador de la misma forma, porque todos hemos fallado a Dios. Esto debe llevarnos a no juzgar ni encasillar a los demás por los pecados que están cometiendo o han cometido. Por ejemplo, si alguien entra a la iglesia oliendo mal y con pinta de haber pasado la noche en malas compañías, o si entra con una bandera del arcoíris o de la mano de su pareja homosexual, nuestra actitud hacia ellos debe ser la misma: darles la bienvenida y transmitir hacia ellos el amor de Cristo.

¿Sabes? Lo más importante que necesita el borracho no es dejar el alcohol, ni el homosexual dejar su homosexualidad, ni el adúltero dejar la fornicación. No, lo que necesitan, todos y cada uno de ellos, al igual que nosotros, es un salvador como Cristo, y nuestra labor es dirigirles hacia Él. Eso es lo que realmente importa.

Sí, debemos decirles la verdad en cuanto al pecado, no se nos permite tergiversar la Biblia para hacer que se sientan más cómodos entre nosotros, pero debemos decirles esa verdad con amor. Debemos hacerles entender lo desesperada de su situación, y debemos hacerlo con el corazón roto. Nosotros somos agentes de la gracia y de la misericordia de Dios, no martillos de Su justicia. No debemos ir extendiendo la condenación divina a quienes nos rodean; ¡Jesús se ocupará de eso, llegado el momento!

Así pues, deja tu pecado, huye de él, pero hazlo corriendo hacia Cristo. Ven al gran Redentor, al que ha muerto para que tú vivas.

Deja de luchar con el mundo, con tus fracasos y tus miserias. Deja de enfrentarte solo a lo que otros dicen de ti. La puerta a la Vida está abierta para ti, Cristo la abrió. No lo pienses más y clama a Él para que te salve. Jamás te arrepentirás.

EPÍLOGO

HERMANOS, ¡LUCHEN!

Jesús declaró la guerra a la mentira y lo hizo hasta las últimas consecuencias. Él acusó a los fariseos diciendo: «Sois de *vuestro* padre el diablo... Él fue homicida desde el principio, y no se ha mantenido en la verdad porque no hay verdad en él. Cuando habla mentira, habla de su propia naturaleza, porque es mentiroso y el padre de la mentira» (Jn 8:44). Esta es la guerra a la que Él nos llama a nosotros también. Esta es la guerra a la que yo me quiero sumar. Esta es la guerra a la que quiero convocarte.

Hermanos, ¡luchen contra la mentira! Como hemos demostrado con diez ejemplos, la mentira ha instaurado su cruel imperio en nuestra sociedad, y nosotros no estamos inmunizados contra ella. Todo lo contrario, al vivir inmersos en un mundo inundado de mentiras, estamos en serio peligro de ser engañados. Somos incluso susceptibles de difundir las mentiras que nosotros mismos creemos, y bautizarlas con el nombre de espiritualidad.

Hermanos, ¡luchen contra la mentira! Pero no lo hagan a la manera de los cristianos del siglo IV, que huyeron de la sociedad para escapar de la corrupción de la religión al servicio del poder. Desde luego, no faltan voces que abogan en este sentido.[1] Esta, sin embargo, no es la estrategia de Cristo, y no debe ser la de ustedes. Su oración al Padre para Sus discípulos fue esta: «No te ruego que los saques del mundo, sino que los guardes del maligno» (Jn 17:15). Cristo no quiere que creemos guetos cristianos donde huyamos de todas estas mentiras ni que dejemos de tener amigos no cristianos. En cambio, quiere «que podáis estar firmes contra las insidias del diablo... CEÑIDA VUESTRA CINTURA CON LA VERDAD...» (Ef 6:11, 14).

Hermanos, ¡luchen contra la mentira! Hoy en día, más que nunca, tienen que unirse a la guerra en contra de la mentira que Dios ha mantenido desde el principio de los tiempos. Para unirnos al Maestro en esta guerra por la verdad, deben recordar quiénes son, tal como lo presenta Su palabra y hemos tenido oportunidad de recordar en estas páginas. Necesitan volver al Creador una y otra vez para vivir según su identidad, sin dejar que los engañen.

Esto significa que deben dejar de ver al cine, la televisión y las redes sociales como algo inofensivo e inocuo. Es por allí que esta sociedad envía muchas de las mentiras que creen. No es que estos medios sean malignos en sí mismos, pero son usados masivamente para cautivar sus corazones y almas, y encadenarlos a la más pura y cruel tiranía de la mentira. Deben tener una mentalidad crítica, informada por la verdad bíblica, para ser capaces de separar la realidad de la propaganda.

Hermanos, ¡luchen contra la mentira! Analicen los mensajes de las películas y series que ven en busca de paparruchas que intentan hacerles creer para engañarlos. Háganlo por ustedes y por los suyos. Luchen esta guerra por sus hijos. Por lo que más quieran, no bajen los brazos, que no les tiemble el pulso, ¡luchen!

Hermanos, ¡luchen contra la mentira! Y para hacerlo, no crean todo lo que les digan. Los mensajes que les lanzan los medios de comunicación, el gobierno y los vecinos están cargados de fraudes, y es su deber el desenmascararlos. No ingieran sin pensar todo lo que les

---

[1] Este es precisamente el tema de la obra de Rod Dreher, *The Benedict Option: A Strategy for Christians in a Post-Christian Nation* (New York City, NY: Sentinel, 2017).

dicen, o entrarán a formar parte de la maquinaria de la mentira que domina este mundo. La guerra por la verdad es una guerra que pasa por su alma, pero también por su mente. Usen su mente, filtrando todo a través de la Palabra de Dios para no ser engañados.

Hermanos, ¡luchen contra la mentira! Pero, ¿cómo van a desarrollar la capacidad tan vital hoy en día de desenmascarar la mentira? Lean sus Biblias, el *fact checker* supremo. Léanlas, estudien, practiquen, vivan. Esto es crítico e imprescindible. No pueden conformarse con tragar todo lo que les dice el amigo en la cafetería, el «experto» en la televisión o el pastor el domingo en la iglesia. No sin ser capaces de, ustedes mismos, saber en qué forma están mintiendo, y cuál es la verdad al respecto.

Hermanos, ¡luchen contra la mentira! Luchen sabiendo que «Porque nuestra lucha no es contra sangre y carne, sino contra principados, contra potestades, contra los poderes de este mundo de tinieblas, contra las *huestes* espirituales de maldad en las *regiones* celestiales» (Ef 6:12). Luchen sabiendo que hay una realidad espiritual que desea inundarlo todo de mentira porque odia a nuestro Señor y Su verdad. Luchen con sus rodillas, luchen con sus labios, luchen con sus acciones.

Hermanos, ¡luchen contra la mentira! Pero no lo hagan solos. No lo están. Siempre deben tener en cuenta que el Dios altísimo está de su lado. Jesús prometió a Sus discípulos que estaría con ellos «todos los días, hasta el fin del mundo» (Mt 28:20). Esto es tan vigente como en el momento de Su ascensión al cielo. El Señor del universo, el Creador y sustentador de todo lo que existe, está a su lado. Confíen en Él, descansen en Él y oren sin cesar. La clave para luchar contra este mundo es entender que «mayor es el que está en vosotros que el que está en el mundo» (1 Jn 4:4). No están solos en la lucha contra las paparruchas, Dios mismo está a su lado.

Hermanos, ¡luchen contra la mentira! Para hacerlo también deben apoyarse en el pueblo de Dios, Su Iglesia. Ella es «columna y sostén de la verdad» (1 Ti 3:15), a la que Jesús ha entregado las herramientas divinas para desenmascarar las falsedades que quieren esclavizaros. Luchen por la verdad, luchen por la Iglesia, luchen por nuestro Señor.

Hermanos, ¡luchen contra la mentira! Hemos sido llamados a la guerra, y a la guerra debemos ir. Su mente, su corazón, sus acciones y su iniciativa debe encaminarse a luchar contra esta enorme red de mentiras que desea engullirnos. Así pues, quiero hacer un llamado solemne: ¡Hermano, vamos a la guerra! ¡Vamos por nuestros hijos, vamos por nuestras iglesias, vamos por nuestras naciones!

Hermanos, ¡luchen contra la mentira! Su lucha contra la mentira debe comenzar por ustedes mismos. El llamado a luchar contra la mentira es un llamado a luchar contra su propia mentira, empuñando la verdad en sus labios y corazones. Su lucha contra su propia mentira será dura, pues en ocasiones puede parecer que la mentira los librará del dolor, ¡pero esa, a su vez, es una mentira! En la lucha contra la mentira no caben medias tintas; aunque sean «los nuestros» los que mientan y tergiversen la realidad, no des pie a la mentira. Su lucha debe ser sin cuartel, aunque los insulten, los desprecien o los encarcelen.

Hermanos, ¡luchen contra la mentira! Saben que la victoria está en el Dios de la verdad, pero el camino estará lleno de problemas. Así ocurre siempre y así seguirá ocurriendo hasta Su victoria definitiva. Así ocurrió con nuestro Señor. El camino a la gloria pasa por el sufrimiento, y así será con nosotros. Pero, junto a Dios, ¡nuestra será la victoria!

Así pues, hermanos, mi llamado a la lucha es un llamado a sufrir, pero a sufrir por una buena razón. Hagamos como Jesús, «quien por el gozo puesto delante de Él soportó la cruz, menospreciando la vergüenza» (He 12:2), seamos fieles testigos de la verdad en un mundo inundado de negro cieno. Luchemos la buena batalla de la fe, hablando de la grandiosa salvación en Cristo y «destruyendo especulaciones y todo razonamiento altivo que se levanta contra el conocimiento de Dios, y poniendo todo pensamiento en cautiverio a la obediencia de Cristo» (2 Co 10:5).

Hermanos, ¡luchemos contra la mentira! Luchemos agarrados a Cristo en oración. Luchemos dependiendo del Espíritu Santo.

Luchemos usando correctamente «la palabra de verdad» (2 Ti 2:15). Luchemos apoyándonos en Su Iglesia. Luchemos sabiendo que «somos más que vencedores por medio de aquel que nos amó» (Ro 8:37). Luchemos sabiendo que hay mucho en juego, luchemos entendiendo que hay seres malignos intentando esclavizaros. Luchemos por los nuestros. ¡Luchemos!

Guía de estudio

Escanea el código QR para
descargar la guía de estudio

Bibliografía

ALLEN, David L. *Hebrews*. The New American Commentary. Nashville, TN: B&H Publish}ing Group, 2010.

ARNDT, William et al. *A Greek-English lexicon of the New Testament and other early Christian literature*. Chicago, IL: University of Chicago Press, 2000.

BARRY, John D. y Lazarus WENTZ. *Diccionario Bíblico Lexham*. Bellingham, WA: Lexham Press, 2014.

BAUER, Kevin. *Distintivos bautistas y el orden neotestamentario de la iglesia*. Sebring, FL: Editorial Bautista Independiente, 2020.

BERCOT, David W. *A Dictionary of Early Christian Beliefs*. Peabody, MA: Hendrickson Publishers, 1999.

BYRNE, Rhonda. *El Secreto*. Madrid, España: Ediciones Urano, 2012.

CAMPBELL, B., J. MANNING. *The Rise of Victimhood: Microaggressions, Safe Spaces, and the New Culture Wars*. Londres, UK: Palgrave Macmillan, 2018.

DE CARTAGO, Cipriano. *De Catholicae Ecclesiae Unitate et de lapsis*. Trad. Por Juan Suárez. Sevilla: Apostolado Mariano, 1991.

CARRO, Daniel et al. *Génesis. Comentario bíblico Mundo hispano*. El Paso, TX: Editorial Mundo Hispano, 1993.

Deiros, Pablo A. *Diccionario Hispano-Americano de la misión*. Bellingham, WA: Logos Research Systems, 2006.

DREHER, Rod. *The Benedict Option: A Strategy for Christians in a Post-Christian Nation*. New York City, NY: Sentinel, 2017.

EDWARDS, Jonathan. *Pecadores en manos de un Dios airado*. Pensacola, Florida: Chapel Library, 2013.

FERRER, Hillary Morgan. *En defensa de la fe de nuestros hijos: Enseñando a sus hijos a desafiar las mentiras de la cultura*. Bogotá: Editorial Unilit, 2023.

HARARI, Yuval Noah, *Sapiens: De Animales a Dioses: Breve historia de la humanidad.* Barcelona: Editorial DEBATE, 2014.

HEISER, Michael S. *El Mundo invisible: Recuperando la cosmovisión sobrenatural de la Biblia*. Bellingham, WA: Editorial Tesoro Bíblico, 2019.

IMES, Carmen Joy. *Bearing God's Name: Why Sinai Still Matters*. Downers Grove, IL: IVP Academic: An Imprint of InterVarsity Press, 2019.

JAMIESON, Bobby. *Going Public: Why Baptism Is Required for Church Membership*. Nashville, TN: B&H Academic, 2015.

KOEHLER, Ludwig. Walter Baumgartner, M. E. J. Richardson y Johann Jakob Stamm. *The Hebrew and Aramaic Lexicon of the Old Testament.* Leiden: E.J. Brill, 1994–2000.

KOUKL, Gregory. *Tácticas: Un plan de acción para debatir tus convicciones cristianas*. Nashville TN, Vida, 2018.

LEWIS, C. S. *Cartas del diablo a su sobrino*. Madrid: epublibre, 2014.

—*El problema del dolor*. San Francisco, CA: HarperOne, 2014.

MACARTHUR, John. *The Truth War: Fighting for Certainty in an Age of Deception*. Nashville, TN: Thomas Nelson, 2007.

MATHEWS, K. A. *Genesis 1-11:26, vol. 1A*. The New American Commentary. Nashville: Broadman & Holman Publishers, 1996.

MCDOWELL, Sean y John McDowell. *Evidence that Demands a Verdict: Life-Changing Truth for a Sceptical World.* Nashville, TN: HarperCollins, 2017.

MILLER, P. D. *Genesis 1–11: Studies in Structure and Theme.* JSOTSup 8. Sheffield: University of Sheffield, 1978).

MIRANDA-NOVOA, Marta. «Diferencia entre la Perspectiva de Género y la Ideología de Género», *Díkaion* 21, no. 2, 2012.

MORRIS, Leon. *The Gospel according to John.* The New International Commentary on the New Testament. Grand Rapids, MI: Wm. B. Eerdmans Publishing Co., 1995.

OSWALT, John N. *The Bible among the Myths*. Grand Rapids, MI: Zondervan, 2009.

PEARCEY, Nancy. *El hallazgo de la verdad: 5 principios para desenmascarar el ateísmo, el laicismo y otros sustitutos de Dios*. Seattle, WA: YWAM PUB, 2017.

—*Finding Truth: 5 Principles for Unmasking Atheism, Secularism, and Other God Substitutes*. Colorado Springs, CO: David C Cook, 2015.

—*Salvemos a Leonardo: Un llamado a resistir el asalto secular de la mente, la moral y el significado*. Nashville, TN: B&H Publishing Group, 2024.

—*The Toxic War on Masculinity: How Christianity Reconciles the Sexes*. Grand Rapids, MI: Baker Books, 2023.

—*Total Truth: Liberating Christianity from its Cultural Captivity*. Wheaton, IL: Crossway, 2005.

—*Verdad Total: Libera el cristianismo de su cautiverio cultural*. Seattle, WA: YWAM PUB, 2014.

Porritt, Jonathan. *Seeing Green: Politics of Ecology Supplied*. Basilea: Blackwell, 1984.

Pozo, Miguel Ángel. *Rosas por Cenizas: Un estudio bíblico Cristo-céntrico sobre el libro de Rut*. Sebring, FL: Editorial EBI, 2021.

Strobel, Lee. *El caso de Cristo: Una investigación exhaustiva*. Miami, FL: Editorial Vida, 2000.

—*El caso de la fe: Un periodista investiga las objeciones más difíciles contra el cristianismo*. Miami, FL: Vida, 2001.

Vicastillo, Salvador. «La clasificación de los pecados según Tertuliano», *Salmanticensis* 57, 2010.

Vidal, César. *Mahoma, el guía*. Barcelona: Debolsillo, 2015.

—*Un mundo que cambia: Patriotismo Frente a Agenda Globalista*. Nashville, TN: The Agustin Agency, 2020.

Vila Ventura, Samuel. *Nuevo diccionario bíblico ilustrado*. Terrasa, Barcelona: Clie, 1985.

V. C., María. *Frases inspiradoras: Lo único imposible es aquello que no intentas*. Costa Rica: Editorial Grupo Fénix CR, 2017.

Wight, Fred H. *Usos y costumbres de las tierras bíblicas*. Grand Rapids, MI: Editorial Portavoz, 1981.

Washer, Paul. *Diez cargos contra la iglesia moderna*. Pensacola, Fl: Chapel Library, 2015.